我与新中国

70年

吴睿娜　编著

人民出版社

目 录

前　言

本书主要由《国是咨询》"口述历史"专栏集结而成。

2016 年年初，国务院参事室的内参《国是咨询》迎来了创刊的第八个年头。国务院参事室党组提出了"更紧、更实、更及时"的要求。为了更多地了解实情，更多地反映真情，更好地提高质量，《国是咨询》重新改版。编前会上，大家一个栏目一个栏目地研究，主管领导一边踱步一边抽着烟，他思索良久后说："口述历史这个栏目必须要有，参事、馆员一生经历丰富，这些史实需要抢救性地挖掘整理，通过历史的镜子，揭示规律，启迪现实。吴睿娜，这个栏目你来负责。"

能够一对一采访参事、馆员，成为我人生中一段难得的机缘。正如陈祖芬老师所说："小吴，你所能采访到的人可以用 8 个字形容：出类拔萃、绝无仅有。"

无论多忙，我都把"口述历史"当作一个硬任务，此后两年多从未间断。我享受着这段"累并快乐着"的日子。

参事、馆员回忆的是那一代人的初心与梦想，回忆的是那一段激情澎湃的岁月，回忆的是他们曾经的奋斗与期盼。

郎志正参事讲述了他的父亲、著名铁路专家郎钟骙用金条买通军统特务，化装成烧锅炉工人，秘密从台湾回国，为新中国铁路建设奋斗的故事。我不禁问，国民党政府给他高官厚禄，汽车洋房，为何他都舍弃不要，非要重回祖国大陆呢？郎参事说："这可能就是那一代知识分子的爱国情结，因为他的根在中国。"

在采访瞿世镜参事时，他说到激动处，突然站起来举起右拳说："我以中华人民共和国公民的名义，紧急呼吁，中国万万不能再搞政治运动，必须以经济建设为中心，坚持改革开放，坚持四项基本原则，把中国经济搞上去！"采访结束时，我和上海文史馆的同事已听得泣不成声，我们拥抱了这位老参事，叮嘱他一定要保重身体。

先生们胸怀天下、淡泊名利、追求真理、敢于直言的精神感染着、影响着、教育着、激励着我。

赵仁珪先生讲述他与启功先生的往事时，不禁潸然泪下。启功先生的一句话让他终生受益："人生的丰碑不是名和利，而是一个字一个字码出来的。"

叶君健先生的儿子叶念伦说："父亲的所有作品均为业余时间创作。他的本职工作是主编英法文版的《中国文学》。平时上班特别忙，所以下班和放假的时间格外宝贵。他最讨厌应酬。"

在采访中，有欢乐，有温暖，有感动，也有遗憾。

到刘秀晨参事家采访的经历至今难忘。他拿出了厚厚一摞20世纪80年代的剪报给我看，现场弹奏了钢琴曲《茉莉花》，并请我欣赏他作词作曲的歌，中午还为我做了羊蝎子面，很香。

杜迺松馆员一毕业就到故宫博物院工作。他非常"恋旧"，办公室里那个锈迹斑斑的暖瓶用了三十多年，而被他誉为"宝马"的二八自行车一骑就是四十多年，擦得锃亮。走进他的家里，洋灰地、白墙，几乎没有装修，书柜里满满当当的书，一看作者都是杜迺松。

文史业务司的同志后来告诉我，他拿着《国是咨询》到医院，为舒乙先生朗读了《老舍藏画背后的故事》一文，由于患脑溢血，舒乙先生无法说话，但他听了文章后流泪了。

"口述历史"栏目逐渐成为参事、馆员联系的纽带，甚至还有参事、馆员通过栏目"认了亲"。王蒙先生在看了我采访的张厚粲参事《我教心理学70年》一文后，发信息告诉我，他有可能和张厚粲参事有亲戚关系，能否到北京师范大学一叙。由我联络，促成了二人的见面，在张参事办公室里，两个河北南皮人越聊越"亲"，王蒙先生幽默地说，要论起辈分来，我还得管您叫一声"姑"（此处笑声一片）。

我的第一个采访对象是中央文史研究馆馆员程熙先生。她告诉我，这些一直埋在心底的内容首次披露并得以真实反映，让她回忆起很多往事。那段时间，她接到很多老同学老朋友的电话。其中，也包括原国务院参事室副主任王海容的电话。王海容问她："你还是说了？"她告诉王海容，她想通了，这些历史应该留下来，再不说，以后就没有机会了。我后来得知，程先生那时已身患癌症，几次住院手术。自那次采访后，口述历史已成为她生命最后阶段的一个"任务"。她自己买了一个小录音机，闲暇时就录一段，她希望有更多的内容能陆续披露，请我帮她整理并撰写回忆录。但就在今年1月，程熙先生去世了。在她的葬礼上，我不禁失声痛哭，程先生的录音我还没有整理完成。而就在这两年多时间里，我采访的参事、馆员先后已有4位离世。我愈加感受到抢救性整理口述历史这项工作的紧迫性，更加珍惜每次采访机会，感到更大的责任与压力。

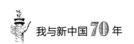
一代人干一代人的事情，一代人有一代人的担当。饱经沧桑的参事、馆员们，是历史的见证者，已到耄耋之年的他们，依旧发挥着光和热，祝愿他们身体健康，永远年轻。

2019 年 9 月 18 日于北京

1

寻找世界之巅的宝藏

张洪涛　口述

口述者简介：

张洪涛，男，1949 年 7 月生，江苏无锡人。中共党员。曾任国土资源部总工程师，中国地质调查局党组成员、副局长。研究员。长期从事地质矿产及能源资源研究与管理工作。2008 年 3 月被聘任为国务院参事。

编者按：

1949 年出生的张洪涛今年将迎来自己的 70 岁生日。也正因为与新中国同龄，他觉得自己与共和国有一种特殊的感情。

20 世纪 90 年代末，面对来势凶猛的"亚洲金融危机"和"资源危机"，我国开展了"摸清家底"的国土资源大调查。从 1999 年开始，12 年间，张洪涛和他的同事们分成若干个小组，以 4 公里为间距走遍了青藏高原，终于在地质填图、找矿和理论创新上获得了回报。

2012 年 2 月 14 日，国家科学技术奖励大会在人民大会堂隆重举

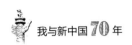
行。在 374 个授奖项目里，"青藏高原地质理论创新与找矿重大突破"项目荣获当年唯一的特等奖。讲述当年，张洪涛仿佛又回到了那段激情澎湃的日子。

空 白

我国确实地大物博，从北边的大兴安岭到最南边的曾母暗沙都埋藏着丰富的宝藏。实际上，地球并不"公平"。若把矿山资源比作工业的粮食，我国"大米白面"类的主食很少，大宗矿产资源如铁矿，60%—70%需要进口，55%的石油也需要进口，还有铜、铁、钾盐、铅、锌、金、银等资源都不多。而好比工业"味精"的锡、钨、钼、稀土等资源虽然多一些，需求量却相对要小。

但随着经济社会近几十年的大发展，找矿已变得非常困难，尤其是东部地区，地表深度 500 米以上的矿床基本上找得差不多了。

怎么解决这个问题？我特别反对"找矿不如买矿"的观点。矿产资源向来是国家的重要战略物资，必须加强国内勘探，从源头上保证矿业的可持续发展。

当时，全球只有北极、南极以及被誉为"第三极"的青藏高原还没有开展这项工作。青藏高原的神秘，一直吸引着国内外科学家的目光。在"新一轮国土资源大调查"启动之际，我提出率先消灭西部地质工作"空白区"，包括云南南部 1 幅图、大兴安岭 9 幅图，重头戏则是青藏高原 118 幅图。

1 ：25 万地质填图是各国地质程度高低的标尺，填图是严肃的科学活动，不能随便把队伍漫山遍野撒出去。地层序列、构造 / 地层区划、地质 / 路线剖面设计，这些都需要一一规范。1999 年 8 月，第一批青藏高原大调查的队伍汇聚在西北重镇格尔木。在当地老地质的引导下，我们寻找代表性剖面，不断讨论，最终确定了调查范围、路线等一系列内容，形成了野外工作手册。

2000 年，各路人马汇聚青海、成都，接受青藏高原地质调查方法集训。他们都是这个行业顶尖的专家。同时，我们还建立了严格的填图小组、项目组、地调院三级质量监控体系，要求各填图小组 100％自检与互检，项目组不少于 30％抽检，上级组织专家进行不少于 10％的抽检。此外，专家组还要进行野外现场检查验收，确保野外手图、实际材料图、野外记录本、剖面图、地质图的质量与一致性。

很快，先遣队开展了小范围试验图幅填图。一场耗时 10 年的青藏高原地质大调查就此展开。

找　矿

坦白地说，当初找矿心里是没底的，更没想到会取得这么大的成果。未知的矿产资源、原始生命演化、全球环境变化、冈瓦纳 / 欧亚大陆碰撞机制、古特提斯洋消亡之轨迹、全球最大巨型复合造山带演化等，这些世界性的地学难题，无不让科学家们着迷。

全球有三大成矿域，分别是古亚洲成矿域、特提斯—喜马拉雅成矿域和环太平洋成矿域。青藏高原恰处在特提斯—喜马拉雅成矿域。

在这一成矿域的西端，比如塔吉克斯坦、阿富汗、吉尔吉斯斯坦，都已经发现超级大矿，而中国仅在成矿域一角发现了玉龙铜矿。

从何处入手是所有人都头疼的问题。经过多次考察，我们把视线聚焦在了藏南重要的成矿带——冈底斯。最初，我们一直在冈底斯山找浅层低温热液矿床。但找了多年都是"只见星星不见月亮"。我就在想，是不是找矿方向搞错了？

青藏高原隆起造成的地壳运动，岩浆热液带着深部成矿物质跑到了地壳浅处，我们要弄清楚，成矿物质通过断裂带上来是什么表现形式？它跟什么岩浆岩有什么关系，它跟什么构造有什么关系？经过反复踏勘、思索，我最后得出结论：青藏高原找矿的主要方向应该是斑岩型铜矿。

2000年，我们在拉抗俄矿床召开了一次技术分析现场会。大家围坐在草地上展开了热烈的讨论。很多人还是坚持传统理论，但每条"证据"都被地质事实否掉了。我说："据我在藏东的经验，这里像是斑岩带，今天听我的，今后一律找小岩体，其他的明年再说。"这次分析会及时改变了找矿方向。

很快，我的想法得到了证实。2001年8月，我到海拔5000多米的拉萨市墨竹工卡县，听说那里可能有找矿线索。傍晚，当我站在冈底斯山谷中的那条孔雀河边时，犹如醍醐灌顶。难怪这些日子喝的"绿豆粥"颜色深绿却没有半颗绿豆，还总有一股腥味，原来竟是这孔雀河里硫酸铜水煮的粥！远处的山脉属于二长花岗岩，富含硫化物，天长日久，岩石逐渐风化，原本的山尖变成山谷，绿色铜氧化物沿溪而下，染绿了河水。"这简直和玉龙铜矿一模一样！"我曾参与玉龙铜矿技术报告编写，太熟悉铜矿成矿的地质环境了，我几乎瞬间回到了发现玉龙铜矿的兴奋中。

回京后，我迅速安排时任中国地质调查局资源评价部副主任陈仁义带队实地考察。几天后，钻探结果令所有人欣喜若狂。这就是今天赫赫有名的驱龙铜矿。

从 2002 年到 2006 年，初步查明矿体总矿石量 159305.54 万吨，铜资源量 789.65 万吨、伴生钼资源量 50.10 万吨、伴生银资源量 5931.80 吨，成为当前中国最大的千万吨级铜矿。

之后，青藏高原斑岩型找矿陆续取得重大突破——科学预测并确立了 3 条巨型金属成矿带，圈定成矿远景区 106 个，新圈定异常和矿点 2000 余处，新发现并评价的 7 个超大型和 25 个大型矿床，潜在经济价值 2.7 万亿元。

到 2010 年，地质大调查项目在青藏高原寻找到的铜等多金属资源储量，相当于 64 个大型铜矿、17 个大型钼矿、30 个大型铅锌矿、23 个大型银矿、28 个大型金矿。其中，新增的 2457 万吨铜资源储量，相当于大调查启动时全国保有资源储量的 41%。

可燃冰

我们在青藏高原发现的另外一个宝藏是"可燃冰"。自 20 世纪 60 年代以来，人们陆续在冻土带和海洋深处发现了"可燃冰"，即天然气水合物，其全球储量是现有天然气、石油的两倍，被视为"后石油时代"的重要替代能源。可燃冰中甲烷含量占 80%—99.9%，燃烧污染比煤、石油、天然气都小得多。

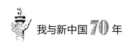
1996 年，我在一篇报道上看到了可燃冰，并被它的储量是陆地化石能源总和两倍的惊人结论吸引住了——足够人类使用 1000 年，我随即研究相关资料。作为 21 世纪极具商业开发前景的新型战略资源，"可燃冰"是未来低碳社会的理想能源，成为许多国家和国际组织关注的热点。

人类在冻土区发现"可燃冰"的历史不足 50 年。在新一轮国土资源大调查纲要中，我们将天然气水合物列入了攻关目标。2009 年，我们在陆域永久冻土区祁连山钻探获得实物样品，这是我国首次在陆域发现"可燃冰"。2007 年，我们曾在南海钻探获得"可燃冰"实物样品。这次发现，也使我国成为世界上第一个在中低纬度冻土区发现"可燃冰"的国家。我国是世界上排名第三冻土大国，冻土区总面积达 215 万平方公里，具备良好的"可燃冰"赋存条件和资源前景。据初略估算，远景地质资源量至少有 350 亿吨油当量。

绝　境

逢山劈路、遇水架桥是野外地质工作的典型场景，桥可能是临时砍下来的树干，滚圆的树干架在石头上滚来滚去，人只能匍匐着小心翼翼地挪到对岸。有的桥只是一道滑索，地质队员用绳索将手脚固定，凌空飞渡。现在想来，还是心有余悸，可是不这样怎么能上青藏高原。

前些年，有位地质工作者在青藏高原迷路。为了引起搜救者的注意，他只好一件一件地烧衣服，用火光引导救援者。零下十多摄氏度的天气，身上最后只剩下一条短裤。

这种事情非常多，幸运的是最后他们都得救了。为了保障地质工作者的生命安全，在 1999 年地质大调查启动之初，就在拉萨、乌鲁木齐、西宁三地同步建起了野外应急工作站，配有牵引车、大马力吉普车、海事电话等，随时帮助解救受困人员。后来，工作站又扩展到格尔木、玉树、喀什。野外应急工作很重要，这几个站就是坚强后盾。10 年间，通过应急工作站，挽救了多名深陷绝境的地质工作者的宝贵生命。

在藏南藏匿着野狼、狗熊的密林中，地质工作者身背小口径步枪，挥舞着柴刀砍出一条路。在藏北，一座陡峭的山挡住了大家的去路，小分队走了五六个小时绕到山背后爬上山，把绳子顺下来，其他队员这才依次攀上去。车子陷在河中，人们只能跳进冰冷的雪水中清理车前的泥沙。上山、攀登、填图、陷车、挖车，成为地质队员不可或缺的生活内容，汽车在青藏高原行驶，仪表盘往往一个星期就被颠坏停摆了。

队伍进入戈壁滩，数百公里不见一棵树。手机没有信号，有的队伍配备了卫星电话，有的队伍因囊中羞涩没有配置，想打个电话，要跑到几公里外的山顶上。

在生命禁区，面对高寒缺氧、远离交通线、风餐露宿、补给困难等危险，地质工作者们以 4 公里的路线间距，拉网式徒步穿越昆仑—羌塘—冈底斯—喜马拉雅，面积 220 万平方公里，路线总长度 50 万公里，相当于绕地球 12 圈。

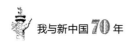
话语权

青藏高原一直是个谜。一百多年前，英国地质学家经由印度通往中国的马道，进入青藏高原进行地质考察。自此，青藏高原地质研究的话语权一直牢牢掌控在西方人手里。从1985年起，国际上每年召开一次喜马拉雅—喀喇昆仑—西藏国际学术研讨会，开了14届，却没有一次在中国召开。

然而，西方人的理论在中国大规模的找矿行动中却遭遇了尴尬。"大陆碰撞过程能否形成大矿"是成矿学一个重大问题。主导国际矿床学界的"流体挤压外泻说""有限新生地壳说""地体隆升剥蚀说"等认为大陆碰撞难以形成大矿。

青藏高原地质理论创新证明大陆碰撞过程可以形成大矿，"大陆碰撞成矿论"突破了传统认识，阐明了大陆碰撞过程如何成矿、于何处找矿问题，对区域成矿学作出了重要贡献。这些创新性理论成果，改变了"西方模式"主导青藏高原研究话语权的局面。这些原创性的成果一经在国际权威刊物上发表，立即引起国际地学界的强烈反响。《国际矿床地质论评》主编、国际著名矿床学家Cook教授致函中国科技部："这些成果代表了碰撞造山成矿作用领域取得的一项令人敬佩的、具有国际影响力的重要成就"。美国地质学会前主席、美国科学院院士Burchfiel在评价大陆增生—碰撞造山构造理论时，认为这一成果提出了许多具有挑战性的新概念，构成了一个全新的理论体系。

在丰富和发展全球构造理论，揭示青藏高原成矿规律的同时，我们还自主研发了3套适合高寒缺氧环境的矿产勘查关键技术和1套预测评价系统，解决了如何找大矿的问题。人们常用的打火机在高原上是不能使用的，因为缺氧，燃料难以燃烧。因此，研发出适应高原条件的技术装备，对青藏高原找矿至关重要。

以往，锤子、罗盘、放大镜"老三件"加上取样袋，就是野外工作的全部装备，现在，则有了遥感、计算机、地球物理、地球化学、元素同位素、海量数据处理、合成模拟、人工智能、微区测试分析、深部钻探等技术集成，实现了星—空—地的工作体系。由过去定性推测演变成现在的定量分析。更重要的是，项目打通了野外—实验室地质调查信息化、数字化、自动化全流程，实现了地质工作方法的革命性转变，这是中国地质调查局发展研究中心李超岭研究员等专家自主研发的野外数据采集系统。最初由于这套系统电池重达十几斤且待机时间只有 20 分钟，显示器受光线干扰严重，难以在野外应用。经过一年的科技攻关，电池重量减轻到 2 公斤，待机时间则延长到 8 个小时，再亮的光线下显示器也能看得非常清楚。2002 年，这套系统在野外全面推广使用。

科技进步大大缩短了工作时间，在自然条件极其恶劣的青藏高原，原来需要 50 年才能完成的艰巨任务，中国地质工作者仅用了 10 年时间。

"羊单位"

青藏高原除了自然环境恶劣，还会面对文化观念的碰撞。藏族群众认为高原的山川河流，都是神灵赋予他们的宝贝，神圣不可亵渎，任何形式的开采挖掘，都是对神灵的不恭，他们从内心深处抵触对自

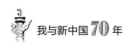
家土地利用和开采的外来人。

勘探队也曾遭遇过当地群众的不理解。那时，人们担心矿产资源开发会影响青藏高原的生态环境。可现实改变了藏民的看法。

土生土长的西藏人、中国工程院院士多吉提出了"羊单位"理论。根据这个理论，破坏青藏高原生态的元凶之一是"过度放牧"。1只羊需要50亩草场养活，即1个"羊单位"；1个牧民生存需要50个"羊单位"（2500亩草场）。而建设1座现代化大型矿山，只需要2000亩草场，比1个牧民需要的50个"羊单位"还少些。因此，多吉认为，"开发一小点，保护一大片"，通过现代化矿业开发，进而保护高原生态、实现人与自然和谐发展，是符合青藏实际的一条有效发展路径。

在中国黄金集团投资开发的甲玛铜多金属矿，完全做到了绿色开发，所有污水循环利用，97%的水完全利用，3%的水随矿浆进入冶炼厂，实现了零排放。

不仅如此，中国黄金集团还为牧民们修建了公路、小学、医院。目前，当地300多名牧民中已经有80多人经过培训成为矿山工人。有的牧民进入矿山车队当上了司机，还有的组成了护矿队。有的矿搞得更好，还给老乡建安置房，比如雄村矿区，安置房雕梁画栋，像宫殿一样富丽。

奖　金

在全国科技大会的颁奖仪式上，我作为第一完成人，双手接过了时任国家主席胡锦涛颁发的——"国家科学技术进步特等奖"证书，胡锦涛主席在颁奖时对我连说了两句"了不起"。

仪式结束后，时任政治局委员、国务委员刘延东对我说："青藏高原大调查太不容易了，今天我请客。"

午宴，刘延东请了 10 位获奖专家，让我坐在她边上。她说："今天陪客的不是部长就是副委员长，你有什么建议和要求，都可以提出来。"

我就对刘延东说，有两条意见。第一，地质队员的待遇太低了，他们成天爬山过河、风餐露宿，时常带着伤痛坚持，甚至冒着生命危险，但野外补助至今执行的还是 20 世纪的标准，地质队员一天补助 18 元钱，低得可怜，在今天只够买一份盒饭。第二，新时代的地质工作者有自己的特点，能不能拍一部相当于以前《年青的一代》那样的电影，来激励年轻人去热爱地质事业、去献身地质事业，我们需要特别优秀的人才加入到地质工作队伍中。

刘延东听后神情顿时严肃起来："地质工作太辛苦了。有关部委就这个问题要好好研究一下。"她接着说："当今社会一些人信仰缺失，还有这样一群人坚守青藏高原，这种精神太稀缺了，你们要好好总结，采取各种形式大力宣传，让这种精神发扬光大，影响社会！"

特等奖的奖金是 100 万元，获奖名单上有 50 个人，这 100 万元怎么分？我们提出三个方案，一个是全捐掉，一个是平分，一个是根据贡献大小分。最后投票，48 票赞成全捐，按少数服从多数的原则，我们将这笔奖金全部捐给了西藏大学，奖励西藏籍且是地质类的在校学生，为西藏培养更多人才。

（吴睿娜　撰写）

歌声流过岁月的河

王立平　口述

 口述者简介：

王立平，男，满族，1941 年 8 月生，吉林长春人。民进成员。中国音乐著作权协会终身荣誉主席。曾任民进中央副主席、中国音乐家协会副主席。第八届全国人大代表，第十届全国人大常委，第十一届全国政协常委。享受政府特殊津贴。2007 年 11 月被聘任为中央文史研究馆馆员。

 采访手记：

4 月末的北京，已有了些许初夏的暑气，笔者如约在王立平家中见到了他。三角钢琴、画案、乐谱、书，檀香氤氲中的家有种自然的艺术气息。午后畅聊，从动荡年代的童年记忆聊到共和国的火红岁月，从迎着改革开放春潮创作《红楼梦》音乐的故事聊到当今的文化艺术发展。

他创作的旋律朗阔清丽，洋洋洒洒数百篇佳韵。从《大海啊，故乡》到《太阳岛上》，从《牧羊曲》到《红楼梦》组曲，喜怒哀乐都在音符中铺陈，既有闯荡天涯的江湖风沙，也有细水长流的人间烟火。他以乐为桨，漫溯古今，对音乐的热爱成为信仰，是他穷尽一生都做不完的一场梦。感世情、动人心，在各种悲喜交加之处，用音乐洞悉人性、返璞归真。

择一事，倾一生，乐在其中，百折不悔。歌声飘过 70 年，他始终为了人民创作，乐为心声，曲中有情。如今这位与岁月同歌的老人，依旧以拳拳热爱深耕着文化的沃土，积极关注、推动着民族文化的发展。

动荡年代

我们这代人是很幸福的一代，不是衣食无忧、一切顺利，而是在成长中尝遍了很多人都难以经历的苦辣酸甜，赶上了很多重大变革。

我 1941 年出生在长春，那时东北还在日本统治之下。大概两三岁的时候，我们家被日本人抢过，就像电影里的镜头，日本兵到家里"检查"，一进来就翻东西。我父亲会说几句日语，日本兵拿着我父亲的衣服、公文包，说这些是"违法"的东西，是"军用"的，最后都拿走了。我记得他们戴着那种一条条耷拉下来的帽子，我们家屋子很矮，日本兵的枪托把家里的玻璃灯碰破了，那个灯罩晃了很久。我吓坏了，一直到现在我都记得那个灯的影子映在墙上，一直左右摇晃……我第一次经历这种场面，小小年纪就体会到我们的国家被日本人统治的恐惧。当时日本人搞细菌战，研究的细菌流出来，父亲感染了伤寒，妈妈也生病，父亲的学生把一点点米夹在包里，送到我家，只够熬一点粥，勉强活下来。

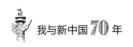

月夜笛声

　　父亲是我音乐记忆的起点。他很喜欢音乐，那时没有音乐老师，他是跟着红白喜事的吹鼓手学的民族音乐。一看到外面有结婚的，他就跟着走，边走边听，每次听到的都不一样，就这么背下来很多民间的传统曲子。冬天里，父亲听到吹奏声就赶紧回家揣一个饼，有时候跟着送葬的队伍一走好几里地，就是为了听人家吹曲子。父亲会很多民族乐器，笛子、箫、胡琴、管子……夜里没人时，他对着河吹，说自己是"独占万泉"，乐声覆盖了整个水面。后来他把横膈膜吹破了，吹不了管子了，改吹笛子，那时专业的音乐人员很少，《春风吹到诺敏河》那部电影，里面用箫配的音乐全部是我父亲吹的。

　　父亲曾在新京(长春)乐员教养所教音乐，他的学生大都十几岁。这些大哥哥经常到我家来聊音乐、练琴。这其中就有后来音乐学院著名教授王治隆老师，当时他家有把小提琴，但没有琴弓，只有一两根弦嘣嘣响。我从没拉过这个琴，但这把残琴总让我想象小提琴的美好声音。受父亲影响，我从小也很喜欢吹笛子、箫。每次父亲吹箫，我就静静地听，《春江花月夜》《梅花三弄》这些都是他喜欢的曲子，有时候吹一个片段，有时候完整吹下来。父亲吹的曲子，总给我一种忧郁感，这种忧郁对我影响很大，我好像对惆怅有种特殊的感觉，有时候在晚上我对着月亮吹箫，能吹几个小时，这曲子不知道从哪儿开始，也不知道到哪儿结束，即兴发挥，常吹得自己泪流满面，也不知道那时吹的曲调里有没有后来《红楼梦》音乐的影子。

红旗下面

新中国成立之初，印象最深的是抗美援朝，那时一切充满了希望，但也面临着巨大压力，在我的家乡长春，每家都挖防空洞，冬天还可以用来放菜。当时父母曾经把一个月的工资都捐出去，家里没有菜吃，只能吃最便宜的棒子面、高粱米面，喝粥。父亲告诉我，这是该勒紧腰带的时候，虽然日子苦，但和日本侵略时不一样，我们是国家的主人，应该承担这份苦。

小学我上的是长春市第二区中心小学，是学校合唱队的指挥，这个合唱队是《让我们荡起双桨》的原唱。大概六七岁时，我父亲的一个学生去了北京，钢琴搬不过去，就放在我家，我得了个便宜，开始学钢琴。因为我会弹钢琴，学校里的钢琴只有我一个人可以用。我的耳朵好，音很准，和老师配合得好。老师很信任我。我也是腰鼓队队长，老师打一遍我就能背下来，就代老师教同学。1950—1952年这几年，我们小学宣传队经常参加慰问军属的文艺演出，宣传抗美援朝。北方的冬天特别冷，我们化上红脸蛋，敲锣打鼓、唱着歌去宣传抗美援朝、爱国捐献，给军属送米面等慰问品，还发动和平签名。唱的都是"美帝国主义罪恶滔天""让它同臭虫、苍蝇、跳蚤一起完蛋""要和平，要和平"这些歌。这一出去就是大半天，扭秧歌、打腰鼓都不能戴手套，小手冻得又红又肿，但是我们都特别积极，也没有喊累的。那段日子过得非常丰富，有生气、有活力，培养了我很多能力。

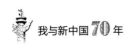

红场立志

我 12 岁时有一件事，对我来说也是人生的一件"大事儿"。经历了层层选拔，我被选中去参加"匈牙利国际夏令营"，成为全国仅有的十名出国访问儿童之一。我一直到现在都记得一些细节，我小时候从没穿过一身新衣裳，那天晚上去团市委谈话，我没有裤子穿，就挑了一条我妈的裤子，卷上裤脚就去了。

从 6 月 17 日离开长春到 9 月 17 日回来，整整 3 个月。第一个月在北京做西服、学吃西餐、学舞蹈唱歌。这些孩子排练时的音乐都是我放唱片，不能放唱片的我就拿口琴伴奏，每天早上升旗，我是小鼓队的鼓手之一。9 月初夏令营结束返程，莫斯科已是秋风瑟瑟，大家都穿上了呢子大衣。我们是夜里的火车，路上要坐 9 天 9 夜，听说夜里 12 点克里姆林宫换岗仪式非常壮观，我们就想临走前去看。跟电影里的镜头一样，卫兵走着正步，非常精神帅气。看完换岗后，我们十个孩子在红场上情不自禁地抱在一起，不知是谁提议，让每个人都说说自己的理想。我记得一个来自天津的孩子说我还会来这里留学。我当时说长大要成为音乐家。几十年后再见面，他们都说只有我实现了自己的理想。我在夏令营期间过完了 13 岁生日，红场立志，这个决心是认真的。

音乐学院

夏令营回国之后的孩子可以保送升学，但我想读的中央音乐学院少年班不能保送，只能先去学校再研究怎么办。当时中央音乐学院少年班（今附中）在天津，我自己拎着大大小小 5 个包还有被褥脸盆坐了两天的慢车，自己找到了学校。最后我以很高的成绩考过了，选学钢琴。有一次午休，学小提琴的盛中国和弹钢琴的李其芳把我叫到 14 号琴房，盛中国二话不说就给我拉了一段萨拉萨蒂的《流浪者之歌》，那是个很难的曲子，李其芳弹了一首钢琴曲。这是男孩子之间的见面礼，着实让我领教了这些同学的厉害：别说你出过国挺棒的，我们都挺棒的。这事让我也看到了差距，我真是比人家差了一截，这是我人生的第一次打击。但想来想去最爱好的还是音乐，实在割舍不下，只能硬着头皮往下走。

入学一段时间后，我发现学校里有个小小的资料室，有一屋子唱片、乐谱。我想那么多大作曲家，名字我都叫不全，将来那里可有位置装一页我的作品？既然钢琴我学不到最好，后来就选学作曲。我从初二开始写小曲子，改编民歌，在广播电台播放，因此决心在作曲方面有所发展。

我后来继续在音乐学院读大学，喜欢的是贝多芬、莫扎特，父亲说我是在艺术的象牙塔里，虽然他们的音乐很好，但中国老百姓不懂。我父亲和我说了很多次作曲家李劫夫的故事，他写了歌就拿到街上去教老百姓唱，跟战士、工人、农民一起唱。人家唱不对的地方，他不是纠正他们而是改谱子，他说写了歌就是为了让大家唱的，唱不

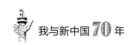
好就是他没写好。父亲说我将来是给大众服务的，只有与老百姓同甘共苦才能走进他们的生活，如果老百姓吃的东西我不吃，他们喜欢的东西我不喜欢，我写出曲子来，也不会有人喜欢。可以说从很早开始，我就想明白了努力的方向，父亲的话我记了一辈子。

春潮并进

我也经历过动荡的年代，遭遇运动、蹲过牛棚，都是"莫须有"的罪名。改革开放来了，我们终于等到了一展身手、大干一场的时候，那是第一次感觉到身心解放。

20世纪80年代的创作真是发自内心的热情。创作《飞吧鸽子》时，《大众电影》准备用它做封底，本来是稿费25元钱，我和洪源每人可以分12.5元。后来新影小报提前把这个曲子登了，那时规定只给一次稿费，转载不再发稿费，最后给了3元钱，我们俩一人1.5元，只够过个周末包顿饺子。但当时的创作状态非常单纯，绝对没想是为了十二块五还是一块五去做这件事儿。后来我听说一位得癌症去世的李姓女演员，在生命最后时刻每天都要听《飞吧鸽子》，她还是希望自己能振翅飞翔，还向往"云雾里从不迷航"的美好生活。这首歌帮助生命已走向绝望的人依然保持乐观向上，我觉得我的作品鼓舞了她，陪伴她度过人生最后的阶段，我很骄傲，也特别感动。

《太阳岛上》其实是一首"速成"的"救火"作品，是我"小题大作"的一首歌。当时有一部专题片《哈尔滨的夏天》即将在国庆节播出，最后一审发现词曲都不理想，音乐编辑和编导发生分歧，甩手不管了。9月下旬的一个周末，我的低班同学胡小伟接手以后请我一定帮忙。她只给了我一天时间，说全片近一个小时没有解说词，让我把几首歌的词和曲改一改，不用太好，只要能播出就行。我也提了点条件，写可以，但不能把我的名字登上去，除非写"作曲：王立平（一天所作）"。我本想改一改原曲，后来发现改还不如重写，用了一个周末完成。那时连谱子都没写，我弹电子琴，请陈志弹电吉他，录下了《太阳岛上》《浪花里飞出欢乐的歌》和《小火车》等几首歌和若干段器乐曲。没想到一播出效果很好，观众来了大把的信，要求"每周一歌"刊登歌谱、介绍作者。

我创作时根本来不及去体验生活，只是以前冬天从远处看了一眼太阳岛。但这首歌并非临时写就，而是酝酿许久，只是机缘巧合突然有了这个题，借此发挥而已。太阳岛这么响亮光明的名字，我要借这个题表现人们面对生活的一种幸福、兴奋、热情、充满希望的心境。改革开放的时代气质是解放思想，人们看到了前途光明，努力为自己的未来和理想奋斗。歌里的天高气爽就是人们当时的心态，年轻人求知、求乐、求富，感受到改革开放的浓浓春意，感受到时代给我们的温暖和鼓励。这首歌摸准了时代脉搏，又用郑绪岚那样温柔的声音娓娓道来，唱出了人们"心中有、口中无"的感受，艺术家的责任就是把这些挖掘出来，唱给大家听。我们在生活中发现、创造艺术，同时也在用艺术展示、丰富、创造生活。这些作品既是属于那个年代的，同时也跨越了年代，带有一种深深的时代烙印，影响了几代人的青春。

所有的艺术门类都是人学，创作要能撼动人们的心魄。易中天在讲课时说到"禅"，让大家听《牧羊曲》，说那就是禅。2014年我去普陀山，也有一位和尚告诉我说，你的《牧羊曲》就是禅。"日出嵩山坳，晨钟惊飞鸟，林间小溪水潺潺，坡上青青草。野果香，山花俏，狗儿跳，羊儿跑，举起鞭儿轻轻摇"，这是自然山水间的一种禅意；后一段"腰身壮，胆气豪，常练武，勤操劳，耕田放牧打豺狼"，这是我们民族勤劳勇敢的精神品格——"风雨一肩挑"。1981年写这个曲子时，我只用了一两天的时间，还不知道什么是禅。但这是殊途同归，"禅"是中国传统文化中固有的东西，我们要敬畏它、珍惜它、发展它。我要把这些创作的热情、对生活的热情、对老百姓的真情融合在一起，做好大家的代言人，做好这个时代文化的创造者。

红楼一梦

我心中的 80 年代，是一个人们没说梦但真正有梦的年代。《红楼梦》就是一场很美的梦，从建组一直到完成，导演只说拍成一部很好的普及版小人书也是好事嘛，从没有喊口号说要把它拍成精品，更不用说做成经典。但是剧组上下非常认真，都想把自己手头的工作做到最好。王扶林是位非常优秀的导演，他很平和、扎实、善于用人，他明白一个大作品要集中大家的智慧和长处，不是一切都由自己说了算。

87 版电视剧《红楼梦》有好的剧本基础，是不折不扣的文学巨作。20 世纪 80 年代初期也是创作风气最健康、大家最有热情的年代。没人问拿多少酬劳，当时王扶林导演、陈晓旭、欧阳奋强、邓婕这些主创主演，每一集只有 75 块钱。我们一共只用了 680 万元人民币，历时 3 年，全组上下都特别节俭，伙食费一天只有一两块钱。没有卸妆油，女演员用去污粉卸妆，卸完妆脸都疼。但大家的精神状态都是齐心协力，互相激励，怀着共同的对经典的敬畏。

《红楼梦》的作曲对我来说是全新的、未知的领域，可以说是我自己逼出来的，我要使出自己所有的劲，创作过程真是"天知地知，你不知我不知"。我觉得，任何现成的素材都承载不了《红楼梦》的分量和深度，只能从原文的字里行间去"挖"出音乐。我把《红楼梦》音乐写成十三不靠：不靠民歌，不靠戏曲，不靠艺术歌曲，不靠洋歌曲……跟谁都不挨着。这是一种之前不存在的、独属于《红楼梦》的音乐方言。

我当时想用一种大家没听过的声音来唱，让人感觉一听就是《红楼梦》。如果找知名歌唱家，要从头改变原来的演唱习惯和风格，要花大把时间和精力，效果也未必好。我想找个像一张白纸的人，就像教小孩子说话，一上来唱的就是《红楼梦》音乐方言。我想挑一个声音非常纯净的人，还要有孩子那种单纯的性格，仿佛一汪清水。最后锁定一位业余歌者陈力，陈力就有这种青涩，有那种初来乍到、不谙世事的懵懂。还记得我和王导说完，忐忑不安，心都快从嗓子眼里跳出来，等着他给我提出各种问题。王导蒙了，根本没想到我提出这种"荒唐、不合情理、不可思议"的想法。他愣了半天，最后说了一句话："我明天就派人把这个人给你接来"。我当时眼泪就下来了，这是他作为一个艺术家巨大的自信，也是他对我无条件的信任。因为我负责音乐部分，他非常尊重我的专业意见，用人不疑、疑人不用。正是这种信任和理解，使我们共同成就了电视剧《红楼梦》，也使得我们

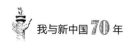

之间的友谊保持了这么多年。

当时写《红豆曲》时，那个旋律太"怪"了，这种切分音在作曲上一般只能用两三次，我几乎是一"切"到底，就算是专项音乐练习题，老师都不会允许这么做。这样虽是违背规则，但我还是觉得这首词就该是这样。我去找王导时，已经写完了《序曲》和《枉凝眉》，我并不自信，如果王导说不行，我真不知道接下来怎么写。但"家有千口，主事一人"，必须要服从导演的总体规划，要汇报进度。我唱完一遍后，王导半天没说话，吓住了，后来终于说了一句话："你能给我再唱一遍吗?"我又给他唱了一遍，他说:"可以，很好! 就这样!"这对我是特别大的鼓励，尤其是在我进退维谷、忐忑不安的时候，他的支持太重要了。

大家给了《红楼梦》音乐很多好评，没有王导这样的导演，没有他这种气度和包容，就没有《红楼梦》的音乐。其实这就是改革的时代气质，这些理解、信任、支持是大时代背景下大家才有的心态，这种大环境才能孕育出这样高超的艺术水准。周汝昌先生曾说87版电视剧《红楼梦》在普及红楼梦是"全龙首尾第一功"，是导演和我们剧组成员相互扶持着走向《红楼梦》新的高度。

一代人有一代人的使命，一代人有一代人的辉煌，一代人也有一代人的局限。我们这代人的责任就是把我们的天资、才华、努力、心血、理想充分发挥好，筑起一道高墙。这道墙不是为了阻挡后人，而是激励后人去超越，我们的责任是让后人感受到，想要超越没那么容易。

（张　卉　陈碧琦　整理）

3

老舍藏画背后的故事

舒 乙 口述

口述者简介：

舒乙，男，满族，1935年8月生，北京市人。中共党员。中国现代文学馆研究馆员。曾任中国现代文学馆馆长。2007年11月被聘任为中央文史研究馆馆员。

编者按：

老舍先生喜欢画，爱看画，爱收藏画，并以此为乐。他和许多知名的画家都是好朋友，还写过不少美术评论。恰好，夫人胡絜青拜齐白石和于非闇为师，是一名画家。这样，到了晚年，老舍、胡絜青先生的家便仿佛成了一座小小的私人美术馆，在那里，朋友们可以欣赏到许多美术大师的好画。在近代文人中，老舍、胡絜青夫妇和齐白石老人的交往是一段佳话，承载着一批中华现代名画诞生过程的趣闻，颇具传奇性，值得一记。

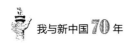

老舍先生 1930 年从英国回来后，应聘到山东济南的齐鲁大学教书。这时他新婚不久，组成了一个幸福美满的小家庭。1933 年得长女舒济。转过年来，在南新街寓所中照了一张相片，并题诗一首，名曰"全家福"：

爸笑妈随女扯书，

一家三口乐安居。

济南山水充名士，

篮里猫球盆里鱼。

这首小诗是对老舍先生在济南生活的一个生动的写照。他的自述中曾这么写过："从民国十九年七月到二十三年秋初，我整整的在济南住四载。在那里，我有了第一个小孩，起名为'济'。在那里，我交下不少的朋友；无论什么时候从那里过，总有人笑脸地招呼我；无论我到何处去，那里总有人惦念着我。在那里，我写成了《大明湖》、《猫城记》、《离婚》、《牛天赐传》和收在《赶集》里的那十几个短篇。在那里，我努力地创作，快活地休息……四年虽短，但是一气住下来，于是事与事的联系，人与人的交往，快乐与悲苦的代换，便明显地在这一生里自成一段落，深深地印划在心中；时短情长，济南成了我的第二故乡。"

雏鸡图

为这段美好的生活添彩的还有一张齐白石老人的《雏鸡图》。这张《雏鸡图》和舒济同庚。每当张挂这张画的时候，老舍夫妇都不忘说这么一句，"这是生小济那年求来的"，仿佛是为庆祝小济降生而专门求来的一件礼物。

那时，老舍先生的好友许地山先生也已由英国归来，住在北京西城，离白石老人住的西城跨车胡同不远，而且和白石老人过往甚密。于是老舍先生写信求许地山先生代为向白石老人索画，当然要照章付费。画好后邮到济南，打开一看，哇，竟是一张精品。

《雏鸡图》白石老人画过不止一张，但这一张却不同寻常。画幅相当长，裱好之后矮一点的房子竟挂不下。画的右上角是一只鸡笼，笼的构图立体感很强。笼盖刚刚打开，一群小绒鸡飞奔而出，跳满整个画面。笼内还剩两只，一只在打蔫儿，另一只则刚醒过来，张开小翅膀，飞着就出来了，唯恐落了后；这一只因为距离较远，体型较小，完全合乎比例。其余的，十多只，体态各异，正的、侧的，右侧的、左侧的，朝前的、朝后的，有的要单，有的三五成群，疏密错落有致，整个画面极为协调。

此时，白石老人七十多岁，正是他创作的鼎盛期，画作完全形成了自己的风格，既注重墨色的变化，又在体裁上努力出新，小鸡和虾蟹成了他的拿手独创，和大白菜、大萝卜一起都成了齐白石名片一样的标志物。这张《雏鸡图》恰是这一时期的代表作。

老舍夫妇如获至宝，从此，这张画便跟随他们一生，由济南带到青岛，又到北平，又到重庆北碚，最后又回到北京。逢年过节才拿出来悬挂几天，真是像对待传家宝一样珍爱。

夫人胡絜青 1943 年带着 3 个孩子由沦陷的北平出逃，辗转 50 余天，到了重庆北碚，和老舍先生团聚。她带来了这张《雏鸡图》。还有一张她自己在北平时得来的白石老人的《虾蟹图》。

在北平时，胡先生隐名埋姓，以在师大女附中教书为生。师大女附中在西城辟才胡同，和跨车胡同也很近。经过朋友介绍，胡先生认识了白石老人。当时，白石老人的几个儿子准备上辅仁大学，需要找一位代课的语文老师帮助复习功课，遂找到了胡先生。为了答谢胡先生，白石老人画了一张虾和一张蟹作为酬礼。是两个斗方，一上一下可以粘裱成一幅长轴。

于是，这张《虾蟹图》和《雏鸡图》便同时出现在老舍先生在重庆北碚蔡锷路的斗室里，立刻蓬荜生辉，而且消息不胫而走，传到重庆竟成了"老舍夫人带来了一箱子齐白石的画""老舍成了富翁"，等等。老舍先生倒也不慌不忙，提笔写了一篇小文，题目叫《假若我有那么一箱子画》，顺便把那些发国难财的贪官污吏狠狠地挖苦了一顿，在大后方重庆成了轰动一时的笑谈。

老舍画墙

新中国成立之后，老舍先生由美国回到故乡北京，在东城丰盛胡同 10 号买了一所小院，从 1950 年 3 月起在这里定居。

小院由前后两进院子组成，里院是主院，呈三合院的格局，北屋正厅西边两间是客厅，西耳房是老舍先生自己的书房兼卧室，北屋正厅的东边一间是夫人的工作间兼卧室。东耳房是洗漱间和厕所，装有马桶。经过改造，西耳房得到扩充，将西耳房和西房之间的小天井加了棚顶，成了老舍先生放书桌和书柜的地方。他的剧作都是在这里完成的，包括《龙须沟》和《茶馆》。客厅的西墙专门挂画，一溜儿可以并排挂 4 张画轴，经常更换，时间一长，被人们戏称为"老舍画墙"。

老舍先生差不多每隔半个月就更换一次"老舍画墙"上的画轴，宛如办展览。他自己常常利用写作间隙的休息时间对着这些画仔细观察，有时一看就是二三十分钟。每当作家朋友们来访，在谈话之余，如有机会，他都刻意请这些朋友们赏画，而且把自己的赏画心得一一道出，引起作家们很大的兴趣，有人还因此而得到不少美术上的启发，甚至启蒙。

渐渐地，作家们，特别是较年轻者，纷纷求老舍先生也为他们选购一些美术作品，譬如齐白石的，以便装点自己的墙壁。老舍先生对这种请求欣然接受，很高兴地带着他们去逛荣宝斋或者和平画店，而且当场拍板，说"您就买这幅"。来人不解，觉得不就是一张白石老人的螃蟹嘛，并不特别，老舍先生抿着嘴小声地说："您瞧，这只螃蟹画了 5 条脚，是'错票'，更值钱。"大家哄堂大笑，掏钱购得 5 条脚的螃蟹，凯旋而归。

老舍先生也常常掏钱在画店里购买一些白石老人的画作当"储备"，有画轴，有扇面，有册页，总有几十种之多，为的是作为礼物送人，比如，某同事乔迁新居，某小伙结婚，某朋友远行，他都要亲自登门祝贺，掏出来的礼物是一张齐白石的画，往往令受礼者大喜过望，觉得这位长者真是体贴入微，可爱极了。

夫人拜师

夫人胡絜青是个新式职业妇女，是那个时代为数不多的有大学学历的女知识分子，婚后也教书，一直由中学教到大学，有副教授的职称。回到北京后，老舍先生希望她不要再外出工作了，一是主持家务，二是帮他抄抄写写。胡先生也的确这么在家里待了一段时间，但终究不甘于光待在家里，时代的召唤让她再度萌生去外面工作的欲望，她便参加了妇女学习班，又参加了国画研习会，慢慢地接触了一批画家，对绘画产生了浓厚的兴趣，强烈地渴望成为一名画家。她性格沉静，有坚韧不拔的刻苦精神，加上天资聪慧，又有较高的文化修养，渐渐在北京美术界成了一名活跃的习作者，还当了一群业余画家的小组长。

她又成了齐白石先生的座上客。此时，老舍先生担任了北京文联主席，又是全国政协委员和全国文联副主席，有机会和齐白石先生相识，还在各种文艺集会上经常相遇，而且一见如故。

于是，老舍夫妇常常结伴而行，双双频频出入于白石老人的府上，也购得了不少白石老人的作品。老舍画墙上除了傅抱石、林风眠、黄宾虹、徐悲鸿、于非闇、沈尹默的画作和书法之外，最多的就算是齐白石老人的作品了。

1951 年的某日，文艺界的朋友们又聚会于齐老人的画室，胡絜青当众表示非常愿意向白石老人学画。朋友们一齐高喊，那就拜师吧。按着她向白石老人行跪拜礼。就这样，胡絜青成了给白石老人磕过头的正式女徒弟。以后她每星期定期去齐家两次，正式学画。她的进步非常快，她的习作频频得到白石老人的夸奖，很快就成了白石老人的得意门徒。白石老人常常委任她和郭秀仪（黄琪翔夫人）两位得意女门徒去替他办一些重要的私事，诸如把家中存款换成新币等。在庆贺白石老人 90 大寿的盛大典礼上，胡絜青寸步不离地陪在老人身旁，并替他致答谢辞，成了老人的代言人。

胡絜青的画大有长进，后来正式加入了中国画院。白石老人有个习惯，爱在徒弟们的习作画上题词，写些嘉奖鼓励的热情言语，胡先生就经常携得这样的褒奖回家，不无得意地展示给老舍看，比如在一张藤萝习画上老人有这样的题字："此幅乃絜青女弟之作，非寻常画手所为，九十二白石题字。"对这样的表扬，老舍先生自然也跟着高兴，有时还对外宣传，最后，连周总理也知道了。周总理居然有好几次当面表扬了胡絜青。

在人民出版社 1984 年版的《周恩来选集》下卷第 318 页上有以下记载：周总理在 1961 年 6 月 10 日的讲话中谈道："老舍夫人是一位画家，中年学画，拜齐白石为师，现在和陈半丁、于非闇等画家合作绘巨幅的国画"。

白石老人出身劳苦农家，一辈子勤俭，平日粗茶淡饭，吃得很清淡。胡絜青先生习画时就近能详尽地观察到，因此去齐家时隔三岔五总要带点好吃的"进贡"，比如新鲜的河螃蟹之类。老人吃得很开心，像孩子一样高兴。

得此经验，老舍夫妇便经常约上吴祖光、新凤霞夫妇，诗人艾青等人宴请齐老人。有一次在东安市场楼上森隆饭庄为白石老人祝寿，共有三四桌客人，老舍和齐老人等坐主桌，坐末席的是裱画师刘金涛师傅和三轮车工人等随从人员。刘金涛忽听旁边的人提醒他："说你呐！"只听得老舍先生站在主桌旁大声地说："我提议，请大家为工人阶级刘金涛师傅敬一杯酒！"白石老人也笑眯眯地点头，举杯敬酒，其乐融融。

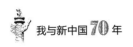

命题作画

由于有这层关系，老舍先生也经常光顾齐老人的画室，对老人的艺术有了更进一步的了解，也越来越喜欢他的作品，而且给出了极高的评价，认为他是当代中国最杰出的美术大师，他的创新和突破有着世界影响。

他开始刻意收藏白石老人的佳作，由荣宝斋、由和平画店，也亲自向白石老人当场求画，当然都是照价付费。当时，白石老人的画价比别人都高一些，但合情合理，绝不漫天要价，是真正的公平交易，物有所值，又让一般民众买得起，承受得了。不过，老舍先生很客气，总要多付一些。

他选了一组苏曼殊的诗句请老人按诗绘画，一共四句，分别是"手摘红樱拜美人""红莲礼白莲""芭蕉叶卷抱秋花""几束寒梅映雪红"。老人一看，啊，春夏秋冬嘛，容易，提笔画了一组四季花卉，高质量地完成了任务。

在画刚出芽的嫩芭蕉叶时，齐白石突然问胡絜青，芭蕉叶卷着蹿出来时叶筋是"左旋"还是"右旋"。胡絜青茫然，看过芭蕉无数次，特别是在北碚，院中就有大芭蕉数棵，但从来没注意它是"左旋"还是"右旋"。她被白石老人的认真和细致所深深感动，不愧是大艺术家。她忙说：您先别忙，我负责去查，完了再告诉您。她跑图书馆，查植物图谱，问专家，终于得到答案，跑回来向老人报告，老人才提笔作画。

老舍先生拿到这4幅画时，眼睛发亮，不仅画好，画上还有这样的题词："老舍命予依句作画""应友人老舍命"等，当然也题有苏曼殊的诗句，珠联璧合，老舍先生非常满意，忙请刘金涛师傅前来，吩咐如何装裱。

刘金涛师傅得令而去，不过，临出门，老舍先生忙说："慢着，请回来，我再看看！"

老舍先生突然觉得第四幅"几束寒梅映雪红"里的寒鸦画得不太好，上面的雪梅很好，相比之下寒鸦倒像是个败笔。只见他不由分说，拿起剪刀，咔嚓一声，将第四幅画拦腰剪断，把寒鸦扔进字纸篓，然后进屋拿了一幅斗方名家书法，让刘金涛师傅裱成上画下字的长轴。

《蛙声十里出山泉》

有了这次尝试，老舍先生决定给齐老人出"难题"了，他刻意找来4句很有意境的诗句，再让老人依诗作画。这4句并非出于一位诗人的手，而是属于4位诗人，从内容上看彼此也没有什么联系，其中有查初白的"蛙声十里出山泉"，有赵秋谷的"凄迷灯火更宜秋"。

想想，是够难的，这里面有声音，而声音是无形的，有距离，而且是十里之遥，有时间，时间也难在画面中表现，有地理环境，有特定的情调，诸如"凄迷"之类，加在一起，真是够老画家为难的！

老人拿到诗句后，足足想了三天三夜，最后，竟超水平地拿下了这组难题，不愧是聪明绝顶的大艺术家，91岁啊！而且张张都好。

又是在一张很长的纸上，老人用焦墨画了两壁山涧，中间是湍湍急流，远方用石青点了几个山头，水中画了6个顺水而下的蝌蚪。青

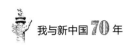

蛙妈妈在山的那头呢，蛙声顺着涧水漂出了10里。

绝了！

这张杰作成了齐白石晚年的代表作，凭借此画，他在艺术上又上了一个台阶，一个大大的新台阶！

《蛙声十里出山泉》后来印成了邮票，名扬海内外。

《凄迷灯火更宜秋》同样很绝。一张长纸，在左上角两笔勾了一张窗户，窗内桌上有一盏油灯，是点灯草的那种很老很土的灯，微风吹来，火苗有些歪斜，在上方，有一叶秋日的红叶被风吹进屋来。完了。整幅画就这么一点点景物，剩下其余的画面全部空白，不着一线一色，干净之极。靠右边写一行字，由上到下，几乎占满边线。字是这样写的：

"凄迷灯火更宜秋，赵秋谷句，老舍兄台爱此情调冷隽之作，倩白石画亦喜为之，辛卯白石九十一矣，同客京华"。下盖两方小印。

左下角太空，不要紧，盖三方大印，有方、有长方，有阴文、有阳文，有小、有大，最下面的一方是很大的方印"人长寿"。构图之妙，令人叫绝，这也成为齐白石晚年的一张代表作。

把自己最好的作品赠送给要好的朋友，是大艺术家的优良传统做法，毫无商业利益的考虑，是文人纯洁高尚友谊的纽带，是彼此爱戴和寻找知音的途径，是真情实意的直接表达，是人间情谊的最高象征和最终凝固。

此后，齐白石老人有时也主动向老舍先生赠画，都是他的得意之作，如《雨耕图》《寒鸦枯木图》，这两张画被老舍先生装了镜框，长期悬挂在客厅里。

老舍先生的毛笔字写得很漂亮。他平时也把写毛笔字当成一种休息方式和生活乐趣。除了自己写诗写字之外，他后来也很愿意在胡絜青的画作上题字，有一种妇唱夫随、相得益彰和珠联璧合的效果，无形中留下一大批珍贵的艺术品。

这种形式也是中国古代文人的一种习惯做法，只是在近代文人中比较少见了，那么，齐老人的题词和老舍先生的题词就显得更加稀罕，格外抢眼了。

是啊，画上的题诗题字不光是一种美妙的艺术形式，而且常常传递一种人间的思绪，有爱，有义，且有情；也把3位艺术老人的友情故事永久留在了人间。

编后记：2013年4月，为了秉承父母的遗志，老舍的4个子女将父母珍藏了六十多年的中国美术代表作13幅捐献给中国作家协会，其中包括齐白石和傅抱石最好的作品，子女代表舒乙表示，希望这些佳作能够回归社会，为广大观众所直接欣赏。这些"国宝"将在中国现代文学馆永久保存。

在随后的嘉德春拍上，"老舍胡絜青藏画"专场上拍了16件作品，全部成交，成交额为1.676亿元。舒乙说，所得资金将全部用于建立老舍文艺基金，赞助中国老舍研究会、北京市老舍文艺基金会、老舍文艺奖、北京老舍纪念馆、青岛骆驼祥子博物馆、重庆四世同堂博物馆以及正在筹建的济南老舍故居纪念馆等。

（吴睿娜　撰稿）

4

绿色的梦

刘秀晨　口述

 口述者简介：

刘秀晨，男，回族，1944年2月生，山东济宁人。九三学社成员。曾任北京市园林局副局长。教授级高级工程师。第九至十一届全国政协委员。享受政府特殊津贴。长期从事风景园林规划设计工作。2006年2月被聘任为国务院参事。

编者按：

刘秀晨在北京园林行业干了五十多年，回忆起园林背后的故事，他深深地体会到，那些由他主持设计或是参与设计的园林项目，都烙下了改革开放40年和城市化进程的印记。改革开放初期，他设计的古城公园是北京第一个居住区公园。20世纪80年代，他又设计了石景山雕塑公园、石景山游乐园等。

改革开放中期至今，北京园林进一步同国际接轨，他设计了石景山绿色广场、北京国际雕塑公园、中华世纪坛公园、玉渊潭樱花园、北京园博会伊斯兰式园等，作为法人，他主持了北京植物园大型展览温室的建设过程。北京奥运会期间，他作为专家指导和参与的一系列园林工程则是改革热潮中的前沿作品。

新时代，城市园林已成为生态修复的重要手段，刘秀晨又和园林界的同行一起探索和实践大尺度园林的规划设计理论。

我的工作经历是与改革开放 40 年密不可分的。党的十一届三中全会改变了我的一生。

第一个居住区公园

1965 年，我 21 岁，从北京林业大学园林系毕业。那个年代，我国的国情决定了当时的主要任务是解决人民群众的温饱问题。当年首钢培育的月季全国有名，结果二千多盆都被磕盆扔掉，甚至在中山公园里也种上了棉花和小麦。我所学的城市园林规划设计专业，被列入"封资修"，我则被分配到石景山区绿化队刨坑栽树，扛着水枪给树打药。

直到 1978 年的一天，北京石景山区副区长张广亮找到我说，咱们区一个公园也没有，你把古城公园建起来吧。我一下子激动起来，按捺不住沉寂了十几年的创作冲动，当着领导的面，就在纸上画起来了。

要知道，这可是北京第一个居住区公园。石景山区是北京西郊的工业区，集中了冶金、水泥、电力、机械等重型企业，但环境质量很

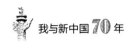

差，长期没有一处可供职工和居民休息的公园。

新中国成立之初，公园还是城市的奢侈品，甚至许多城市一个公园也没有。记得40年前，"逛"一次公园很不容易，为让孩子坐一次中山公园的旋转木马，要排队等一个多小时。当时，北京的十几个公园多是古典园林改建的，比如颐和园、天坛等。这些园林，以前或是皇家园林，或是烧香拜佛的寺庙。

之后的一年，我带着爱人和3岁的女儿，每天吃住在工地。走访市规划局和院校，了解当时居住区公园的研究成果和相关理论，查询国际上的发展趋势，进一步确定居住区公园的功能、要素、服务半径和景区内容。那时，我经常深夜想着想着就爬起来，把创作灵感马上记录下来。公园中心的"母与子"雕塑，就是这样产生的。

我还冒昧地给当时的中国书协主席舒同写了信："舒同同志，您可能不认识我了。您在担任山东省委书记的时候，曾经接见过作为山东少年儿童代表的我。在党的培养下，我已成为新中国第一代园林工程师了，我设计的古城公园，能否请您题个字？"没想到很快收到了回信和公园的题字。我又找溥杰先生书写了"揽霞""滴翠"的匾额。

一天，胡耀邦同志路过古城公园，他下了车，驻足观看，频频点头，对身边的北京市领导讲，没想到在石景山还有这么好的公园，为群众解决了就近休息的问题。现在老百姓逛公园都是人挤人、车挤车，带着孩子只能上中山公园、颐和园这几个大公园。我们应该想办法把公园建在老百姓家门口，这个公园就是方向，值得提倡。

他讲完这段话，时任北京市委书记的焦若愚同志专程到古城公园调研，并让我介绍了设计初衷。我说，居住区公园的设计应考虑老人、孩子、学生各方面的需求，为他们创造绿荫下的文化休息环境。

焦书记听后握着我的手说，干得好！早就应该这么干了。

1984 年，我 40 岁，又接到了设计建造石景山雕塑公园的任务，这是一座以植物造园、雕塑造景的艺术园林，在中国园林界首开先例。园内的 37 尊雕塑坐落在不同的园林环境中，我把它分为阳光区、林荫区、水上区等，让雕塑栩栩如生。我还请刘海粟先生书写了"春早院"景区的字幅、刘开渠先生题写了园名。

雕塑公园开园成了当时的新闻事件。中央电视台的赵忠祥在现场做了报道，《人民日报》头版刊登了雕塑公园的照片。伴随改革开放的前行，要改善老百姓的生活环境，居住区公园的修建得到认同。一时间这里成了全市和外地领导来参观学习的热点，到中央党校学习的外地干部都到公园观摩考察。此后，它带动了全国一大批居住区公园的兴建，北京就有团结湖公园、蒲黄榆公园、双秀公园等。

居住区公园都比较小，古城公园占地才 35 亩。按照当时的国力，建这个面积的公园已经很不错了，现在看来有点落后，但在当时代表的是一个时代的高度。

游乐园的灰姑娘城堡

1985 年，石景山区准备自己投资建造一座游乐园，这件事在全国也算走在前面的。建游乐园在一些发达国家已有几十年历史。那年 11 月，我赴日本考察了 17 个游乐园，其中包括东京千叶县的迪士尼乐园，同时还考察了游艺机生产厂家，也请东京大学艺术系的教授做了石景山游乐园的另一份规划图。回国后，我立即被通知去市规划局接受质询并研究方案。很庆幸，在刘小石总工程师的主持下，我做的石景山游乐园方案顺利通过审批，很快进入施工前期。这样的速度，在国内也是极为罕见的。

石景山游乐园选址在老山西部与八角村以东一片荒地上。这里是北京市规划的绿化隔离地区。就是说，把游乐园建在绿化隔离带内，要解决以绿为主的大环境，把所有游乐项目都掩映在绿荫之中。游乐项目则是沿着一条游览环路走下来，就会一项不落地全部尽兴玩完。购物、餐饮都安排在入口一条街上，这与迪士尼的做法是一致的：进园和出园两次购物，大大增加了消费，令游人高兴业、令主满意。

灰姑娘城堡作为主景，是园内最抢眼的看点。1986年大年三十那天，突然从石景山区委传来消息，由于投资方经费紧张，决定取消城堡项目，其位置由50米直径的观览车取代。按常规，这个决定就是最终意见，必须服从。常委会纪要都写好了，只是还没发。

我不是党员，也没参加常委会。我得知后心绪很乱，眼看公园完整的构图关系和景观效果将化为泡影。我权衡了利弊，决定找区长张广亮陈述自己的意见。

我壮着胆子说："会议纪要是否再考虑一下。如果没有钱，灰姑娘城堡可以暂时不建，等条件成熟再建，但绝对不可以把主景、主题丢掉，就像颐和园有佛香阁、天坛有祈年殿、北海有白塔一样，咱们的主景就是灰姑娘城堡，如用观览车替代，将来有钱想建城堡也没位置了。"

张区长说："你讲得有道理，但常委会也是考虑再三的，不能随意更改。"我有些激动："这事直接影响到游乐园的景观和今后的效益，是关系到游乐园成败的重要问题。这件事还得要听听我的意见，因为我说得对！"

"今天是年三十，你是不想让我回家吃饺子了？"他说。

我说："你不答应我，咱俩都别吃饺子。希望区长能权衡，做做各位常委的工作，收回这个决定。"区长被我的坚持所感染，也拗不过我，他考虑片刻，终于拿起电话。

"徐书记吗？关于城堡取消的事，秀晨听说了，他不同意，他觉得还是应该保留灰姑娘城堡，我也拗不过他，他也不让我吃饭，你看这个事怎么弄？"

徐燊同志表示，过了年再议一下。

看来灰姑娘城堡有救了，我终于松了一口气。其实，建灰姑娘城堡只需要150万元，但当时政府确定连这点儿钱也拿不出来。

大年初四，徐燊书记到家中看望我，对我说："秀晨，我们还是按你的意见改回来了。"原来，石景山区领导通过协调，找到了建设资金。

从1986年9月28日石景山游乐园剪彩那天开始，灰姑娘城堡亭亭玉立于石景山游乐园湖面轴线上。借助于便捷的交通和区位优势、亲民的价格，游乐园经久不衰，始终保持着很好的经济效益。

皇家园林的"新生"

1989年年底，我调到北京市园林局担任副局长，分管园林建设。第一个活儿是昆明湖清淤，这是一项社会广泛参与的特大环境整治项目。

颐和园是中国现存规模最大的古典园林，主要由昆明湖和万寿山所组成。颐和园在 20 世纪 30 年代，门票两块银圆，相当于一袋白面的价钱，结果是游人寥寥，无钱修缮，断壁残垣，杂草丛生，一片破败。20 世纪 50 年代，当时的看法是要批判慈禧挪用海军军费，重修颐和园为她个人享受。现在颐和园回到人民手中，成为广大人民游玩休憩的好地方。以前门票 1 毛，星期天游人 3 万，后来票价涨到 5 毛，游客最多的时候曾超过 10 万，长廊的方砖地面都被踩漏了，后来改成了水泥地面。人们还下水游泳，划船爬山，面包、汽水，遍地垃圾。

长久以来，昆明湖内的泥沙杂物逐年增多，湖水浑浊。人跳下去根本淹不着，太浅了。1990 年 12 月 21 日，北京市政府决定对昆明湖进行 240 年以来的第一次清淤。

25 万人次参加了义务劳动，67 万立方米的土方大搬家，清淤面积 120 万平方米，平均深挖 57 厘米，整修湖岸 5700 米。这不仅在国内，就是在世界上城市景观水系如此清淤也属首次。

我当时任清淤办主任，也遇到了很多意想不到的困难。

首先是挖出来的土放哪儿。因为是冬天，泥土都结冰冻块了。把土放到老百姓的农田，谁也不愿意，最后谈好放一车土给老百姓 20 块钱。20 块钱在当时也不算小数。有意思的是，后来很多人风闻土里有金银财宝。原来，"破四旧"的时候，很多人都把家里的金银珠宝扔到了湖里。还有人给北京市领导写信，说他当年放了 67 公斤的黄金在玉带桥下，具体位置都说得很清楚，东西有多长，南北有多宽，定位在哪个地方。市里马上把这封信转给了我，可我赶到现场时，那个地方已经挖过了。我们也确实发现了一些金银首饰，但都是小件。67 公斤的黄金始终没有找到，那封信最后存档了。老百姓知道消息后，就开始抢土了，后来改成他们要一车土给司机 20 块钱。

推土机挖完还不行，石拱桥的桥根都要靠人工挖，我们叫"掏耳朵眼"，把泥块一锹一锹铲到小推车上，堆到合适的地方，再把它拉走。

清淤过程中，还发现了国民党时期留在这里的 205 枚炸弹。我们把炸弹装在两辆卡车上，拉到河北怀来，都是黄色钠炸药，虽然浸过水，还是能把它点燃引爆，烟尘扬到 200 多米的高空。

1991 年 3 月 10 日，清淤工程通过竣工验收，开闸放水。昆明湖又重现碧波荡漾。

改革开放以来，政府下大力气重修佛香阁、苏州街、景明楼、澹宁堂、耕织图，并对昆明湖全面清淤。广植树木花卉，颐和园也进入了世界文化遗产名录和科学管理的时代。

北京是一座有着 3000 年建城史、860 多年建都史的世界著名古都。皇家御苑、宅院、寺庙、陵园……这些世界级的文化遗产经历了清末和民国的乱世，从满目疮痍到半个多世纪的休养生息，大部分恢复了历史原貌或者达到历史上最好的时期。天坛祈年殿的落架大修，搬走"文革"时期留下的土山，修葺斋宫、神厨、坛墙、神乐署和修建天坛新东门。北海琼岛白塔及沿岸的画舫斋、静心斋、小西天、快雪堂、濠濮间得以组修。香山勤政殿、碧云寺、罗汉堂和二十八景也逐步恢复。还有潭柘寺、戒台寺、八大处、卧佛寺等寺庙。特别是在筹办奥运会期间，对佛香阁长廊、祈年殿轴线以及琼岛景区三大皇家园林的全面修缮，使之金碧辉煌且修旧如故，可以说是园林修缮的一次高峰。

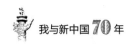

北京新建了许多公园和游乐园，而故宫、天坛、颐和园这些历史名园是不能复制的，它们是文物，凝结着中华民族的历史文化。北京古典园林的"新生"将被载入史册。

北京植物园的展览温室

北京植物园的展览温室被北京市民评为 20 世纪 90 年代北京十大建筑第四名。展览温室和国家大剧院、国家博物馆、国家图书馆都被列为体现城市文化的新建大项目。

1997 年，我被任命为北京植物园大型展览温室建设的法人。世界上较有影响的大温室多集中在欧美，如美国长木公园、英国的丘园、德国柏林大莱植物园和法兰克福棕榈园等。在亚洲也只有日本东京的梦之岛和韩国的济州岛两处。由于植物资源丰富而堪称"世界园林之母"的中国，确实应该有展示自己植物品种和引进成果的平台。

经过充分调研和几轮方案的对照后，一个以"绿叶对根的情意"为理念的设计方案出台了。整个温室的玻璃钢架，有成千上万块双层真空异性玻璃，用国际最先进的点式连接构成曲线柔美的共享空间，并实现了光照、水分、肥力、湿度、环保等多项技术管理的自动化和一体化。

大温室建好后，中央很多领导同志来视察，曾问我："建这个温室花了多少钱？现在每年能有多少收入？"

我说："总支出 2.6 亿元。现在还比较好，看的人很多，一年能挣1500 万元。但一年的管理也要花 1500 万元，收支持平，今后还是难以维持，需要国家补贴。"

很多人就问："盖这个温室就赔钱，盖完了以后更赔钱，建它有什么意义？"

我回答，很多国家的植物大温室，他们都叫皇家植物园，为什么要冠以"皇家"两个字，就是因为由国家来养它，比如英国的丘园就是皇家的。因为国家要关心整个民族科学素质的培养。如果我们有这样的大温室，让我们的孩子们在这里可以看到：这个植物生在美洲、那个植物长在非洲，展现世界植物大观，了解大自然，热爱大自然，对他们进行自然主义教育，这件事是用多少钱也买不来的。

其中一位领导曾拍着我的肩膀对我说，"你说得太棒了。下星期，我就带着孙子再来看一遍大温室。"

我去乌克兰植物园引种，一位当地女植物学家看到我们的大温室照片资料如此美丽壮观，竟然捂住脸，背过身哭了起来。莫斯科、基辅这些世界级植物园的品种令人羡慕，而他们的温室却因财力不足，建到一半就被搁置了十几年。这位女同行的举动使我的心情变得复杂起来，我为她的敬业精神而感动，更为我们的社会主义祖国圆了这场绿色的梦而自豪。

城市园林进入生态修复的新时代

以习近平同志为核心的党中央提出，我们已经迈入生态文明建设的新时代。改革开放40年，公园绿地已成为人民大众健身消遣的必需品，有人甚至把到公园健身看得和吃饭一样重要。从皇城根公园、

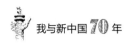

元大都城垣遗址公园等一大批几万平方米、几十万平方米的大绿地建成，到国家奥林匹克森林公园、朝阳公园、通州运河公园等一批城市大型公园出现，我们进入了一个享受公园的新时代，这种已经普及了的生活方式，充分展示了公园的功能：生态、休憩、文化、景观和减灾避险。公园绿地正像高速公路、手机、网络一样改变着社会和人。

经历了改革开放的巨大变化，我们现在已经有能力着手把园林作为城市生态修复的重要手段。在实践探索中，现在的园林建设不再是几十亩地的小公园，更多的是几平方公里到十几平方公里的大尺度公园绿地。"大尺度、精细化"已经成为今天园林建设的关注点。

在取得这些巨大成就的同时，我也看到了其中的一些新问题，值得推敲和关注。比如在一些干旱缺水的城市中，大面积挖湖堆山，调动大量景观用水，这是不可持续的；很多地方的行道树和绿地都是以"密植"为主，这已经成为普遍现象。这种局面已持续了若干年，过分密植的小树由于营养面积不够，逐步变成"小老树"，实行"减法设计"必须尽快提上日程；改革开放走到今天，用大树塑造城市景观，彰显城市的历史、文化、气质和品位，这不是说要把别处的古树、老树"大搬家"，而是要让现有的树通过养护尽快"长大"，这件事很重要，却很少有人去做；在进行生态修复的过程中，要高度重视城市的历史和文脉，在整治北京"三山五园"环境时，最初大有营造"七山八园"之势，抢了"三山五园"的风头，值得庆幸的是，最终恢复了大面积绿化和周边稻田，烘托了"三山五园"的主题。

新时代的园林内容还有很多很多。

（吴睿娜　撰写）

5

盛世捐宝书传奇

韩天衡 口述

 口述者简介：

韩天衡，男，1940 年生于上海，祖籍江苏苏州。号豆庐、近墨者、味闲，别署百乐斋、味闲草堂、三百芙蓉斋。擅书法、国画、篆刻、美术理论及书画印鉴赏。

 编者按：

老话说，"乱世藏粮，盛世藏宝"。上海文史研究馆馆员韩天衡却是"盛世捐宝"。在日前同上海市文史馆共同举办了关于"传统文化与现代文明"座谈会后，上海文史研究馆的同志邀请我们来到位于上海嘉定区的韩天衡美术馆。

这个以黑白两色为主色调的建筑由有着 70 年历史的纺织厂改造而成，进门处高耸的红砖大烟囱诉说着其前世今生。

这里展出了韩天衡捐出的一千多件书画作品及古董，包括他本人创作的书、画、印作品。据说当时由于捐赠品众多，工作人员仅从韩天衡家集中搬运就有6次，最初负责整理的5人小组注释考证用了8个多月。同时，他将国家奖励的2000万元悉数捐出，成立了韩天衡文化艺术基金会。

说起每件"宝贝"，韩天衡如数家珍，感慨万千，怎么得到、如何考证、经手过哪些藏家、艺术价值……每件"宝贝"身后都有着一段传奇的故事，也见证着那段历史年代。

我收藏的书画作品中，有几十位从明清到近代的大家：祝枝山、文徵明、董其昌、黄道周、张瑞图、倪元璐、王翚、石涛、伊秉绶、邓石如、吴让之、赵之谦、吴昌硕、任伯年、左宗棠、齐白石、李可染、谢稚柳、陆俨少、唐云、石鲁、黄胄、程十发、刘旦宅……

我遇到了一个好时代，我的能力与前辈大师比，不及其十分之一，但我的运道跟他们比，好了不止十倍，那么我就要感激这个时代。在这个精彩纷呈的世界里，我们每个人都是匆匆过客，藏品再精彩，看过、抚摸过，即为拥有，我只是一个保管员。

随着经济发展、社会安定、人民生活水平提高，喜欢收藏的人越来越多，近20年来收藏品价格在中国市场成几何倍数增长。很多拍卖行都知道我手里有好多东西，都想买我的东西，我就是不和他们打交道。我认为个人的藏品，应该属于整个民族、整个国家，这也是个人收藏行为的最好结局。我从来没想过变现换钱，也不宜多留给子女，捐出藏品，就是感恩而已。

把艺术品请回家当老师

刚解放时我不到 10 岁。去老师家里学习，也是十天半个月去一次，更多要靠自己在家里琢磨。如果没有一些书画名家的作品来借鉴学习的话，自己就没法进步，所以我买艺术品，是把它们当作老师请进家门。买来字画，我会一直临摹学习，晚上看累了就放在枕边睡觉，早上醒了再拿来看。所以，我最初买这些字画不是为了收藏，跟现在很多人为了赚钱才搞收藏是不一样的。

在我眼里，这批艺术品是我的良师益友，每件藏品都有曲折的故事，都构成了一个个传奇，甚至镌刻着时代风云和令人心酸的回忆。半个多世纪以来，我与它们朝夕相处，心心相印。我从它们那里汲取艺术养料，在艰难困苦的年代从它们那里获得莫大安慰，我时时展阅、聆听前辈大师的谆谆教诲，感悟艺术与人生，捕捉灵感，提升素养，所以它们在我眼里就是鲜活的、圣洁的、不朽的生命，不是金钱能估算的。

三年自然灾害那会儿，无论私人的古玩店还是国家的文物商店，都是冷冷清清，我一有空就跑去看一趟。那时文物商店的东西还很便宜，吴昌硕的一副对联只要四五块钱，相当于今天一张葱油饼的价格。今天，吴昌硕的一副对联真迹，价位应该在 30 万元到 40 万元，也就是说，过了半个世纪吴昌硕的对联涨了十几万倍。三四两重的一块田黄石，当时价位在 30 元左右，算是天价了。当时一般工人月工资可以买三四块田黄石，而且放在文物商店有的时候是没有人买的。但今天，这样一块田黄石的价位大约在 120 万元左右，至少涨了 50

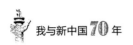

万倍。

20世纪60年代中期"破四旧",文物古迹、图书字画等文化遗产,均成为"革命"对象的重中之重,许多人为了避嫌,把家里的红木雕花桌椅搬出来扔掉,有的则偷偷把古籍字画烧掉,把瓷器砸碎。当时我还在当兵,从温州调回了上海水兵本部。

我经常在街头踯躅,看到斯文点儿的老先生烧毁字画,就想办法买下来。由于我身穿军装,有这层保护色,人家倒也敢成全我。当时部队的津贴也不多,只能从牙缝里省一点儿出来买几件。

50元买到董其昌的《兰亭序》

有一次,我看到一位老先生在烧一堆旧字画,其中一幅书法作品让我眼前一亮,用的是一张明代宣德年间内廷专用的乌丝栏,这是皇帝专用之物,想来是流落民间后,再经两百年,到了大书法家董其昌手里,为了表示宝爱,也为了后续传人,就在上面写了《兰亭序》。

我就问这位老先生,这件东西能不能卖给我。老先生看我穿着军装,环顾左右没有人,就跟我说,"这件东西可是宝贝,你要是喜欢,50块钱卖给你吧"。我高兴地马上应下来。可50元在当时不是一笔小钱,我一时拿不出这么多现金,就嘱咐老先生先把东西藏好,我马上回家凑钱。

家里还要开销,但我太喜欢这件宝贝了。不得已我只能拿其他"宝贝"去换钱。这也是我这辈子唯一一次"拆东墙补西墙"。那么大的一对大红袍鸡血石,现在都要几百万元一对,也是当时我从文物商店"转"来的，卖了 10 元。又拿了两个清代笔筒，卖了 2 元。再卖掉张熊的十二开册页，2 元。还差钱，都是"身上的肉"，权衡半天，我又拿两套明版书卖给孔雀书店，店老板问我："老韩你是买书的，怎么现在卖书呢？"我也不能讲，只能说我急用。老板说："既然你急用，我们就多给你一点，两套明版书 5 块钱。"

这样，我凑了 19 块，赶到老先生家去，算是付了定金。老先生讲，我这个人言而有信，手卷先给我，放他那里怕抄家有是非。我说，没有那么多现钱，余款 31 块，我分 10 个月付清。这件东西就到了我手里。

10 年后，谢稚柳和徐邦达两位大师看到这张书法后大为惊喜，赞不绝口，称其为不可多得的国宝级文物。后来我请陆俨少先生在卷末画了一幅长卷《兰亭修禊图》，这也是陆俨少唯一以兰亭为题的长卷，一共画了 29 个人物，形态各异，形象生动，堪称其代表作。我又在引首题了"双绝"二字。

"捡漏"明清大家珍品

"文革"期间，还有人拿来 6 公尺多长的张瑞图（明代四大书法家之一，与董其昌、邢侗、米万钟齐名，有"南张北董"之号）手卷想卖给我，35 块钱。"宝贝"在我家里待过一个星期，但实在没钱，只能还给人家。1987 年我到美国去，到旧金山亚洲博物馆参观。馆长说，"韩先生您眼光好，有几件东西请您帮着鉴定一下。"他就把张瑞图的手卷拿出来。我一看就讲，这后面有谁的图章，谁收藏。他问："你怎么都知道？"我说了那段经历，然后问他怎么收来的。他讲是美国的一个企业家花 5 万美金买下来捐给亚洲博物馆，是走私出去的。当时卖给我才 35 块。

20 世纪 80 年代，国务院成立书画鉴定组，对全国所有博物馆的古字画进行普查。鉴定组由谢稚柳任组长，组内有启功、徐邦达、刘九庵、杨仁恺等鉴定家，皆为我熟稔的长辈。

记得那时，我常跟随老师前往博物馆鉴定字画。博物馆的专家把一卷卷的字画挨个展开，只要露出来一个树梢、一根竹叶，抑或是一根竹竿，落款都没有出来，老师们就开始报名字："这个是八大的。""这个是石涛的。""这个不对，假的。"

为什么这么厉害？因为每一根线条都是画家的习气、笔性功底和修为，老师们对这些大家的研究深入到一个极致的程度，才能一眼看出来这是谁的。就是现在我们说的"眼力"。

这幅伊秉绶于清嘉庆十七年写的隶书《视己成事斋》，曾是中央文史研究馆原副馆长叶恭卓收藏过的，上面有叶恭卓印（朱文）。他曾任南京国民政府铁道部部长、北平国学馆馆长。收藏了很多国宝级的好东西。"视己成事斋"意思是一个人能不能取得成功关键看自己努力不努力，有没有好性格，不是外因，而是内因。去年保利拍卖行拍了伊秉绶的四个字"睡醒草堂"，2300 万元成交，只有我这幅一半大小。

这幅作品是"文革"结束后人家拿来卖给我的。20 世纪 80 年代中期，要价 400 块钱，相当于四五个月工资。恢复稿费后，我的生活比以前宽裕许多，可以拿图章换很多我喜欢的东西。

明代黄道周《六十岁自撰诗卷》，很多出版社都刊登过。最近我进行了考证。这篇文章未署年，仅署三月廿七日。文中讲这一年他在家乡的新房子造好，叫明诚堂。据考证，黄氏明诚堂建成于1644年3月，所以这篇文章应该是甲申年（1644年）所书。这一年黄氏60岁，这个自传相当于他对人生的总结。这篇文章写后不到两三个月，明朝皇帝就叫他出山做兵部尚书，等于当"国防部长"，结果没多长时间就被清兵抓走，被俘殉国。黄道周是明末著名学者、书画家，对后世影响非常大。这幅作品距今已有360多年，其间收藏者甚众，劫难亦其，旧题皆失。而正本品相甚好，大幸。

亲聆多位大师教诲

我这个人最大的幸运就是碰到那么多好的前辈、大师级的人物，每一位老师都非常值得我去学习。

这幅《花非花》的材质是床单，是程十发先生一辈子唯一画过的一张抽象画，别的地方从来没见到过的。

20世纪70年代，我就称呼程十发先生为"发老"。"发"字的上海话发音与"弗"相合，"发老"即为"弗老"，永远不老。1987年，程十发先生和我两人带队，到西山疗养院创作。但那里条件比较简陋，连垫在宣纸下面的毡子也没有。程先生就用床单代替毡子，画完成后，床单上留下很多痕迹。发老的奇思妙想很多的，他说这张东西我来加一加。他妙笔一加后，这个墨迹斑斑的被单变成一张抽象花鸟画。程先生在旁题诗一首："花非花，雾非雾，此三万六千顷之精灵太古之原朴，程十发漫笔于具区林屋洞天。丁卯孟冬。"

回来后我叫画院装裱好，准备参加 1988 年中国画院的迎春画展。程先生思来想去说，这幅画还是不要拿出去。我说："发老，如果您不想拿，卖给我算了。"他说："你喜欢拿去就好了。"那时候，他是院长，我是副院长，关系非常好，但因那个时候已经恢复稿费了，不能问人家要东西。我说："发老，我给你 1000 美金。"他说好的。又在旁边题字"庚午仲春之吉赠豆庐补壁，十发再识"。

本来要扔掉的被单，换个思维、换个角度，就能化腐朽为神奇。

这幅《泽畔行吟图》手卷是多人合作的。"文革"中，我问发老能否画一张"世人皆醉我独醒"的屈原图。发老构思：屈原立于一片崖石尽头，身后铺排的是渺茫空间，下方则是倒流的汨罗江水，巧妙地营造出屈原走投无路，准备用自己的生命来证明自身的清白和对国家的忠贞。后来陆俨少先生又用行书、草书各种字体书写了屈原的《离骚》，卷宗上的所有图章都是我刻给陆俨少的。陆先生还写道："卷宗诸印，也都是天衡所赐，用作他年进退验证。"今后作为进步的证据。

其中一方印是"无神论者"。那是 1972 年，我对当时背离民心的"文革"路线产生了疑惑，给自己取了一个斋号叫投路舍——投石问路。又刻了这方图章。发老见了，告诫我："你胆子那么大！我是吃过苦头的。人家革命路线放在那里你还要投路啊，你投什么路？如果是我取这斋号，肯定要被斗死了啊！我劝你，不要用这个斋号。"发老然后讲，你用谐音，叫"豆庐"吧，上海话讲正是"投路"。意思还在，但又不会给别人揪辫子。这个斋号我一直沿用到现在。后来很多记者写文章，都讲为什么我叫豆庐，因为家里小，十个平方，实际上不是这个原因。

淘得流落的稀世珍宝

20 世纪 90 年代，我常去欧洲、日本及中国港澳地区办画展或讲学，用所得稿费收集到不少好物件，这种感觉，就像将一个个流落他乡的"孤儿"领回家。

那个时期，内地正值市政交通建设高潮，常有古墓见光、文物失散现象严重，经文物贩子之手辗转流落到中国港澳台地区。当时香港古玩店最集中，有好东西，但价格吓人。而澳门有更多机会，当时大三巴牌坊下面一带是烂鬼楼，环境脏乱差，臭气冲天，但有数十家古玩店云集。我有空就去那里淘宝，一般区区几百元就可以买到汉唐时期的高古陶瓷了。后来我咨询了文物专家，专家表示，你以一己之力回购国家流散文物，是爱国行为，所以我胆子就大了。

1993 年，我去香港讲学，闲暇时逛古玩店，意外发现一枚汉代金印。印钮为龟钮，双目圆睁，龟首前伸，龟身背部刻凿简洁的直线纹和人字纹，边缘排列有月牙形纹饰。印面阴刻"关中侯印"四字篆书。该印印文布局饱满，字体遒劲。我从 6 岁开始搞书画篆刻，我一看，好东西啊！但古董商人自曝这方印章已被博物馆鉴定为假，还出具了书面证明。尽管如此，商家要价 1 万 5 千美金。我从朋友处借了钱买到这个"假货"。后来我请上海博物馆老馆长马承源先生鉴赏，马馆长表示这枚金印重达 300 多克，属于印中大器，上海博物馆也陈列有一枚金印，是晋代的，重不到 120 克。所以这枚"关中侯印"，堪称稀世珍宝。

还有一次，我去日本的古董店淘宝。发现了一方大西洞端砚，店主开价不菲，最后我花了 17 万元人民币买了下来。店主问翻译，这个人是哪里的？我就跟他讲，你猜啊。他问是新加坡的？马来西亚的？我就是不说。韩国的？也不对。那个老板猜不出来了。我跟他讲，我是中国上海的。那个老头像发疯似的狂叫起来，两只手举得很高，不知道在那里讲什么。我就问翻译他讲什么。翻译说，店主讲，只有我们日本人到你们中国去买东西，还没有听说过中国（大陆）人到日本来买古董的。

这件小事，让我至今印象深刻，和现今中国买家想要买下全球艺术品的豪举不同，这个行为在当年，已属非常罕见。看起来是买一件小东西，难以想象中国的经济腾飞国富民强，世道变了，再也不是日本人专门来搜刮我们的艺术品的时候，也就是我们中国能让更多的艺术品回来的时候了。所以收藏非常有趣，是一种文化，一种修养。

（吴睿娜　撰写）

6

我家的"图书馆"

姚昆田　口述

 口述者简介

　　姚昆田（1927—　　），笔名黄炎子，上海金山张堰人，南社后期领导人姚石子之子，上海南社学研究中心主任。曾先后在外交部、中国驻联合国代表团、中国人民保卫世界和平委员会、上海市外事办公室、上海市委宣传部等部门工作。先后筹备创建了上海南社学研究中心、上海南社纪念馆，并领衔编撰《南社大辞典》。爱好诗词，曾担任上海诗词学会《上海诗词》编委、上海楹联学会副会长、上海市文史研究馆春潮诗社主任。著有《流霞集》，主编《姚光集》《南社同仁录》等。2003年被聘为上海市文史研究馆馆员。

　　我的父亲姚石子出身于上海金山一个被称为世代书香的名门望族。所谓"世代书香"，据我从父亲著作中得知，我家远祖姚文祥（字南山），是1127年宋高宗赵构南迁时的护驾官员。嗣后代代繁衍，世代耕读，子姓分布于江、浙、皖、赣诸省。仅江苏金山一支姚氏子

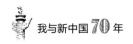

孙，自明正德至清嘉庆年间，姚氏宗族中就有 6 个进士、22 个举人。故宗族中读书、藏书风气一直很浓，并沿袭至今。

我家就像一座图书馆

父亲生于 1891 年。他幼时接受的是儒家传统教育。1908 年，父亲考上上海震旦学校，但不幸患了严重的伤寒症，等到完全康复，已误了入学，加之祖父母年老多病，需要侍养（父亲是独子），从此以后，他就走上了一条刻苦自学、自强不息的人生道路。自学的主要途径是读书，这样就使父亲从小养成了以书为伴和求师问友的习惯。

我出生时，我的祖父早已去世多年，据说我祖父中年做过官，晚年辞官以后就在家乡从事办学堂和刊印书籍等公益事业。当时我家院内主要有四进楼房，后院还有土山和花圃。父亲主持家务后，就把院内的许多楼、堂、馆、室作为专门的藏书、读书之所，并分别署有专称。其中，我知道的就有"松韵草堂""古欢堂""怀旧楼""棣华香馆"等。父亲自己的书房叫"自在室"，又称"观自在室"。"观自在"是梵语，意指通过读书修养观察人生和世界，乃至整个宇宙，从而提高觉悟。后来把前面的"观"字省去了，那大概是指目耕书田，胸汇文海，最自觉自在的意思。

父亲自 13 岁起就萌发了民族革命和振兴祖国的思想，那时他常引用的一句古语就是"光祖宗之玄鉴，振大汉之天声"。所谓"玄鉴"和"天声"，都有光复民族优秀文化传统和重振国家声威的意思。因此父亲就自己取名为"光",别号"振声",又把最主要的藏书之室名为"复庐",也把自己别号称为"复庐",显然是寓有勉励自己读书报国之意。我的母亲也爱诗,用的室名是"浮梅槛",这个名字是从元末大剧作家汤显祖那里沿袭过来的,也因汤显祖热爱民族、热爱祖国,素为我父母亲所崇仰。我的三姑母姚竹心没有出嫁时,她的书房名称是"盟梅馆",显然她是将凌寒生香的梅花与她爱好的诗书共结为盟友。后来她与高君宾姑丈结婚时,父亲还专门精印了一部她撰写的《盟梅馆诗集》作为独特的嫁妆,在当时传为佳话。我的大姑母姚竹漪、二姑母姚竹修,同样能诗,也有《惠风箁賸稿》传世。

在我家这许多书斋内,父亲分门别类地置放着统一规格的书架和书橱,陈列着以线装书为主的各种古今书籍。之后,书籍越聚越多,从辛亥革命到抗战爆发家乡沦陷为止,父亲聚存在这座"家庭图书馆"内的书籍总数(不包括各种报刊)当在10万卷以上。父亲为管理这10万卷书花了大量心血。我小时候经常看到父亲不停地用正楷一笔不苟地写各种书籍的题记、序跋并编写书籍目录。在节令变化时,为了防潮、防晒、防蛀,还得细微地去做书籍的各种清洁保护工作,后来又专门聘请屠继麟先生等为文书助理。亲戚中与父亲有同好的高平子表伯、高君定和周大烈两位姑丈等,更是松韵草堂和古欢堂中的常客。乡里中有一批与我父亲交往频繁的朋友,如金兰畦、王杰士、曹中孚、何宪纯以及他那很有天赋的儿子白蕉等,也经常来看书、借书并相互切磋学问。当时任我家塾师,后来任上海光华大学文学院教授的顾荩丞先生,一度曾住在我家帮助父亲校勘史籍,他个人的一些专著也是凭借这个"家庭图书馆"提供的资料写出来的。还有一位著名的书画

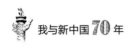

金石家费龙丁先生在抗战前一年，曾长期住在我家。他可以随时索阅这个"家庭图书馆"的书刊。我父亲生性慷慨，为他提供了生活及做学问的一切所需。此外，父亲于民国元年（1912年）与高吹万舅祖，一同创建了国学商兑会，会址就设在我家，这个"家庭图书馆"更成了一个著书、编书与读书的基地。

热心创办张堰图书馆

早在辛亥革命之前，父亲已经参加了孙中山领导的中国同盟会。后来，他又参加了旨在"推翻清王朝，建立民国"的南社。由于父亲为人诚恳，不谋私利，专心实干，不久即被柳亚子等社友一致推为后期的南社主任（又称"社长"）。当时的国民政府五大院的院长以及许多省的省长，都是南社成员，与我父亲都属故旧，有人说父亲正当有为之年，如果去中央政府谋个官位，料无问题，而且一定会显赫一时。然而我父亲却坚决不走仕途，而是决心终生在家乡从事社会公益事业。实际上，早在清末，父亲就协助祖父开始筹划办新式学校。特别是在清光绪三十四年（1908年），父亲18岁时就会同高天梅在家乡办起了一所钦明女子学校。高天梅与父亲先后担任校长，父亲还兼任国文、历史、地理等课教师，而且联系本乡实际，自编各种教材。他还在学校内设立了图书室，供全体师生课余自修之用。父亲一贯认为学校与图书馆是密不可分的，学生念书、做学问除了老师教学之外，主要靠自己到图书馆找书读。

尽管父亲办家庭图书馆和学校图书室得到许多学者朋友以及学生

们的赞扬，但父亲却越来越感到家庭型的图书馆存在许多局限性。虽然这种家庭图书馆已经跳出了古代藏书楼的一些框框，对许多学识层次较高的学者敞开了大门，但毕竟还只是为少数人服务的。所以，父亲在创办钦明女子学校、留溪学校，以及参与创办邻县的师范学校的过程中，就一直琢磨着创办一个适用于本区的、面向大众的、以广开民智为宗旨的公共图书馆。那时，父亲每次到上海必访邓秋枚与黄晦闻两先生创办的国学保存会及其藏书楼，张菊生先生主持的涵芬楼（其时张先生办的东方图书馆尚未正式成立），以及王培孙先生办的南洋中学图书馆等。父亲经过多年来对各类图书馆的观摩与考察，并与高君定、高君介、曹中孚、何公渡等共同策划与筹备，终于在1925年创建了当地第一座公共图书馆——张堰图书馆，并于10月10日正式对外开放。父亲被推为第一任馆长，在筹备期间，他已经把自己"家庭图书馆"的各种普及读物全部捐赠给这个新诞生的公共图书馆。张堰图书馆开幕那天，有来自各地的200多名宾客前来祝贺。说来也巧，那天也是我们家乡有史以来第一天接通了电源，当张堰图书馆内的华灯齐亮时，父亲兴奋地但又意味深长地对我们说："凿壁透光的故事，固然不会有了，但是这种爱惜时光、勤奋自学的精神，我们还是要永远发扬的。"

避居孤岛参与抢救各种文献图书事业

父亲有一句名言："以朋友为性命。"他平生确实爱书，但他却说，书是有价的，可以用金钱买得到的，而朋友之间的真情是无价的，决不是以金钱可衡量的。中国现代型图书馆初创期的一批专家学者大都同我父亲有交谊。除了上面提到的张菊生、邓秋枚等人外，我经常听到父亲道及的还有柳翼谋先生。

柳先生与我父订交很早，当时他主持南京龙蟠里的国学图书馆，两人虽天各一方，而往来书信甚密，父亲对他很敬重，称他是朋友中最有学问者之一。还有沈恩孚和黄炎培两先生也与父亲早年订交。1935 年，沈、黄两先生主持上海鸿英图书馆（因叶鸿英捐资兴建而得名），该馆以收集近代史资料为主，父亲就将当时颇受大众欢迎的上海《时报》自创刊以来的 20 余年合订本（据说，时报馆也无完整合订本），全部捐赠给该图书馆，却没有捐给自己办的张堰图书馆。朋友们不解，他笑道，上海读者多，社会效益大。

抗战前夕，父亲正在上海筹办上海文献展览会，不久，"八一三"淞沪抗战爆发，我的家乡金山很快失陷。从此父亲无法回乡，被迫在上海租界住了 8 年。我家老屋则遭到日寇的劫掠，所幸乡亲们出于对父亲的尊敬，冒着风险把父亲所珍爱的大量图书，分散掩藏起来。父亲也曾托堂叔姚亚雄等装扮成农民，把少量珍贵图书冒险分散带到上海。当然，在此时期，父亲在金山所办一切社会公益事业或被破坏，或遭中止。这倒使父亲能相对地集中时间和精力来从事自己的著述以及中国文献图书的救亡图存工作，并与当时同在上海避难的一批文化图书界的朋友们，有了更多的见面机会。早在抗战之前，父亲已与前辈国学家金松岑、李拔可等在上海组织国学会。上海成了"孤岛"后，他们便借"埋首故纸堆中"以避开敌伪鹰犬的耳目，仍不时举行国学会聚餐会，父亲的许多旧雨新知如陈陶遗、胡朴安、张寿镛、蒋竹庄、王佩诤、王欣夫、王巨川、陈运彰以及冒鹤亭、夏敬观、钱名山、陈叔通、张叔通、郑振铎、金巨山等，都与我父亲过从甚密。

其时我家经济条件已急剧下降，父亲连一日三餐之费都要有所限制，但他还是要尽量省下钱来去觅购他认为可能要流失或遭毁的图书。例如《恬致堂集》和《环溪集》等都是在"孤岛"时期收存的。1939年10月，父亲有一次偶然收购到了一部《有竹庄日记随笔》（共三册）。他知道这是他朋友沈思齐先生的先人手稿，沈老是国学界的前辈，比父亲长20多岁，父亲平素对他很敬重，就立即登门将此书送给沈老。沈老自己家里已不存此书，因此感激莫名，竟至流泪并向我父亲下跪表示感激。那天父亲也非常感动，事后他多次对我说，像沈老这样有德、有情义的长者才是真正懂得民族遗产和祖先手泽的无限价值的。

1939年7月，本着抢救文献的宗旨，父亲参与了叶葵初等先生筹备创办合众图书馆。1941年10月，合众图书馆在今长乐路富民路口正式落成，父亲特地将清代张啸山辑著之《武陵山人遗书》及《舒艺室全集》两部珍藏的图书捐赠给合众图书馆。虽然该图书馆为避免敌伪势力侵扰，对外不公开，但那里却成为父亲与许多朋友经常会晤的地方。顾廷龙是这些朋友中年纪最轻的一位。上面提到的我两位姑母的老师闵瑞芝先生其时也避难在沪，1943年9月在他70寿辰时，父亲把珍藏的清代嘉庆本《松江府志》送给他。父亲认为，国家遭难，政治不清明，尽量把珍贵文献分散藏于民间，这是较为安全的办法。

可惜的是，父亲却在1945年5月17日突然得腹膜炎不治而与世长辞，年仅54岁。他过早地离开人间，曾使亲友们长时期地感到惋惜不已。

藏书捐给国家

1949年5月上海解放，陈毅市长非常热爱中国传统文化，据说他曾经读过我父亲的文章，知道我父亲的名字。我们一家深信人民政府是真正为人民谋利益的，因而联想到父亲生前关于"书为公器""书以致用"等主张，以及父亲一生从事公益事业的垂范，于是同有关长辈商议后，毅然决定将父亲全部藏书捐献给国家，由上海市文物管理委员会接收。当时市政府准备给予物质酬偿，我们一概谢辞了。

陈毅市长闻讯后，高兴地为此事写了一篇文言短文，其中有这样一段话："因念吴会为文献大邦，上海又东南巨擘，藏家扃锢，习气极深，其有认识新时代而爱护文物如昆群、昆田兄弟，心量之广，择术之慎者，洵足以树则于故家嗣裔也已。"

这确实是对我们家人的莫大嘉勉。当时还为此举行了纪念座谈会，几乎上海所有报纸都对此作了报道，并有20多位学术界人士专门写了纪念诗文。陈毅同志的短文共171字，则由父亲故旧沈尹默先生写成横幅（该横幅在"文革"中散佚，后由顾廷龙先生补写）。文管会后来又请图书专家徐森玉、柳翼谋、沈迈士、尹石公等负责来整理我家所捐书籍。还由谢稚柳先生（父亲故旧谢玉岑先生之弟）专门把上述诸老整理我父亲书籍的情景，精心画了两幅名为《霞墅检书图》的国画。这确实是解放后上海文化界的一件盛事。

四十多年之后，当代学者周退密教授还写诗道："万卷缥缃逃一厄，尽输公库树先声。"特别指出，全国解放之后，各地藏家不断捐书、捐文物于公库，"实姚氏开其风气也"。最后，我还要叙一笔的是：陈毅市长写上述短文时并不认识我，到 1950 年夏，我大学毕业后被分配到外交部工作。当时中央已决定成立中国驻联合国代表团，并组织筹备工作班子，由周恩来总理直接领导，我有幸被安排在那里工作。当时团长是张闻天，副团长是李一氓、冀朝鼎，我们都住在一个大院内，天天相处在一起，上下级之间更显得亲密无间。而这些领导人的最大业余爱好就是图书，所以经常与我谈到图书事业的重要性。但我却没有告诉他们关于自己家里捐书的事。

有一天，张闻天同志把周总理请来了，跟着来的还有从上海到北京来开会的陈毅市长，而陈市长虽然不认识我，却知道我的名字。由张闻天同志的引介，他当着周总理的面告诉我，上海准备利用过去洋人办的跑马厅，建成上海最大的图书馆（该馆后来在 1952 年 7 月正式开馆），而姚石子藏书将成为该馆镇馆的重要基础。周总理听了就伸出手来和我紧紧地握手。我当时却激动得说不出一句话。此事也可以说是姚石子与图书馆事业中值得记一笔的插曲。

追忆这段历史，聊为近代中国图书事业发展过程中一点遗闻轶事吧。

（吴睿娜 整理）

7

让新中国的火车跑起来

——铁路专家郎钟騋的爱国心

郎志正　口述

 口述者简介：

郎志正，男，无党派，1935年生，北京理工大学管理与经济学院教授、博士生导师。享受政府特殊津贴。长期从事管理工程、工商管理、质量与标准化教学、研究工作。国务院原参事。

 编者按：

六年前，笔者曾采访过郎志正参事，并撰写专访《以一颗爱国心讲真话》。郎参事正是凭着一颗赤诚的爱国心，凭着对国家发展的强烈责任感，才有了说真话的勇气。

再次来到北京理工大学的宿舍楼，郎志正参事讲述了他的父亲——著名铁路专家郎钟騋用金条买通军统特务，化装成烧锅炉工人，秘密从台湾回国，为新中国铁路建设奋斗的故事。

笔者不禁提问，国民党政府给了郎钟骙高官厚禄、汽车洋房，为何他都舍弃不要，非要重回祖国大陆？

郎志正参事说："这可能就是那一代知识分子的爱国情结，因为他的根在中国。当年钱学森在美国不也挺好吗，他为什么回来？搞军工的大知识分子不是也都回来了吗？无论原子弹、导弹还是铁路，新中国建设都离不开他们。旧中国经历了无数战火的洗礼，他们是一心想把祖国建设好。"

听了郎参事的讲述，笔者更加深刻地理解了这是怎样的一种言传身教。

战乱中建立苏桥机厂

我的父亲郎钟骙1903年出生于北京。爷爷是清朝举人，曾在国子监里当过老师。父亲4岁那年，爷爷就去世了。我的伯父，也就是父亲的胞兄负责了他的学习和生活，后来他俩都考上了北京大学工学院。

父亲上的中学是位于北京地安门的河北高中（冀高），这曾经是所名校，林枫（原全国人大常委会副委员长）、康世恩（原国务院副总理）、荣高棠等老一辈革命家和著名作家、中央文史研究馆馆员王蒙均是这所中学毕业的。冀高是接受与传播马克思主义最早的中学，有着光荣的革命历史，是北京地区建立党组织最早，坚持地下斗争时间最长，战斗力最强，牺牲最惨重的中学。新中国成立前曾有地下党校之称。1919年，父亲正在这所学校读高中，全校学生都参加了反帝反封建的五四运动。父亲也逐渐成长为一名思想进步的热血青年。

父亲大学毕业的时候正逢军阀混战时期，在北京找不到工作，父亲只能出关到了东北哈尔滨，就职于呼海铁路松浦机厂。他从最基层做起，先后到铸造、机修、车辆装配等车间。由于他能吃苦，又懂技术爱钻研，对化铁炉出渣困难提出合理化建议，受到当时厂长李维国（硕士毕业于美国麻省理工学院）的赞誉，很快当上了工作股股长（相当于管生产的副厂长）。

"九·一八"事变以后，日本人进占了呼海铁路，松浦机厂遭炮轰摧毁。父亲不愿在日本人的统治下工作，就回到了北平，在长辛店铁路工厂从最基层做起，很快又被提拔为工作股股长，主持全厂生产技术工作。可没过几年，又发生了七七事变，抗日战争全面爆发。当时我们全家都住在长辛店，我刚刚两岁，还有两个姐姐，母亲和我们姐弟3人暂留北平。父亲不想在沦陷区受日本人统治，怀着满腔义愤，带着部分技术人员和工人撤退到河南郑州，会合太原铁路机厂撤过来的员工在河南信阳李家寨临时建厂。立足未定，日本人又打过来了，武汉告急，父亲又会同江岸铁路机厂员工撤到湖南湘乡建厂，父亲任厂长。1939年，工厂初步建成，日军进攻湖南，父亲又奉命将工厂拆迁，带着工人、技术人员和设备到了广西桂林，在湘桂铁路线上的苏桥建厂。当时苏桥一带是一片荒地，厂房还未建好，身为厂长的父亲便带领350名员工开工露天作业。

得知父亲的消息后，母亲带着我们3个孩子动身去找父亲。这个过程特别曲折，我们从天津坐船到香港，再从香港坐海船到越南海防，从那边坐汽车到昆明。父亲到昆明接了我们，一块儿到广西。

到了广西苏桥，这里的条件极其艰苦。和点泥糊在用竹子编的"墙"上，就是我们住的房子。吃的是糙米，没有什么菜。我要是馋了，可以隔一两个月赶一次集，买炸糖三角吃，那在当时是最好的了。尽管如此，大家都很团结，抗战的气氛很浓，不论是厂长、工程师，还是工人都打成一片。直到现在我常联系的人当中，还有很多小学同学是原来厂里的工人子弟，有的现在还在广西。几百号人在这里，工人的子弟要上学，于是工厂就开办铁路员工子弟小学。我后来就上了这所小学。小学招聘的老师，都是当时抗日流亡学生，这些学生有不少都是共产党，有一部分后来去了延安。学校的校长叫郑达文，他是一个文人，和夏衍熟识。他的全家也都搬到了学校。

铁路是政府的重要组成部门。父亲被国民党政府任命为苏桥机厂厂长兼黔桂铁路机务处处长。上级要求厂里成立国民党特别党部，所有的公务员和高级职员都被强制加入国民党。虽然厂里表面上是国民党统治，但厂里的很多员工都是中共地下党员。记得我上铁路员工子弟小学的时候，学校老师还教我们唱革命歌曲，如《游击队歌》和反映延安大生产的《兄妹开荒》，我二姐还扮演了《兄妹开荒》里的女一号。

支持抗战修建柳江大桥

为应抗战急需，1938年8月，父亲接到了兴建湘桂铁路桂柳段（桂林—柳州）的要求，而柳江大桥是黔桂铁路线的关键点。

当时的中国不生产水泥、钢材，这些都要从国外进口，由于广州和武汉相继沦陷，进口渠道都被封锁了。只有一批撤退时留下的 85 磅旧钢轨和几十孔 10—13 米的钢梁。怎么建？桥梁专家罗英提出以手头材料拼建桥梁的设计方案，因材制宜，就地制造。父亲负责的苏桥机厂承担制造任务，他组织全厂工人，根据不同材料，用不同工艺，剪裁修补，可铆则铆，否则用螺栓，少数部位焊接。怀着支持抗战的热情，他带领全厂上下加班加点工作。大桥修建于 1939 年 10 月开工，仅用了一年时间就建成了这座 1350 吨重的钢桥。

桥建成后要通车，可哪个司机也不敢第一个过桥。当时还是蒸汽机车时代，父亲在东北的时候就会开这种火车。于是，他跳上火车，自己当司机，第一个驾驶着火车开过了大桥。

通车以后，黔桂铁路成为抗日战争中非常重要的一条物资运输线，这座大桥成为非常重要的节点，也给老百姓提供了一条便利的路。

那段时间，四面八方的爱国志士和文人学者纷纷会聚桂林。1944 年 4 月，日军大举进犯湖南、广西，桂林、柳州相继失守。为了不把这座桥留给日本人，美国飞行队配合国民党政府把桥炸毁了。现在只保留了几个桥墩。解放后，在几个桥墩旁边新修了一架铁路桥。

撤离的时候，我记得非常乱，当时桂林有很多文人，上车的时候都往货车车厢上爬，特别是那些穿旗袍的上海女性也顾不上斯文了，爬车厢的时候大腿都露了出来，老百姓就看着笑。

由于父亲修建柳江大桥，加上前线指挥成绩显著，国民党政府授予他一枚勋章。1945 年春，国民党政府将铁路工程技术人员，还有研究轻工、兵器的技术人员派到美国。大部分是去学习的，而以研究员身份被派到美国工作的只有两个人，我父亲是其中之一。他先后在美国"纽约中央铁路"和"机车制造公司"研习美国铁路运营、机车车辆修理和制造业务，并针对国内铁路机厂的薄弱环节，收集了很多有关生产技术和工艺的资料。回国时，他还订购了一些当时先进的器材设备，这些资料和器材设备，对后来戚墅堰机厂铸造技术的提高和冷轮的试制都起了很大作用。

1946 年，父亲回国就任交通部京沪（南京—上海）区铁路管理局副总工程师兼戚墅堰机厂厂长，兼上海国立交通大学特约教授。当时的戚墅堰机厂在常州，是铁路上非常有名的厂。有员工 2900 多人，修理机、客、货车及修造配件，副业生产焦炭、电石、氧气等。我们全家也到了常州。当时的常州市只有一辆小汽车，就是政府给我父亲配的，连常州市市长都没有，可见这个厂在当地的地位。那时候我们的生活条件就好一些了。随后，父亲把郑达文校长调了过来，担任总务处处长。

第一批撤退到台湾并任要职

1947 年年底，国民党蒋介石已经感到形势不好了，于是把台湾作为"退路"，第一步就是把这些有知识的工程专家和技术人员派到台湾去。父亲就是第一批被派过去的，担任台湾铁路局第一任局长。起初台湾的省长叫魏道明，但由于魏道明不是国民党嫡系，蒋介石就派了陈诚接替魏道明当省长，之后，国民党军方和特务控制得就更严了。

父亲是权威专家，号召力很强，他一去台湾，国内一大批工程专家和技术人员也跟着到了台湾。郑达文也跟过去了，还担任总务处处长。1948年年初，母亲带着我们也到了台湾。记得那会儿我们家也步入了台湾的上层社会，住的地方非常讲究，我也就成了"官二代"。我被安排到建国中学（当时台湾最好的学校）读书，很多国民党高官都是这所中学毕业的。姐姐转到台湾大学上学。

1949年年初北平解放前后，有不少知识分子和学生往台湾跑。我还在当时住的胡同里碰见过一些学生，有名学生跟我说他是亲共的，我回家告诉父母，父母就说不能接触这些人，你不知道他是什么来历，也可能就是国民党特务。

当时常来我家的有一位香港《大公报》记者，叫吕德润，他后来还当了国务院参事室的副主任。他和我父亲都是北方人，而且有共同语言，他们二人经常在家里进行长谈。我当时还小，不知道他们谈的是什么。吕德润在当时已是很有名的记者了，父亲的一些活动都是由他采访报道的，包括铁路专业方面的文章他都写。解放后，吕德润还常到我们在北京的家里。

化装成锅炉工返回大陆

此时，中共地下党通过我伯父的同班同学胡觉文联系上了父亲，带来了周恩来总理的口信，希望父亲能回大陆。而从广西就一直与我们家保持紧密关系的郑达文，也从侧面劝说父亲回大陆。父亲早就知道郑达文有"左"倾倾向，也一直猜测这位在身边的"处长"是否就是一位中共地下党员。

这一时期，父亲也在做着思考，他一辈子都在和铁路打交道，在台湾能修的铁路都修了，台湾也不大，而饱经战争洗礼的祖国大陆更加需要他。权衡之后，父亲下定了回大陆的决心。但新的问题是，父亲在台湾的地位很高，国民党是不可能让他回来的。中共地下党通过做工作，用我家里的金条买通了军统特务，为我们安排了逃回大陆的路线，买到了从台北基隆港回上海的船票。军统特务开着一辆大卡车。我们全家、郑达文全家，两家人一共十口人坐在车上，我还记得那个特务戴着大盖帽坐在司机旁边，在前面开路，一路护送着我们上了最后一班船。上船以后，父亲怕被认出来，赶紧躲到锅炉房化装成烧煤工人。就这样，1949 年 5 月 4 日，我们离开台湾，回到了上海。

当时，我们在上海的报纸上看到了"郎钟骙潜逃投共"的消息，台湾的报纸也刊登了这条新闻。父亲在上海不敢公开露面，我们又藏在郑达文的姐夫家（此时他已从重庆回到上海）。当时上海已经围城了，我们在那儿住了一个月，上海就解放了。解放以后，郑达文马上就穿上军管会的服装，亮明了身份，参与接管上海。当时解放军进城后不让打扰老百姓，都睡在马路上。郑达文还让我们给解放军烙饼吃。郑达文 1955 年从华东局调到故宫博物院，长期致力于文物管理和保护工作。

让新中国的火车跑起来

上海刚解放，政府就组织了一个工程技术界代表团到山东老解放区学习，让父亲当团长。这些工程人员自己扛着铺盖卷去学习，了解

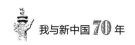

共产党、解放军是怎么回事，让你真正信服。

10月，常州解放了，政府就派军代表和父亲一块接收戚墅堰机厂，军代表是厂长，父亲是副厂长。那时候，国民党飞机经常从台湾飞过来轰炸，戚墅堰机厂被炸过好几次。当时非常危险，父亲让我们住在常州市区，他自己就住在厂里领导生产。

10月1日，中央政府成立了，同时组建铁道部。中央对铁道部非常重视，因为铁路跟军事关系密切，所以必须派大员才压得住阵。当时部长是滕代远，副部长是吕正操。父亲被任命为铁道部厂务局局长，后来又任总工程师、副部级技术顾问，并曾当选全国人大代表和全国政协委员。

新中国的铁路，从蒸汽机车到内燃机车，再到电力机车，父亲领导了每一次的"更新换代"，为现在的高铁建设打下了基础。他也成为包括詹天佑、茅以升在内的20个铁路名人之一。

以前，铁路客货运输装备都是靠进口。新中国成立后，进口发生困难，大小难题接连出现，大量火车没有可供更换的车轮。父亲提出，"自己造！"他曾在美国工作期间收集了大量技术资料，这时就派上了用场。从设计到试制，一年时间就通过了安全性试运行并投入生产。保证了当时濒临停转的铁路运输。

火车最重要的是机车，俗称火车头。20世纪60年代初，我国决定试制内燃机车。一开始就出现激烈的争论。内燃机车的关键部件柴油机的曲轴该用什么材料制造？按照苏联专家的设计是用钼、铜合金铸铁，父亲支持采用球墨铸铁，经过辩论，最后决定采用父亲的建议。70年代我国生产的一千多台内燃机车都采用球铁曲轴，经久耐容，成本低，是我国机械制造方面的一个创举。

交通运输技术不断翻新。20 世纪初，发达国家就开始用电力机车牵引。父亲和株洲机车厂工程人员一起收集有关资料，做研制试验，用半导体硅管代替引燃管，解决了电力机车中有关整流的重要技术问题。株洲机车厂成为中国第一个制造电力机车的工厂。

79 岁高龄时，父亲加入了中国共产党。一直工作到 86 岁离休，87 岁时患癌症去世。

根据父亲的意愿，我们将一部分骨灰放在八宝山烈士陵园，一部分撒到了他曾建造的柳江大桥，一部分撒在他曾经工作过的戚墅堰铁路工厂他办公室前面的花园里，还有一部分撒在了台湾的铁路线上。那是 1997 年我去台北参加国际会议，坐上了从台北到台中的火车，我就跟列车长说我要撒骨灰，他听说是中国台湾第一任老铁路局局长的骨灰，非常支持。就把我们带到了列车最后一节车厢，打开车门，沿着铁路撒了骨灰。

（吴睿娜　撰写）

8

时代造就一名建筑设计师的命运

张锦秋　口述

 口述者简介：

张锦秋，女，1936年10月生，教授级高级建筑师，中国工程院首批院士，中国建筑西北设计研究院总建筑师。陕西省文史研究馆馆员。

 编者按：

在中国，很少能看到一个建筑师的名字与一座城市紧密相连。而人们却说，张锦秋之于古城西安的意义，就像梁思成之于北京城。从1966年她大学毕业到西安，已经过去半个世纪。她的作品早已成为西安的一张张名片，一座座地标。

她是中国工程院首批院士，也是首届梁思成建筑奖获得者，是何梁何利基金科学与技术成就奖第一位获奖女性，国际编号210232小行星以她的名字命名。

在陕西文史馆的亮宝楼，张锦秋先生接受了笔者采访。她说："亲身经历告诉我，必须要适应这个时代和社会的需要，依托国家的发展。一名建筑设计师的命运，与国家的命运紧密相关。"这是时代的"造就"。

如果是一个战火纷飞的动乱年代，建筑师又能干什么呢？

我看过西南联大旧址，保留了两三栋抗战时期的老房子。教室是梁思成先生当年设计的，土墙、土地、铁皮或茅草顶。只有图书馆用了瓦顶。战争年代，梁先生也难以追求建筑艺术。

20世纪20年代，鲁迅先生想创作长篇小说《杨贵妃》，于是他到西安实地考察，找创作灵感。然而，关中大地荒凉破败的景象令他失望至极、满腹辛酸。后来，他在给日本友人山本初枝的信中写道：来陕西见到的一切，使他"费尽心机用幻想描绘出的计划"彻底破灭，以至于"一个字也未能写出"。

像我这样的，梁思成先生的徒子徒孙们，能在改革开放的中国，在各个地方做出成绩，跟社会背景是分不开的。

在大师身边

当年，我向往北京，向往清华大学，向往梁思成先生，所以高考第一志愿报了清华大学，梦想今后成为建筑师报效祖国。本科阶段，因为梁先生是建筑系的负责人，我只是偶尔见到他，远远地仰视。1961年我成为梁思成先生的研究生，这是莫大的荣幸。

此后，梁先生的书房就成了我常往的去处。书房朝南，有两扇大窗户，十分敞亮。东端当空是书桌，西墙则排满书架，书架上还摆着一些工艺品，其中就有全系师生都知道的"汉猪"。书桌右前侧是一条长沙发，沙发端头的小茶柜上方摆放着林徽因先生的照片。书桌左前侧是木茶几和靠背椅，墙上挂着梁任公的墨宝。小屋子简朴舒适，紧凑而不拥挤。冬春之交，梁先生喜欢在书桌右角摆一盆"仙客来"。他常坐在圈椅上侃侃而谈，我总是拉一把木椅洗耳恭听，偶尔插话提问。

梁先生社会活动多，他出差前常关照我到他书房学习，说这里书多又安静，但我从不敢一个人闯进去看书。

我读研究生的时候，清华大学建筑系在中国古代建筑史方面有两个重大课题，一是梁思成先生的《营造法式》研究，二是莫宗江先生的颐和园研究。历史教研组曾组织考察了全国有名的园林，我有幸跟随前往。由此我对中国古典园林产生了浓厚的兴趣，觉得里面大有学问，是可古为今用的广阔领域。本来梁先生的意思是，让我跟他研究营造法式。一天，组织上找我谈话，让我学营造法式。而我和谁也没商量就表示想研究园林。表态之后，我才想到应该先向梁先生请教一下才对。系里有的老师同学说我傻，"做梁先生的研究生，人家求之不得，你还不愿意。"

我好像犯了错误一样，就赶紧到梁先生家，说明我为什么想研究园林。结果梁先生没有一点儿不高兴。他说："我虽然喜欢中国园林，却没有系统地下过功夫。你有志于研究中国园林，这很好。这方面请莫公（莫宗江教授）指导最合适。他对古典园林研究很深。不但对造型、尺度十分精到，而且对这种东方的美有特殊的感受，对一山一水、一草一木、一亭一阁、一情一景都能讲出许多道理。"他又说小吴公（吴良镛教授）能从规划格局上着眼，从总体布置上分析，这对于大型皇家园林的研究十分必要。要求我认真向两位老师请教，从深与博两个方面的结合上去探讨研究。一席亲切的教诲，成为我研究学习中国园林的指南。

从此，我就正式跟随莫先生学习中国皇家园林。不过梁先生也指导我，我的所有研究过程，包括论文初稿也向梁先生汇报，请他指正，论文指导是莫宗江先生。

莫先生是清华大学建筑系的知名教授，是一位颇具传奇色彩的老师，他是梁思成先生的得力助手，也是清华大学唯一一位不具大学学历的教授！每当莫先生上中国古代建筑史课，大家都抢坐第一排，以便看清他在黑板上飘逸的勾画和用投影仪反射出的精选实例图片。

关于颐和园后山的论文动笔之前，我拿着乾隆关于后山西区风景点的11首诗向梁先生请教。为便于他看，我把那些诗抄在几张小纸片上，不懂的地方画了横道。乾隆诗中涉及大量典故，有些近于冷僻，但他不需查阅资料随口就能指明出处。

像"椰叶定无何足拟"句中的"椰叶"，他立时随口说这是从《吴都赋》"槟榔无柯，椰叶无阴"中来。"可以谢蹄筌"那句他又讲是出自《庄子》"马蹄鱼荃"。在解释"看云起时"这个景点名字时，他说这是取自王维的诗句"行到水穷处，坐看云起时"。

那天，梁先生格外高兴，把11首诗逐字逐句讲给我听。他歇一会儿，又对我说："中国园林不能只看空间形体而忽视了意境和情怀。中国园林是一个特殊的领域，凝固了中国的绘画和文学。园林中的诗词，往往倒是这方面集中的体现。从你注意的问题来看，现在你的学习又进了一步。"这席话使我对颐和园后山西区诸风景点的意境有了进一步认识。梁先生亲笔注释的那几页乾隆诗，我一直保留到今天。

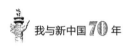

响应总理号召

当时国家培养研究生的目标是师资和科研人员，按常规我是要留在清华大学建筑系历史教研组的。1964年，我在人民大会堂宴会厅聆听了周总理对北京各校研究生的一次报告。他语重心长，对研究生们寄予厚望，号召我们"到艰苦的地方去，到祖国需要的地方去"。那天，周总理一直讲到深夜，我们都很激动。

当我研究生毕业时，正值国家开展备战的"三线"建设。我决定响应总理号召，到"三线"去。1966年春天，我离开北京，坐着火车一路往西，越走越荒凉，举目黄土地。

到西安后，西北设计院主管人事的领导找我谈话，想照顾我，把我分到技术情报处做做学问，写写论文。但我说既然到了设计院，就让我参加"三线"建设，到设计室去。

生产所的孙主任给我布置任务："听说你研究园林，你把这个厂的烟囱跟山地地形结合起来，做一个放倒烟囱的设计吧。"所以，我接受的第一个项目是放倒烟囱，挺有意思，我想这个主任还真会用人。没过多久，我们全院的设计人员被分别分配到几个山沟里的"三线"工程工地，在那里下放劳动。我当了一阵油漆工。

真正开始建设性设计是在改革开放以后。院领导通知我："现在要搞旅游了，外国游客都来参观华清池，连个大门都没有，你设计一个大门。"我当时觉得这是不得了的事，要给华清池设计大门了。

我想，总不能设计一个普普通通的门。形式要反映内容，华清池是唐代有名的皇家宫苑，唐代的历史故事也最有名，是不是该有点儿唐风。但我在学校没学过唐风什么样，就找文物杂志，按照傅熹年先生一篇文章的描述，我设计了第一个唐风建筑。

后来，随着对外交流增多，20世纪70年代末，西安市外办通知我，让我设计阿倍仲麻吕纪念碑。当时中国和日本交往很多，阿倍仲麻吕是中日文化交流的使者，他得到唐玄宗的重用，经常出入宫廷。所以我把纪念碑定位在兴庆宫公园，那里是唐玄宗主政时主要使用的兴庆宫遗址所在。纪念柱造型脱胎于我国建筑史上有名的南北朝义慈惠柱和唐代石灯幢。这种形式的建筑多见于阿倍仲麻吕所处时代的前后。石灯幢于唐代传至日本，已成为日本人民喜闻乐见的建筑形式。柱身上，我设计镌刻上阿倍仲麻吕的《望乡》诗和李白的《哭晁卿》诗，更突出纪念感情色彩。

随着国家开放程度越来越高。有人发现，很多日本人到西安铁炉庙村北边的高坡上去参拜，原来那是东密创始人空海大师得道之处——青龙寺的遗址。这引起了政府有关部门重视。空海大师的家乡日本四国地区的百姓创意在此建一座空海纪念碑。政府把碑的选址和有关规划任务交给了我。经查阅考古发掘资料，弄清了青龙寺大殿遗址、二殿遗址、北门的位置，我规划设计在一个没有建筑遗址的地方建设空海纪念碑院，纪念碑由日本著名建筑师山本忠司设计，整个环境、院子、接待厅、展览厅由我设计。我采用唐代建筑的典型布局形式，并着意表现唐代建筑斗拱雄大、出檐深远、曲线舒展的基本特征。竣工后得到中日双方好评，被誉为"高艺术，深友情"。

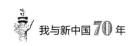

时代的题目

做这些题目，我就发现，每项任务都是国家和社会发展的需要，是由经济发展、旅游发展、对外开放提出来的。

一座建筑，必须有条件才能建起来，要有政府的支持规划、有出资方，等等，建成后还要得到社会认可，孤芳自赏可不行！

改革开放以后，外国人纷纷来西安投资，要建旅游宾馆，都围着大雁塔找地方。日本的三井不动产最终和政府达成协议，与园林局合作，由中方在大雁塔东边规划了一片地，日方出资，计划建设"三唐工程"：唐华宾馆、唐歌舞餐厅、唐代艺术陈列馆。

按常规，外方投资项目由外方建筑师来设计。日方建筑师拿出了一个"三唐工程"的方案。政府让我看看方案。我一看，这个是"和风"，有日本的特点，在日本是司空见惯的中档宾馆，不算特别突出，建在大雁塔旁不合适。主管副省长听了我的意见就说："张锦秋，你拿个方案看看。"

我很用心地做了一番功课。先是查阅古籍，旅游项目在这儿吃喝玩乐合不合适？文献记载唐朝皇家寺庙慈恩寺里也演戏，有文娱活动，有客房能住宿。接着，我查阅了慈恩寺考古发掘资料，决定有遗址的地方要躲开。三个项目中，宾馆的规模最大，300 间客房，我把它放在慈恩寺东围墙的外面，没挨着遗址。建筑风格要园林化，不能搞集中式，跟大雁塔唱对台戏，要突出、烘托大雁塔，当配角。但新的设计又必须满足现代旅游的各种功能要求，创造符合现代人审美情趣的休闲环境。"三唐工程"的设计思想就这样确定并在方案上体现出来。

副省长看后很满意，三井不动产的老板一看也很喜欢，说："太好了，比我们想得还好，就这个吧。"于是，从外国设计师手上拿回了设计权。

"新唐风"建筑

20 世纪 60 年代，周总理陪越南胡志明主席到西安看了碑林、大雁塔后说，陕西有这么多文物、国宝，却没有一个像样的博物馆，应该建一个大气的博物馆，最好离大雁塔别太远。但当时没有条件建博物馆，一直到国家进入新的建设时期，陕西历史博物馆才被列为国家"七五"计划重点项目。

这个任务给了西北设计院，院领导很重视，发动全院做了 12 个方案，有现代的、对称的、不对称的、窑洞的、四合院的，什么样的都有。很多历史专家也关心历史博物馆的选址。有的说应放在大明宫含元殿的高台上，把含元殿恢复起来。可文物部门说不行，不能破坏遗址。

我想，西安是十三朝古都，且是中国盛世的首都，不能弄个民居，搞个小窑洞。国家级的就是宫殿，最好有点宫殿的象征。唐代的文化是最辉煌的，并且唐代是开放的、蓬勃向上的，跟我们现代的时代精神还很吻合，所以我做的方案是唐风宫殿。我把中国古代宫殿的特征抽象出来，中轴对称、主从有序、四隅重楼、中央殿堂。经过全国专家评审、政府有关部门讨论，一致选中了我的方案。此时，我真

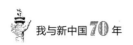

正体会到建筑师的命运跟国家命运紧密相关，事业成就与否，要依托于国家的发展。

博物馆到底该建多大面积，1万平方米还是10万平方米，当时国家也没有统一的建筑标准。我们就跟馆方筹建处一起调查，搜集国内外相关资料并进行实地考察，进行可行性研究。比如一件文物要占多少平方米，根据文物数量和等级，确定库房多大面积，展厅多大面积，人员编制等等，撰写了一套可行性报告，制定出标准，最终定下来陕博要建4万多到5万平方米。后来，全国要建一大批现代化的博物馆，纷纷向我们索取这份可行性报告。几年后，国家也出台了博物馆设计规范。

那是计划经济时代，建博物馆要按国家要求进行投资控制，除空调系统和部分照明灯具外一律不得动用外汇额度，装饰材料一律用国产的。博物馆建设周期很长，从1986年设计，一直到1991年才建成。

改革开放后，各地都竞相发展旅游。西安在城东南成立了曲江新区，以利于旅游建设。唐代长安四方城的东南角有个很大的豁口，曲江池在此南北纵跨了城墙内外。所谓池，是个很大的水系。不少唐诗都描写过曲江。皇帝在这里建专用的皇家园林——芙蓉园，也有相当大的范围是老百姓自由进出的风景区。到了节日，皇帝登楼看老百姓在曲江池游玩，叫"与民同乐"。历史记载了唐代繁荣兴旺的历史画卷，但芙蓉园的建筑遗址始终未被考古发现。

唐代的曲江池毕竟还在现代的农田上留下了一点痕迹，一个大"涝池"，每逢暴雨季节，这里就呈现一片"水景"。于是很多人想在这里搞旅游开发，有的说建迪士尼，有的说建周秦汉唐风情园，还有的说要搞现代游乐园，做了很多策划方案。

"周秦汉唐"一起上，不成大杂烩了吗？我建议做一个依托曲江自然山水，以皇家园林为格局，以唐文化为内涵的现代主题公园，讲讲故事。芙蓉园没有遗址，没关系，我们不是写《三国志》，写的是"三国演义"。

我们的设计方案得到政府批准。唐朝芙蓉园的建筑类型很多，历史记载，其主景是紫云楼。我们据此设计了全园最具标志性的紫云楼。唐诗是千古流芳的中华文学成就。科举是从隋朝开始的选拔人才的制度，是世界首创。唐朝的妇女开放而有为。茶道在唐代兴盛……所以，我们建了《诗魂》大型群雕、科举馆《杏园》、仕女馆《望春楼》《陆羽茶社》等一系列景点。芙蓉园建成后，时任省委书记袁纯清说："走进历史，感受人文，体验生活"。

全国的游客都到西安看芙蓉园。老百姓起先很高兴，但后来就有意见了：自从建了芙蓉园，他们的负担增加了。外地亲朋好友来了都要请到芙蓉园看看，而主题公园的门票很贵，希望芙蓉园能免费开放。但芙蓉园投资巨大，经营管理也需费用，怎么可能免费呢？政府就决定在现在建成的"大唐芙蓉园"以南、古代曲江水系的南池位置再建一个开放式的公园，全天候开放。这个任务再次委托给我主持规划设计。

我们根据考古部门提供的勘探资料，把唐朝时曲江南池岸的形状勾勒出来，规划了一个曲江池遗址公园。这个遗址不是房子的遗址，是池的遗址。设计的建筑不是皇家园林的格局，而是民间的、朴素的、不带斗拱的。我们原本不想搞经营性商业建筑，但管理部门说，这么大的范围，我们也要管理人员，要用电，要绿化、管理、清洁，每个月要有费用支出。他们算了算，让我设计 2 万平方米的经营性建筑，比如说茶馆、饭馆、健身房，这样每个月的收入就把园子养活了。我们尊重他们的意见照办了，其中最大的一座饭馆纵览水域，我为之命名为"阅江楼"，以示阅读曲江历史的演变。

遗址公园免费开放了。一次，我陪外地朋友去看曲江池，走着走着遇到一个老人牵着小孩，他问我："你就是张锦秋吗？"我说："是"。他说："我是这儿的搬迁户，天天带孙子到这里来散步，不错！我们很喜欢这个地方。"

让文物"活起来"

华清池以前破破烂烂。在"西安事变"的 5 间厅院子下面，有一潭水，水旁边有个小房子，里面有个水磨石做的下沉式澡盆，人们介绍这是杨贵妃洗澡的地方。如果请客人在这里洗个澡，那是很高级的招待了，确实是真的温泉。有一次，省里一位领导陪外宾参观，对方问："杨贵妃就在这里洗澡吗？你们真不简单，唐朝的时候就有水磨石了。"省领导听后，脸都搁不住了，就找到我，问能否重新设计一个像样的贵妃池。

其实，当时谁也不知道真的贵妃池在哪儿，是什么样子。我去请教西安的历史专家武伯伦老先生。他说："这个事要说有依据也没依据，我给你推荐两本书，你去查查看。"

我就到省图书馆里找到了这两本线装书，里面的确有文字描述。说杨贵妃洗澡的池子是海棠花形，用石头砌的，池边有几个大的玉盘，可以放衣服、浴巾、洗澡用具等。我又到碑林博物馆拜访何馆长。她很支持我，把我领到文物库的珍品库，把玉器、金银器等工艺品都调出来让我看。见到那些优美的造型、丰富的图案纹样，我如获至宝！但按规矩不许拍照。我就赶紧拿笔在本子上勾画下来。

我设计了海棠花瓣形状的贵妃池，池子比较大。建设单位到北京玉雕厂去订了货。结果一开工，文物管理部门马上叫停，说我们这个工程会破坏华清宫温泉的管道体系。因为施工现场挖出了一些不知道什么年代的石头汤池，忙乱成一团，考古学家也不敢下结论。我们就往西挪到更大的一块地方，这下更可以"大作文章"了。我设计了一组园林建筑，亭台楼阁，曲廊水池，比之前那个还要美。结果刚一开工，又被叫停了。这次，是发现了真正的唐代御汤遗址。我们之前的设计全部作废，玉雕厂订的货也告吹。

这组汤池遗址被定为国宝。中国的皇家怎样洗澡，此前还未曾发现过遗迹。这个国宝该怎么办？这个问题就搁那里了。一次，李瑞环同志到西安，看到汤池的景象说："你们西安捧着金饭碗，这么好的国宝，要快点保护起来，还要展示出来。"

文物部门就找人做了保护展示的建筑方案。当时我国的遗址保护大多是建一个大跨度的房子，把整个遗址盖在里面。这样做造价很高。建设任务是市建委负责，他们就找到我，问我能不能再拿个方案。

我考察了遗址后说："咱们能否打破建一个'大罩子'的做法，只把一个一个御汤遗址罩上。"根据考古发掘，汤池遗址以前都是在室内的，一个汤池一栋房子。每个御汤近旁能看出有几个柱础，据此可考证出原汤池的房形。比如贵妃池的几个柱础排列呈正方形,唐明皇汤池的柱础排列呈矩形,唐太宗汤池的则为更长的矩形。遗址位置高低不同。就按它原有形制,比柱础位置稍微放大一点(保护柱础和台明、散水的遗址),一栋栋盖。另外,由于山体滑坡以及各个朝代的建筑垃圾,所以唐代的华清宫遗址地面比现在的华清池地面低两米。我在设计上保留和展示了这个地形的高差,让参观者通过大台阶下到"大坑"里,走到唐代的华清宫地面上进行参观。

最终,这个方案造价很便宜,仅需 300 多万元。工期也大大缩短。李瑞环同志当时还问:"一百天能完工吗?到时我来看看。"结果3 个月真完工了。

如果不是省领导让重盖一个像样点的贵妃池,就不会启动这项基建工程,也不会发现整组御汤遗址,永远不知道唐朝华清宫的御汤在哪。

改革开放以来,政府根据社会发展的需要搞建设,建筑师再根据需要进行设计。如果执政者的思路是正确的,建筑反映出的就是正面形象;如果是宣扬个人或政绩工程,凭个人兴趣喜好出发,崇洋媚外,乱拍板,那就是反面形象。在城市建设上,西安作为一个省会城市,还能看出是个千年古都,没有奇奇怪怪的建筑,是因为历届领导思想都很明确,都深深理解城市的历史文化具有不可替代的价值。

习近平总书记说,要让历史人物和国宝文物"活"起来,展现优秀的中国文化。怎样对历史文化进行发掘、展示、表达,需要好好思考。如果只是写几行文字,挂一些标牌,说这里是千年古都,人们对这个是不会有概念的,古都只是一个历史名词而已。

　　在西安，省政府、市政府重视如何处理保护与发展的关系，对历史文化的保护、利用和展现是一以贯之的，所以我们这些建筑师才能发挥作用。深厚的历史文化在西安要充分地表达，目前表达得还远远不够，还可以反映得更多更好。这就要求我们在认真保护古都的基础上，创造性地利用和创新性地发展。

（吴睿娜　撰写）

9

守护森林的"放蜂人"

杨忠岐　口述

口述者简介：

　　杨忠岐，男，1952 年 4 月生，陕西岐山人。农工党成员。现任中国林业科学研究院森林生态环境与保护研究所学术委员会主任、国家林业局森林保护学重点实验室主任。第十二届全国政协委员。农工党中央常委。曾获国际林联科学成就奖。环境保护专家。2015 年 2 月被聘任为国务院参事。

编者按：

　　杨忠岐和昆虫打了一辈子的交道。他的电脑中存满了拍摄的五彩斑斓的昆虫天敌的照片，在他看来，这些挽救无数树木性命的天敌，美丽并不逊色于翩翩起舞的蝴蝶。从偶然发现一只寄生蜂开始，他致力于从事生物防治森林病虫害的研究，解决了无公害有效防治美国白蛾等诸多难题。行走在天地林间，这位守护森林的"放蜂人"脚步不停，思索不止。

发现寄生蜂的"秘密"

1966年"文化大革命"刚开始的时候，我正在读初中。先是经历了红卫兵打老师、斗"走资派"，后来闹得不可开交的时候，毛主席发出伟大号召："知识青年到农村去，接受贫下中农再教育，很有必要。"这个语录我到现在还记忆犹新。

我作为回乡知青在农村摸爬滚打了6年时间。1972年，我被推荐为第一届工农兵学员，上了西北农学院林学系。当时一个公社才两个指标，第一届、第二届推荐的程序非常严格，确确实实要把表现优秀的知青推荐上来。因为我家庭出身不太好，招工招兵都没有希望，当时一定要贫下中农、工人阶级才能当兵。所以，上大学是给我鲤鱼跳龙门的第一个机会。毕业时我留校工作，在森林保护教研室讲授森林昆虫学。

我学的是造林专业，要教的却是森林昆虫学，大学时所学的昆虫知识根本不够用。于是，我从图书馆抱回一大摞昆虫学方面的书籍自学起来。当时正逢"开门办学"的热潮，西北农学院在陕北安塞县一个偏僻的山沟里办起了"陕北教学基地"，我主动要求到那里锻炼自己，意外地获得了一个相对安宁的学习环境。两年间，我扎扎实实自学昆虫学，并对森林虫害防治产生了浓厚的兴趣。

1977年夏天，我带着几个学生在陕北志丹县一个苹果园中进行苹果小卷蛾性诱剂的研究。我们采回了800多头蛾蛹，准备饲养后得到蛾子，再提取雌蛾的性诱剂。结果，半数以上的蛹被两种小蜂寄生了。这一次偶然的发现，使我萌发了用寄生蜂来防治森林害虫的

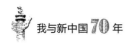

想法。

害虫吃植物，天敌吃害虫，环环相扣。天敌吃害虫，但不会把害虫统统干掉，而是留有余地，代代相传。天敌控制了害虫数量，让植物有喘息繁衍的机会，生生不息——在人类有能力对自然界产生大规模干预之前，自然界保持着多么完美的平衡！

当时，寄生蜂的研究是森林昆虫学中一个有着广阔前景的方向，又是我国森林昆虫学研究的一个弱项。我从最基础的工作——寄生蜂分类研究开始做起，却面临重重困难。"文革"刚刚结束，身边一无老师指导，国内又无寄生蜂分类方面的书籍和文献资料可供参考。因此，我一边自学英语，一边梦想着有机会出国深造。

两渡重洋　八箱宝贝

后来，改革开放拉开帷幕，邓小平同志力挽狂澜，在我们国家经济和社会各方面处于崩溃前夕的时候，挽救了党和国家。党的十一届三中全会之后，大量留学生被派遣到国外去学习。我是改革开放以后第二批公派留学生，通过教育部统考后，在北京林业大学进行了为期一年的英语培训。1981年被派到芬兰赫尔辛基大学农林动物系进修昆虫学，师从著名森林昆虫学家马丁·努尔蒂瓦教授，教授在小蠹虫等蛀干害虫的研究上享有很高的声誉。

经过在赫尔辛基大学两年多的学习，我拿到了硕士学位，并与导师一起完成了"芬兰青杨天牛寄生性与捕食性天敌的研究"的科研项目。当时我对知识如饥似渴，回国时没有像别人一样带回时尚的"大件",而是带回了八大箱重要的文献资料,包括1000多号珍贵标本,这都是我从牙缝里挤出生活费收集到的。担心飞机托运会损坏标本,我随身携带着这些"宝贝",先坐一天一夜的火车,从赫尔辛基到莫斯科,再从莫斯科坐7天7夜的特快,才回到祖国首都北京。

回国之后,我考取了西北农业大学著名昆虫分类学家周尧教授的博士研究生。读博期间,先是前往美国农业部南方林业试验站从事小蠹虫生物防治研究,后来又去华盛顿市史密森研究院学习寄生蜂分类。亲眼目睹了西方发达国家林业的发展,我眼界大开,更如饥似渴地抓紧一切时间努力学习。

学习期满,南方林业试验站的莫西教授竭力挽留我留下工作。导师的真诚令我十分感动,但我出来学习的目的是为了更好地进行国内的研究,我的事业在中国、在西北林学院。于是,我婉言谢绝了导师的请求,带着收集的昆虫标本如期回国了。

我们这一代科研人员,对改革开放的意义有最深刻的体会。我获得了两次出国学习的机会,能够放眼世界,感受耀眼的科技前沿,这改变了我的面貌,让我脱去了工农兵学员的帽子。切身体会到当时我国林业科技与先进国家之间存在的巨大差距,也让我真正有了奋斗目标,后来一直认真搞好科学研究。

制服美国白蛾

美国白蛾原产于北美,是一种危害严重的世界性检疫害虫。1979年8月,我国在植物检疫普查时,首次发现美国白蛾已入侵丹东地区。1984 年，美国白蛾在陕西省首次爆发成灾。我当时在西北林学院工作，目睹十万株树木和绿篱的叶子在十多天的时间里被美国白蛾吃得精光，其幼虫数量巨大，下树化蛹时成群结队，难以下脚。为了尽快控制害虫，陕西省利用飞机喷洒化学农药进行防治。

农药的发明，曾让人们有了一劳永逸的欣喜，但背后的重重危机也逐渐显现。森林病虫害喷药防治，通常要靠飞机，药效发挥最好的飞行高度是距树冠 50 米，这在连绵起伏的山区几乎做不到。在我国山区林地，飞机喷洒农药的有效性只有 5% 左右，而农药飘逸沉降，却会造成严重的大气、土壤和水体污染，对居民的身体健康造成影响。另外，害虫产生的抗药性世代相传，原来的毒性和剂量丧失杀伤力，造成"年年治虫，年年有虫"和"农药越用越多"的恶性循环。

利用在国内外所学的科学知识，我开始探索美国白蛾的生物防治技术研究。利用森林生态系统中原有的有益生态因子——"天敌"来控制有害生态因子——"病虫害"，通过调节森林生态系统中的益害平衡，抑制病虫害发生和暴发，实现森林健康、生态平衡。

自 1984 年起，我花费 3 年的时间对美国白蛾在陕西的寄生性天敌进行调查。先后从美国白蛾的卵、幼虫和蛹中饲养出 50 多种寄生蜂。经过筛选，最终发现一种寄生率高、控制作用强的蛹期寄生蜂，这也是小蜂总科的一个新属物种。出于对周尧教授（我的博士生导师）的尊敬和感激之情，我将它命名为白蛾周氏啮小蜂（Chouioia cunea Yang）。

接着，我又攻克了人工大量繁蜂的技术难关，找到一种取材广泛、价格低廉、易于得到、出蜂数量大的替代繁蜂寄主。实践证明，此种方法防治效果十分显著，放蜂 400 多万头的陕西疫区连续 6 年多没有发现美国白蛾。

制服白蛾的故事还没结束。2007 年，我又和团队一起加入到北京防治美国白蛾的行列，为"绿色奥运"保驾护航。当时美国白蛾这个重大害虫入侵北京，对北京的园林绿化造成重大威胁。于是，我和团队培育出两千多万头专门寄生美国白蛾的寄生蜂，挂在树上的大茧里头。藏在树顶上、树干上和隐秘场所的害虫都被"一网打尽"。

拯救椰子树和迎客松

由于大量学习了国外的先进知识，又结合中国实际的情况，我在寄生蜂分类及用于森林虫害防治方面作出了一些贡献，有幸在 1995 年获得了国际林联科学成就奖，成为自国际林联 1892 年成立以来，第一个获得这项世界林业奖的中国人。

后来，我联合（中国林业科学研究院）生物防治学科研究组提出的"以生物防治为主、辅以其他无公害控制技术"的综合防治策略，成功解决了许多林木病虫害的无公害防治问题。

2005 年，有报道称海南岛这个椰岛完了，因为从国外传来一种害虫，专门钻到椰子树的叶褶里吃叶子，造成 80%—90% 的椰树都濒临死亡。根据调查，我认为这是重大的外来入侵害虫，必须要到国外去寻找天敌，引进中国来进行防治。

于是，我支持海南岛热带作物科学院植保所的研究员分别从中国台湾和越南引进了天敌——啮小蜂和姬小蜂。小蜂专门把卵产在害虫身体里，进而消灭害虫。经过 3 年多的防治，椰子恢复了生机，生物防治技术拯救了椰子树，拯救了海南岛。

近年来，又从美国传来松材线虫病，松树感染此病 40 天后就会死亡，因此被称为松树的"癌症"，对我国林业危害很大。庐山白鹿洞书院里 18 棵一千多年的松树现在只剩下一棵，现状十分堪忧。毛主席有诗云："暮色苍茫看劲松，乱云飞渡仍从容。天生一个仙人洞，无限风光在险峰。"没有松树了，险峰在哪里？也就没有了。这两年泰山也"病临山下"，迎客松一旦被感染，必死无疑。

松材线虫不会自己主动感染树木，需要松褐天牛携带才能传播入侵健康树木。因此，我将防治重点放在松材线虫传播媒介——松褐天牛上。经过近 10 年的研究，我发现松褐天牛的主要天敌是花绒寄甲和川硬皮肿腿蜂，并解决了人工繁殖难题，研发出通过释放花绒寄甲、川硬皮肿腿蜂和利用引诱剂设置诱饵树诱集松褐天牛的生物防治新技术，取得了良好效果，防治试验区实现了完全控制松材线虫病的目标。

我登了四五次泰山，都是以工作为主，欣赏自然风光为辅，这也是一种乐趣。我们还在泰山顶上发现了一种天敌新种——云斑天牛卵寄生蜂，能在科学上有所发现，这是我非常高兴的事情。

我国森林虫害防治领域的研究发展迅速，从改革开放之初我们向国外学习，到如今发达国家向我们请教，这是一个质的飞跃。美国、韩国等多个国家请我帮助他们防治病虫害。比方说，新千年之初，白蜡窄吉丁蛀干害虫席卷美国 35 个州，危害美国非常重要的园林风景树白蜡树。相关人员无法解决这个难题，和我国森林昆虫学家开展合作防治。

与昆虫对话　向自然取经

做科研从来没有捷径。为了研究害虫，寻找害虫天敌，我几乎跑遍了国内大大小小的森林。近些年，我利用自己多年来做虫害研究的专业背景和大量下基层调研收集上来的第一手数据，聚焦生态保护议题，向政协会议提交了很多提案。

这两年，有的城市采用不科学的抚育方法，把天然山林中大量不同树种的乔木、灌木砍伐殆尽，甚至连地面杂草都清理干净了，只剩下所谓的目标树种，使原来乔灌草结合、郁闭度很好的森林开了许多天窗。森林因而失去了保持水土和净化空气的生态功能，令人十分痛心。还有一些城市，为了追求美观和景观，在森林城市建设中，盲目引进了许多不适合本地生长的树种；为了快速增加绿化面积，栽植的苗木良莠不齐，有的甚至带有检疫性病虫害；有的植树的树种单一，导致病虫害发生严重。这些情况，导致城市中有限的林木没有发挥出应有的生态效益。

我认为，城市绿化要摒弃那些看上去"高大上""漂亮"的政绩工程，要向大自然汲取经验，与小小昆虫对话。因此，2019年我的提案之一就是建议将城市周边森林纳入生态林管理，把天然林的模式复制到城市中，让城市里的绿地也能够像天然林一样发挥生态效益，使城市中的居民也能享受到犹如身处大森林般的新鲜空气。

把森林概念引入城市的想法，源自我提倡国家公园建设的建议。2018年，我前往东北虎豹国家公园调研，他们的工作人员也会定期给我发来现场的野外科考数据。从野外调查情况来看，东北虎的痕迹及其活动的频次越来越多，目前山上很多人为干扰的情况，在逐渐地控制、有序地退出。

另外，我还建议大力发展我国特有的兼具生态和经济效益的元宝枫树种。元宝枫是难得的多用途资源树种，如榨油、提取活性物质、制作高档家具等，过去却只是被用于生态造林和园林景观栽植。当前，元宝枫产业还处于起步阶段，迫切任务是科研先行，系统研究以元宝枫油、叶为原料的医治神经系统疾病的药物和保健品。还要进一步深入研究元宝枫良种选育、良法栽培、病虫害无公害防治等技术，让农民对元宝枫产业发展有信心，从发展元宝枫产业中获益。

经过这么多年的研究，我也是立足于我的本职工作，报效国家，为我们国家的生态文明建设作出了自己应有的贡献。我希望抓紧一切可能的时间，尽量多调查和发现"天敌"，鉴定"天敌"，并撰写成专著，为年青一代的研究和生物防治打下坚实的基础。把自己所掌握的知识带到国家决策层面，更好地服务祖国和人民。

（吴睿娜　周思宇　整理）

盛世修史　传承文明

戴　逸　口述

 口述者简介：

戴逸，男，1926年9月生，江苏常熟人。中共党员。中国人民大学清史研究院名誉院长、国家清史编撰委员会主任、北京文史研究馆馆长。教授。曾任中国人民大学清史研究所所长、历史系主任、图书馆馆长。2011年2月被聘任为中央文史研究馆馆员。

 编者按：

在中国古代历史上，凡是编纂前朝历史的都是由皇帝亲自参与，宰相领衔。而编纂《清史》，虽政府投入巨资，但编委会25名成员全是学者，没一个官员，使得这一巨大历史文化工程保持了高度独立性。这是前所未有的。

在一个温暖的春日下午，笔者来到位于张自忠路的戴逸先生家。在院里的玉兰树下，鹤发银眉的戴先生，操着浓重的吴侬方音，娓娓讲述，仿佛时空穿越，重回清王朝的兴衰浮沉、人世沧桑；同时他又能随时置身事外，以历史学家的眼光总结、抽离出诸多经验教训和哲理，客观评价、分析其中的是非曲直。

戴逸的一生都致力于清史研究。1958 年，年仅 32 岁的他就因撰写《中国近代史稿》脱颖而出，奠定了青年史学家的地位。然而，从那时起的近半个世纪，他历经了启动清史编纂的三起三落，修清史成了他毕生的心愿。为此，戴逸不断创造条件、全力呼吁，终于在他 75 岁时梦想成真。如今，91 岁的他早就该颐养天年，但为了完成这部 3000 万字的巨著，戴逸加快了步伐，不断走向史学之巅峰。

清史编纂　三起三落

我国自古以来就有易代修史的传统。当一个朝代亡国后，新的朝代即为前朝修史。中国的"正史"最早是司马迁的《史记》。宋修唐史，元修宋史，明修元史，清修明史，这一修史的优良传统绵延不断，经久未绝，形成了人们熟知的二十四史。二十四史写到明朝为止。

从满族入关至宣统逊位，清朝对中国的统治长达 268 年。北洋政府时期，袁世凯下令修史，从 1914 年至 1927 年，历时 14 年，写成《清史稿》，共 536 卷，是近代一部大型的重要历史著作。

此书有一定的史料价值，但问题较多。一是修纂者大多是清朝遗老遗少，他们站在清朝立场上取舍褒贬，反对革命，反对进步。认为同盟会革命党是乱党，对孙中山仇视敌视，加以诋毁。在《清史稿》里，孙中山的名字仅出现一次，还是因为被通缉。书中记载了 1912 年 1 月 1 日南京临时政府成立，却只字不提临时大总统是谁。对很多问题记载不真实。北伐胜利后，此书一直被国民党政府作为禁书，不准出版。

二是当时清宫内阁大库里保存着 1000 万件军机处档案，没有整理利用。1921 年北洋政府竟因经费短缺，将部分档案分装 8000 个麻袋共 15 万斤以 4000 元价格卖给造纸厂做原料，后被发现得以抢救。这是非常重要的历史资料，居然都当成废纸了！国民党后来准备重新写一部清史。但由于抗战爆发，此事就搁置了。国民党到台湾后，又想重新修清史，但他们已没有人来写，资料又全在大陆，所以只能把《清史稿》中有关辛亥革命的内容重新改写，在台湾出版。

修清史，是两岸都在关心的一件事。

新中国成立后，董必武副主席向毛泽东主席和周恩来总理提议编修《清史》，得到党中央的认同。但新中国成立初期，千头万绪的工作非常多，国家也比较穷，所以暂时没有启动。

1960 年，周恩来找到时任北京市副市长的吴晗，要他考虑重修清史的事。吴晗是北京史学会的会长，我是常务理事。他编写的《中国历史小丛书》在当时很有名，我也是编委之一。吴晗就把我约到他的办公室，商量了一个下午。他的想法非常宏大，准备从培养青年史学家做起，从大学生里招募人才。另外，从整理和收集史料开始。在酝酿《清史》编纂方案的时候，正逢三年困难时期，不仅培训班的事泡汤了，而且《清史》的方案起草工作也停止了。

但周总理一直惦记这件事。1965 年夏秋之时，他委托时任中宣部部长的周扬召开会议，讨论编纂《清史》一事。会上，决定成立以人大副校长郭影秋为代表的 7 人编纂委员会，成员有尹达、刘大年、关山复、刘导生、佟冬和我，我是其中年纪最小的，还不到 40 岁，并让我筹建清史研究所。吴晗和郑天挺都是著名的清史专家，他们没有参加，因为那时的形势已经很紧张，大有"山雨欲来风满楼"之势。

果然，两个月之后，姚文元就发表了批判吴晗新编历史剧《海瑞罢官》的文章。编清史也成了中宣部反对"文革"的一个阴谋，说是干扰了大方向。为了编清史的事情，我们挨了不少批斗。而郭影秋副校长被批斗得最厉害，他也因此抑郁生病得了癌症。但他很有远见卓识，他坚信"文革"结束后，工作总要走上正轨，清史肯定是要编的。"文革"中，人大被解散，教职员工都被赶到"五七"干校。于是，郭影秋副校长同当时北京市"革委会"有关领导商量，把人大研究清史的教师集中到北京师范大学，成立清史研究小组，名义上属北师大，实际上保留了人大的编制。

1978 年，中国人民大学复校，清史研究所立即成立，我也从江西干校回来担任清史研究所所长。郭影秋副校长嘱托我为编纂《清史》做好准备，一方面培养清史研究人才；另一方面整理和挖掘清代的文献资料，当时出版了很多档案选编。可惜的是，人大复校后不久，郭影秋就去世了。修清史的事情就又被搁置了下来。

不久，邓小平同志在一封建议编纂《清史》的人民来信上作了重要批示，通知中国社会科学院要考虑修清史的事情。1981 年，中国社会科学院将《清史》编纂作为重点项目列入国家社会科学"六五"计划，并延至"七五"计划。1982 年秋，我牵头召开了第一次全国清史学术研讨会，讨论了编纂《清史》的重要性和必要性。可当时，我国正处于拨乱反正时期，百废待兴，史学研究还没有恢复元气，而且国家也没有足够的财力投入《清史》编纂。据了解，当时全国整个社会科学的科研经费一年才 100 多万元。修清史的事又拖了下来。

这一等就是 20 年。

呼吁盛世修史

时间到了 21 世纪初，我目睹改革开放后国家综合国力的大大增强，经济发展、社会稳定、学术繁荣，深感修清史的学术条件、经济条件逐渐成熟，因此竭力呼吁盛世修史。2001 年，我在报刊撰文，大声呼吁："编纂《清史》，此其时也！"随后，我又召开了座谈会，邀请了全国的许多学者，像季羡林、任继愈等，都来讨论这个事情。我至今还记得季羡林先生感人肺腑的发言，他说："如果我们今天不完成纂修清史这项工作，我们对不起祖宗，对不起后世子孙……如果到了我们这儿中断了修史的传统，那是不可以的；可是辛亥革命到今年整整 90 年，都没有完成。所以我们必须完成，义不容辞。"

2001 年 4 月 7 日，我和其他 12 位学者联名正式向党中央、国务院提交了修纂清史的建议。江泽民、胡锦涛、朱镕基、李岚清 4 位中央领导作了重要批示，并要求组织学术界进行学术论证，提交纂修可行性报告和工作方案。

论证工作持续了一年半，既有高层的政府部门人员，也有学术界的不同流派；有中青年学者，有各个科研机构的专家。学者们研讨、分析、辩论甚至争吵，既有肯定意见，也有否定意见。2002 年 8 月，中共中央批准了原文化部部长孙家正提交的关于纂修清史的报告，决

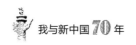

定正式启动清史编纂工程。

2003年1月28日，国务院组织召开《清史》编纂工作座谈会。李岚清副总理出席会议并作了重要讲话。《清史》编纂工程正式拉开了序幕。

那一年，我75岁了。

整理档案的"副产品"已出版几百本书

这次修史和封建王朝修史在目的、观点上截然不同，史料准备都比以往充分。清代的档案基本完整地保存在故宫。不过，资料丰富是好事，但这么多资料要全看完不大可能。就要有一个判断标准，巧妙地选用这些档案和文献。

我们当时大规模地展开资料的整理，光是中国第一历史档案馆的工作人员就有一百四五十人，对档案进行整理、修补和数字化。我们成立了档案组、史料组、文献组、编译组，因为还有外国人写的资料。我们先后整理出版的《档案丛刊》就有几百本书。

上海图书馆主编的《盛宣怀档案选编》100卷，据说还申请了非物质文化遗产。盛宣怀是直隶总督北洋大臣李鸿章的得力助手，李鸿章曾评价他："一手官印，一手算盘，亦官亦商，左右逢源。"京汉铁路、招商局、交通大学都是他创办的。李鸿章档案写了38册，花了15年。还有几部，比如《梁启超全集》，要到明后年才能出版。

其他文献资料就更多了，已出版800册的清代诗文集，相当于一部《四库全书》。清代的史料丰富，除了汉文的，还有其他少数民族语言文字的，即便清史工程结束，对于史料的整理仍然是沧海一粟。

我担心的是，这些东西若不整理出来，时间长了会毁掉。所以，我们会尽力投入人力多整理一些资料。

这些还都是"副产品"。

全国清史专家"一网打尽"

一开始，要做规划、招人马、建机构。编委会在全国范围内向有关专家学者和文化界人士广泛征求意见，在北京、上海、广州、大连、台湾等地开座谈会，征求各方面编写清史的意见，确定恰当的题材和制订系统周详的体例。第一阶段用了一两年的时间。

计划编好了，全书的框架确定后，就要开始写了。组织这么庞大的工程，我们没经验，都是摸着石头过河，最终我们采用了项目制。这样能够最大限度地调动全国各地的专家，全国的清史专家包括港澳台的都"一网打尽"了，天文、水利、铁路、银行等的专家也参加了编纂。

全书共 3000 万字，分为 100 卷左右(还未最后确定)，包括通纪、典志、传记、史表和图录 5 个部分，全国各地参与的专家有 2000 多人。2012 年，我们提交了送审稿。现在全稿已经完成，进入三审阶段。

每一次都是全面的审查、修改。一审重点在结构、章节和大的内容、观点。二审重在史料是否正确、丰富、出处是否准确，有没有抄袭行为。查出来的抄袭之处也不少。修史有一个特点，都是根据同一件事写的，容易产生雷同，因此对是否抄袭我们定了一个标准。三审则需要检查引文出处是否正确，就要查所引的那本书。有些引文的书

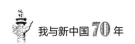

在国外，也不能因此就出趟国。还有的史料在图书馆，由于是真本，看都不让看，有的书已经丢失了。三审还有一个问题，不同的人都在写同一个历史事件，有很多矛盾或重复的地方。同一次战争，有的说是胜仗，有的说是败仗。所以三审的进度比较慢。

在二十四史基础上的继承与创新

编委会一开始就定下了大方针，既要继承前人的传统，又要有我们的创新。二十四史中的《史记》《汉书》早已成为名著。新修清史与二十四史有许多不同的地方。一是将清代置于世界历史发展进程中来比较，并吸收各国清史研究的成果。整体框架也有不同，二十四史是纪传体史书，我们除继承二十四史的纪、传、表、志4种体裁外，又加了一个部分——图录。

《史记》是写在竹简上，竹简是一个窄片，没法画图。古代的图是画在绢帛或墙壁上，但由于绢帛、墙壁不好保存，古代的图画大多没留下来。鸦片战争后，照相术传入中国，因此保留了20万张清朝的历史照片，让读者看到那个时代的"真容"。这个创新不是我们的，而是这个时代的进步所赋予的，时代允许我们创新了。李鸿章什么样子啊，一看照片就全明白了，图比文字更直观形象。图录的目的就是以图证史，以图明史，以图补史。还有很多画，如《康熙南巡图》《乾隆南巡图》《耕织图》等，这样可以形象地再现当时的生活情景。

新修清史的纪、传、表、志4个部分也有许多不同。比如本纪，原来只记皇帝，但我们的纪叫通纪，用来记述整个历史，它的包容量大。通纪是按照通史的写法贯穿历史，这样就吸收了现代史书的优点，可以讲总的趋势，大的规律，相当于全书的纲，可以清晰地看出近清朝300年的兴盛衰亡及历史规律。

第二部分是传记，我们选了3000多人。二十四史里记的都是帝王将相，即使中等以上的官员都立不上传。我们分成正传和类传两类。类传里头都是普通老百姓、知识分子，尽力写好科学家、医生、华侨等人物的传。如清代科学家魏瀚、陈兆翱，都是早期的留法学生，回国后，在福建船政局工作，他们自己动手制造军舰，很了不得。

再比如"样式雷"这样的家族，祖祖辈辈七代人为清朝效力，从康熙以后，设计、建造、修缮了故宫、承德避暑山庄、东陵西陵、颐和园、沈阳故宫等今天的5个世界文化遗产，可以说是世界上最伟大的建筑世家。再比如，乾隆六十大寿时，带领徽班进京给乾隆祝寿的程长庚，以及传统京剧的许多代表人物，等等，都入选人物传。从前这些人都是不能立传的，这也许就是我们创新的地方。

类传史料很少，需要到民间去采访，都是清朝时期士、农、工、商中有名的人物。

第三部分典志是最大的。《宋史》有18个志，清史稿16个志，我们有40个志，为什么这么多呢？因为志是记载社会政治、经济、文化、军事各个方面发展变迁的情形。清代社会面貌大大改变了，向近代社会过渡。比如人口志，4亿人口怎么增加的？分布状况如何？人口增长率何时最快？移民状况如何？等等，都有论述。华侨志，清朝开始有华侨，从东南亚逐渐扩展到欧洲美洲全世界，这个情况都在华侨志中记述了。

第四部分是史表。从前的史表都是记人的。比如军机大臣、大学士多少人。各个衙门如兵部、户部、工部到各省巡抚也都有表。我们创设了事表。比如报刊表，清朝晚期开始产生报刊，如雨后春笋，现在我们已经整理出了晚清1700多种报刊的表，何时创刊，由谁创刊，何时停刊，一目了然。

对于一些历史谜案，在新《清史》里一般会有定论。像光绪死因之谜，许多科学家和法医进行过遗物鉴定，清史编委会也参与了。结果发现光绪遗体和衣服上含有大量砷，就是砒霜，再根据辅助材料相佐证，可以认定他是被毒死的。根据当时的情况来看，没有慈禧太后的允许，没人敢对他下毒手。对于历史人物的评价，还应以史为证。

用世界的眼光看清史

清史研究，必须放在世界范围内来考虑。在全球一体化潮流中，躲着是不行的。

清朝的康雍乾时期是个盛世，当时中国的 GDP 是世界第一，占全世界的32%。鸦片战争后的中国为什么没有进入工业社会，是值得研究的。就像清代那个闭关政策，坑害人哪，当时我们自以为是天朝上国，外国人来见皇帝必须磕头。外国派几百人的使团到中国，轮船要走一年，绕过非洲好望角，结果到了中国，皇帝也不接见。他们带来了当时西方最先进的机器，清朝统治者觉得蛮夷小国的东西能有什么稀罕，不去了解和学习，多么愚昧啊！

要知己知彼，才能百战不殆。鸦片战争开始时，道光皇帝连英国在哪儿都不知道。而英国人早把中国人琢磨透了。他们画了很多地图，在广州已经做了 100 多年的生意。虽然鸦片战争把国门打开了，但是我们的思想一直没有开放，直到同治年间，英国的公使才能见皇帝递国书。这离鸦片战争又过了三十多年。

当时连中国的知识分子也不知道世界是什么情况。恭亲王奕䜣提倡开同文馆，他因此被起外号"鬼子六"。同文馆教授外文、数学、自然科学等，准备录取一批进士，结果报名的没有进士，还被这些进士骂得一塌糊涂。中国这几百年的落后，吃亏就吃亏在闭关自守。

一个国家没有文化的交流，与世隔绝，是不会进步的。现在国家开放了，但从前的教训还是值得我们牢记的。

清朝是中国皇权时代的最后一个也是距离我们最近的朝代，对中国近现代的发展产生了较大影响。当代面临的许多重大问题，如经济建设、改革开放、文化问题、对外交流、人口政策、边疆政策、生态环保、城市发展等，只要追溯到清代都能了解缘由。

比如自康熙到乾隆，中国彻底解决了两千年以来定居社会与西北游牧民族之间的对抗，此种状况是汉唐以来一直无法解决的，其原因何在？清出现的满、汉、蒙、藏、回各个民族间的高度融合在中国历史上也是从未出现过的；清朝时期的传统社会能够养活四亿人口，此又达到了中国历史上的高峰，原因何在？18 世纪的世界，中国与俄罗斯和英国是当时世界上最为强大的三种势力，为什么到了 18 世纪以后，中国反倒落后了？洋务运动是中国现代化的开端，中国社会也在发生变化，士农工商的"士"这部分人分化了，但中国始终没有走上近代化的轨道，研究洋务运动这段历史，可以少走很多弯路。

我们现在的许多边境问题也是清朝遗留下来的。比如钓鱼岛、南海问题、印度麦克马洪线等，跟我们当前密切相关。俄国抢走的中国领土最多，清朝的时候是 1400 万平方公里，大部分都是俄国抢去了。怎么抢走的？记载非常明确。恩格斯曾在一篇文章中说，俄国人可发财了，他们不费吹灰之力，一兵一卒，就抢了一个德国与一个法国加起来的面积。

20 世纪 50 年代，中国和苏联举行首次边界谈判。关于中苏边界，牵扯到很多历史问题，外交部找到我，希望我能收集这方面的资料。苏联代表团的副团长是一位历史学家，带了很多档案过来。实际上，从他们自己带来的俄文资料来看，他们也是在 16 世纪后才进入黑龙江流域的，这都是很晚的事了。16 世纪时满族就已经在黑龙江流域居住生活了。我们以翔实的史料和有力的证据，澄清了历史上一些有争议的问题。中俄两国历史上第一个边界条约，也就是清朝康熙年间中俄签订的《尼布楚条约》，为中方代表提供了有力的历史依据，肯定了黑龙江和乌苏里江流域包括库页岛在内的广大地区都是中国的领土，这里包括 100 多万平方公里的中国领土。俄国撕毁了《尼布楚条约》，侵占了这部分领土。后来，我还写了一本书——《1689 年的中俄尼布楚条约》。

回顾历史，对于掌握今天，了解中国的国情非常重要。我们要建设中国特色社会主义，中国特色是什么？是历史形成的。不懂得历史，就不可能了解中国特色，也不能建设中国特色社会主义。

（吴睿娜　整理）

11

我在故宫一甲子

杜廼松　口述

 口述者简介：

杜廼松，男，1937年6月生，北京市人。无党派人士。文物鉴定家。故宫博物院研究员。1998年9月被聘任为中央文史研究馆馆员。

编者按：

紫禁城西北角的一片安静院落是清朝奉祀城隍的地方，如今是故宫博物院研究室所在地。杜廼松的办公室就在院子的一角，一间10平方米小屋，后窗对着青灰色的宫墙，站在院里可望见西北角楼。

屋里除书柜、书桌外，四处堆满书和资料，没有更多落脚的地方，而这些资料的内容都与金石学、考古学有关。杜廼松在海内外发表了大量学术论文，出版了几十种专著，有的著作获奖，有的论文收入到《世界学术文库》。他的论著建立了青铜文物与金文发展演变的理论体系，并取得金文考释研究等多方面科研成果。杜廼松现任故宫博物院研究员、学术委员，是一位学者型的文物大家。

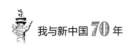

杜廼松是新中国第一代文物考古工作者，他对笔者说："人生如梦，到了耄耋之年'令人发深省'，随意谈点高兴的事吧！"

儿时故宫逮蛐蛐

我是在皇城边儿长大的。

其实故宫不仅包括皇宫，以前这周围都属于皇城（明清皇城南起长安街，北到平安大街，东至南北河沿一线，西达皇城根一线，面积约6.9平方公里）。我家住西单，小时候常去北海。北海和中南海之间有座小桥，我就在那儿钓鱼。桥很低，水很清澈，小白条特多。我用一节小竹竿，弄点蚯蚓穿鱼钩上，往水里一撂，钩一沉，一挑就是一条。鱼钓上来后，放在自制的小桶里。罐头桶两边用铁钉钻俩眼儿，拴个铁丝就是提手。每次都能钓近一桶小鱼。

故宫我也糊里糊涂进去过，转转玩玩就走了，并没有太多概念。

新中国成立后，皇城的不少建筑被一些单位占用了。前几年，故宫博物院把西北郊的故宫北苑收了回来，又收回了大高玄殿，它与紫禁城内钦安殿、玄穹宝殿并称三大皇家道场。工作人员都是第一次进去，觉得很新鲜，而我小时候就去过了。

我那时才八九岁，大高玄殿的门是开着的，没人管，殿外的草有一人多深，我就去里面逮蛐蛐。用纸卷个卷儿，堵住一头，把蛐蛐放进去，再把另一头也堵住。每次能逮十几只。有一次我用的纸太薄，到家一看，蛐蛐把纸咬破都逃走了。

说也奇怪，我家兄妹七个，其他人都喜欢理工，考上的也都是清华、北师大的理工科，唯我从小喜欢文学历史。父母是 20 世纪 20 年代的大学生，我从小就喜欢背诗，听母亲讲岳飞、苏武牧羊的故事。家里的古书："四书""五经"、前四史、先秦诸子及宋金石学之类我都喜欢看。

高中时，我逐渐萌生了从事考古工作的想法，觉得这一专业很神秘，许多都要探索。为了这个梦想，专心学习。1957 年，我考上了北京大学历史系。

燕园请教翦伯赞

那时我是个毛头小子，对怎样学好历史，我就想去请教历史系主任翦伯赞先生。一天下午，我就去翦先生家敲门了。

开门的大概是他的助手，我自报姓名。助手把我引进屋子，房间里都是书架，翦先生已经坐在那儿了。他让我坐旁边，问我有什么事？

我简单自我介绍后问："中国史应该怎么学呢？"他告诉我应该怎么学。我又问："有些中国史比如古代史、革命史，高中阶段我已自学，是否就可以不用学了，选别的课？"

他说："只要这个系开的课程，都是重要的。你越学就越觉得深刻，应该很好地学，不能走捷径。每门课都要学好，认真打好基础。"先生的话对我影响很大，我一直铭记在心。

我喜欢考古，因为这个专业很神秘，很有趣。20 世纪 50 年代，我们去洛阳王湾遗址考古发掘最难忘怀。发掘要求很严格，一人负责

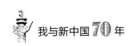
一个探方挖。我那个探方很有意思，上面的土都是熟土，要用探铲探，探到 10 米深，挖到了生土，找到墓了。

我指挥当地村民帮助把土运出去，最后发现人的骨架，还有陶器，一件玉圭。玉圭是古代贵族在朝聘、祭祀和丧葬所用的礼器。根据随葬品情况，确定是西周墓葬。玉器代表着等级，随葬玉器形体不是太大，说明墓主人是贵族，但级别不高。墓主人还缺了一条腿。文献中说有五刑，等于受了刖刑，把脚给剁了。

当时我们还挖掘到新石器时代的墓葬，是原始氏族墓地，距今起码四五千年。按照考古规范，拿皮尺量身长，区别性别把发现的人骨架放在竹筐里，写好是哪个探方的，编号。白天挖，晚上吃完饭还要写报告。我们就住在老乡的窑洞里，盛骨头的竹筐就放在自己床下，还得保护它。当时也不害怕，都当作宝贝。

尽览故宫藏品

北大毕业后，我被分配到故宫工作，从学校带着行李就住到了集体宿舍，就在故宫里，离东华门很近，那儿叫"十三排"。

刚到故宫那段时间，我走遍了故宫开放的各个展室和角落。在号称 9000 余间房屋的这座"大院"里，我尽可能地记下了许多殿名、宫名、斋名和门名。

一天，当时主管业务的副院长唐兰先生找我谈话，他说："你今后的任务是研究古文字和青铜器。有这个大方向，不要急于求成，要扎扎实实、一步一个脚印向这方面努力。"唐兰先生对古文字研究和西周青铜器断代的研究造诣极深，建立了西周青铜器的断代体系。

我是幸运的，自从学考古专业，就对金石学很喜爱。20 世纪 60 年代初，我曾陪同唐兰先生去北大讲课，他讲的古文字课让我受益匪浅。70 年代我陪先生去鉴定陕西扶风出土的墙盘 108 件铜器，开阔了视野。

故宫的藏品浩如烟海，青铜器、瓷器、书画、玉器、漆木器……上至史前，下至明清，历代文物精品数不胜数。对于文物工作者来说，接触实物资料是十分重要的。许多只可意会不可言传的经验只有亲眼看过、亲手摸过方能获得。

故宫所藏的青铜器有一万多件，古铜镜五千多件。一开始都放得乱七八糟，灰土连天，无次序。我跟王人聪先生参考各方面文物资料，把藏品按年代早晚序列一件件排出来形成一个科学完整的体系。

为了做好工作，我读了大量先秦古籍和两汉书，以及古今金石学著作，尤其是十三经和先秦诸子等书。故宫图书馆有很多宫里的藏书，不少是孤本、善本，外面很难看到。

最惬意的是中午的时光。午饭后我也不睡觉，拿一本线装书，在乾隆花园附近的长廊找一处安静所在，把鞋一脱，脚放在坐板上，那会儿人们都穿着一种叫"穷人美"的塑料鞋。花园非常安静，我能看一中午书。

而到了晚上，整个皇宫漆黑一片，大半夜出入真是瘆得慌。故宫里特别注重防火防盗，所以经常组织预演。经常半夜睡得正香，警报就响了，也不事先通知。要求都得起床，晚上黑乎乎的，都得跑，都得走，都得看，其实全是预演。次数多了，就跟周幽王宠褒似的，"烽火戏诸侯"大家也习惯了。

20世纪60年代初，故宫的工作人员并不多。我们既是业务干部也是劳动力，经常集体到库房、城墙上去拔草。草里还常见黄鼠狼、蛇这类动物。三大殿殿门，一个人根本推不动。窗户叫"牖"，也都拿不动。有的殿久无人进，一推门，一群群蝙蝠全飞起来，地下都是粪便。蝎子、壁虎、土鳖就更常见了。记得有次去大戏台畅音阁搬东西，当时我和另一位先生在一层戏台上，突然从二层掉下一块很大的木板，就掉在身边，把我们吓了一跳。

三年困难时期，故宫里有很多空旷的地方，职工就开荒种白薯。收获的时候，一盆一盆地分。如果我出差了，同事们还将分给我的送到母亲家。

宫里有不少古井，院里曾组织过有实验目的性地挖掘，居然从井里挖出很多金银财宝。一种可能是打水时掉的，更多有可能是过去宫里人偷盗后，没地方销赃，扔进去的。

中国是个历史悠久的国家，地下埋藏着很多宝贝。以前常有地方上的农民耕地，挖出一些器物捐献给故宫。曾有个陕西农民，挖出一面铜镜。他从西安坐火车到北京，住旅馆，还得吃饭，最后故宫给50块钱奖励。我曾建议有关方面，可以多给捐赠者一点，以资鼓励。

在故宫里结婚

我的爱人从北京师范大学数学系毕业后，被分配到天津教学。我俩只能在寒暑假见面。1965年她暑假回来，我们准备结婚。业务部门的领导和同事知道后，热心张罗，还帮我凑份子钱，一般每人给五毛一块，给两块是高的，当时也是不容易的。

我们举办婚礼的地点，被安排在了靠近神武门的西大坊大殿，挺大的地方，院领导也参加了。副院长唐兰先生是我们的证婚人。他在婚礼上说，祝贺我们这对新人成婚，永远幸福安康。

大家你一言我一语，向我们表示祝福，开开新人玩笑。然后，大家切了几个大西瓜，一起吃着西瓜和喜糖，热热闹闹、简洁朴素地把婚礼办了。据我所知，能在故宫办婚礼的，这么多年来也就是我们这一对，真的非常幸运。

结婚后，我也从故宫里搬了出来。当时有位老专家在小石桥 11 号家属院腾出一间最好的房，带阳台的。一个单元里只有一间带阳台，我们感到非常幸福，非常感谢。

至今，我们仍住在小石桥 11 号院。

故宫的一些老先生都对我很好。著名绘画和鉴定专家徐邦达和我是邻居，楼上楼下，没事我就去他家看望他，聊聊天，看他写字作画。他年岁大了，一般不怎么出来了，会让我下班帮他在鼓楼药房买包葡萄糖。我有孩子后，丈母娘来看孩子，徐老说："小杜，你别买床了，我这儿有富余的，你抬走先用。"非常关心我。

鉴定"马踏飞燕"为国宝

记得 20 世纪六七十年代，故宫门票才 1 毛钱，依然是冷冷清清，鲜有人来参观。

真正人多起来是在改革开放以后。特别是 90 年代以后，来故宫的人实在太多了，有时必须限流，全世界的人都想来看。故宫里不仅游客多了，野猫也多了。那些年拆迁，人搬走了，猫没带走，眼看着很多猫顺着东华门洞跑进故宫，转眼就不见了。它们也饿不着，故宫的房檐窟窿里有好多鸟窝。只是，野猫多了，宫里的鸟窝渐渐地少了。

如今，这御花园里全是人，已经找不到僻静所在，整个环境氛围都不一样了。

我曾负责或参与故宫或国家的多项陈列展览，如"故宫青铜器馆""历代艺术馆""各省市自治区流散文物展""临淄出土文物展""中山国文物展"，等等。1990年和1992年，国家文物局举办"中国出土文物精华展"，我做了许多各类参展文物的鉴选工作，都圆满地完成了任务，并多次为中外国家领导人介绍展品，也给大学生、工人讲解。常是晚上开夜场，虽也辛苦些，但心里还是惬意的。我还受国家委派，赴美国、法国等参加展览工作和文物鉴定工作。

为了加强全国文物的管理和保护，从1992年起，国家文物局组织全国知名的各类文物专家学者，赴全国各地对馆藏文物按照国家标准统一定级。我负责青铜器方面的鉴定工作，包括对青铜器本身和铭文的真伪、时代和定级的审定。

甘肃武威1969年出土的东汉"马踏飞燕"，虽然当时都认为是不可多得的文物珍品，但一直没有定级鉴定。1996年，我作为文物鉴定组专家来到兰州。现场有很多地方领导，还有博物馆的同志。我分析了它的科学价值、艺术价值、稀有价值等，最后下结论——这就是国宝。大家高兴地热烈鼓掌，十分激动。

真假不可混淆，级别也要准确。能鉴定为国宝很难，尽管有的博物馆希望藏品中能多出几件"国宝级"或"一级品"，但我始终坚持原则，实事求是。

但有时候说真话是要得罪人的。我曾到湖北某地，当地博物馆领导亲自把宝贝送过来，兴高采烈地说这是镇馆之宝，但我看了以后，确认它是明朝伪作。馆长立刻就不高兴了，我从器物造型、装饰、铸造等方面，认真耐心地解释和讲解，终于使他心服口服。

在近 10 年的全国文物鉴定工作中，我走遍了祖国的大江南北，对各省区市的博物馆、考古所、文物商店和大学所藏的青铜器与铭文逐件进行品评、定级。看了几万件传世或出土的铜器，不但定了许多国宝级铜器，同时也发现了以往从未报道过的一些重要藏品，还看了许多赝品。此外，还发现一些所谓的传世具铭铜器，或有现代学者对其进行过研究考证，但再次鉴定后，这些铜器铭文竟完全是伪作。因而我得到一个启示：在研究某一篇铭文时，一定要辨其真伪，否则会出笑话，贻害无穷。

香港卫视中文台著名主持人曾子墨曾在北京大学"世纪大讲堂"上问我："你鉴定了全国文物太多了，就没有一件看走眼的？"我说："我只能尽我最大的努力。"

在各地鉴定青铜器的过程中，经常会遇到所在的文博单位组织专业人员旁听。我在论证每件器物时，都会毫无保留地将自己的知识和"诀窍"传授给他们。不像以前师傅对徒弟都"留一手"，我希望他们能学到手。几十年来，我到北大、清华、北师大、南开、人大、民族大学和全国文物考古培训班讲课，赴美、法、日、韩等国和中国香港、台湾等地区进行文化学术交流并发表演讲。如今可说是"桃李满天下"。

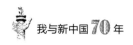

文物鉴定需要多方面知识

1992年，我应邀为香港中文大学文物馆鉴定该馆收藏的"兮甲盘"。

兮甲盘是著名的传世之宝，属西周晚期的青铜器，盘内刻有长篇铭文共133字，具有极高的学术价值。兮甲是人名，他是西周的将领，地位很高。在《诗经》等文献中都有他的名字。经研究，就是《诗经》中《大雅》《小雅》的尹吉甫。当实物资料和考古资料能对应上时，这个器物就价值连城了。兮甲盘出土后，到元朝时被书法家鲜于枢收藏，后来不知何时流失，下落不明。

香港中文大学文物馆收藏的青铜器盘我最终断定为"真器伪字"。这个器物是一件真的西周铜盘，上面有西周后期的环带文，但并不是真的"兮甲盘"。我在铭文上发现了破绽，用的是一种腐蚀法，用硝酸或三氯化铁，按照字形一个笔道一个笔道腐蚀。这种造假方式在民国时期就出现过，但腐蚀法不好做，有时掌握不好，浇汁的时候笔道没出来，那就是空笔；有时候过度浇汁了，笔画就很臃肿、很粗，走形走样。

真的"兮甲盘"流落何方无人知晓。2017年，西泠印社春拍，出现了一个"兮甲盘"，据知，有人鉴定为"真盘真字"，拍出2.1亿元人民币的天价。对于"兮甲盘"的再次出现，大家都十分关注。

我们这行需要学的东西特别多，历史学、考古学、古文字学、文献学、器型学、类型学、美学、艺术学、冶金学，还要懂点物理、化学，等等。

从宋朝就开始出现大规模仿造、伪造文物牟取暴利的现象，但模仿总会有破绽。

我曾经看过一个现代铜器作坊。做好的都放在柜架上，屋子里的味儿太刺鼻，呛得没法待。有的老古董商把铜器拿起来闻，看看有没有硫酸硝酸的味儿。有一次，我的同事拿来一件山西的铜器。老远一看，造型真好，像是真的。可拿到面前发现，锈都是刚抹上去的。造假的人太着急了，还没等它干就拿出来卖了。

鉴定铜器有句行话："先看形，再看花，拿到手里看底下，紧睁眼，慢开口，铭文要细察，铜质是关卡。"东西是真是假，必须经我亲自摩挲、亲自看后才能确定。"看着像真的、看着像假的"这种话我绝对不说，我总说"根据什么是真的、根据什么是假的"。

偷坟盗墓的也不算少数。记得20世纪五六十年代，洛阳博物馆名誉馆长蒋若是也是个著名考古学家，他跟我说，洛阳周边建起好多二层小楼，据调查，不少都是靠偷坟盗墓发财的。文物就损失在他们手里，保护文物很不容易。

2003年"非典"最严重的时候，我被国家文物局派往安徽合肥，急需鉴定缴没的500余件青铜器。当时飞机上只有几个人，大家都担心感染"非典"。盗墓贼已被公安抓住，需要给他们的罪定性，盗的东西价值如何。经我鉴定，这批青铜器中不少都有重要文物价值，属于青铜器珍品。

为司母戊鼎断代正名

1980年，我在《文史哲》发表论文，将司母戊鼎的年代从殷墟晚期提前到了殷墟早期。我受到1976年安阳殷墟妇好墓出土的"司母辛"铜器与铭文的启发，从大鼎的铸造、形制、装饰到铭文内容和书体，全方位地研究并将它与司母辛鼎进行比较和论证，确定"母戊"为武丁配偶，商王祖庚、祖甲之母。这一结论将大鼎的铸造时间提前了几个王世。这在冶金史上是重要的。这一观点已得到学术界普遍认同。

近年来，围绕司母戊鼎的名字却又风波再起。有学者提出，"司"字应改为"后"，否定了从前郭沫若、范文澜、翦伯赞先生把"司"研究和审定为"祭祀"的说法，认为"后"字其意义相当于"伟大、了不起、受人尊敬"，与"皇天后土"中的"后"同义。改为"后母戊"，意思相当于：将此鼎献给"敬爱的母亲戊"。

2011年3月底，收藏司母戊鼎的博物馆新馆开馆，司母戊鼎亮相时标牌已赫然显示"后母戊鼎"。但中国文字博物馆和社会上的一些出版物对它的释名仍为"司母戊鼎"。

我决心要把这一个字的事情弄清楚。通过翻阅古籍，研究祭祀礼俗，反复对比各时代的古文字，终于找到"司"字令人信服的证据。2016年，我写了一篇论文进行论证，发表在《中国文物报》上。

许慎在《说文解字》中将"后"字与"司"字分别列出，两个字既非转注字也不可假借。不少资料证明，早期甲骨文、金文中"后"字一般写作"毓"，其意多指先公先王，并没有"王后"的意思。"后"字的写法，要到春秋战国时才出现，离司母戊鼎的时代相差近千年。大鼎称"司母戊鼎"是恰当的。完成对古鼎名称的考证，也算完成了自己的心愿。

（吴睿娜　整理）

12

"我教心理学七十年"

张厚粲　口述

 口述者简介：

张厚粲，女，河北南皮人，民盟成员，1927 年生，北京师范大学心理系教授。1988 年 12 月被聘任为国务院参事。2005 年 12 月聘期届满离任。

 编者按：

张厚粲出生于民国时期的书香世家。祖父张之洞是晚清名臣、洋务派代表人物，其"中学为体，西学为用"的教育思想，对中国教育发展影响深远。而这位昔日的名门闺秀，已成为中国心理学学科的旗帜性人物。如今她依旧站在北师大的讲台上，教心理学有近 70 年了；她依旧活跃在国际心理学的舞台，推动中国心理学走向世界。

年过耄耋的张厚粲，思维敏捷，记忆清晰，谈笑间处处闪现出她的机敏幽默和豪放侠气。她经历了中国心理学的从无到有和坎坷曲折，她的风雨人生也伴随着这个"冷门"起起伏伏。改革开放 40 多

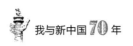

年来，国家发展繁荣，也让心理学得以正名重张，发展壮大。

历史似乎在冥冥之中早有安排。1842年，她的曾祖父张锳曾在贵州兴义建立了清代的中国考试院，坚持十几年为读书人"添灯油劝学"，培养出一批人才。1905年，她的祖父张之洞上书痛陈科举危害，终使清廷下令废除科举。1978年恢复高考后，张厚粲提出对考试进行改革，随之成立的国家教委考试中心，将延续了千年的主观问答题型逐渐变为选择题、是非题等客观题，高考开始以标准化、科学化为目标进行改革，推动了国家教育改革的进程。

受到严格家教的童年

我的父亲生于1900年，是爷爷张之洞最小的儿子，在张家大排行中列十三。母亲是前清礼部尚书的女儿。爷爷去世的时候，父亲才9岁，所以我对张之洞的了解和你们一样，也是从书里得到的。

父亲是念古书出来的，除翻阅古籍外，业余喜欢研究金石学。记得我家大客厅墙壁上，都被挖成一个一个的小龛，这儿搁一个瓦片，那儿搁块石头，还有的放个小泥人。西厢房后面连着6间全是书库，有一位老先生，我们叫他李大爷，整日坐在那里整理书，从不与人交流。

我生于1927年，家中排行老三。上面两个姐姐，下面两个弟弟。由于父亲常年在外，两个弟弟在九大爷家里长大，家里就是我们三姐妹的"天下"。

4岁时，父亲从河北宝坻县请来了一位本家亲戚，四十多岁，进门就管我叫三姑，我管他叫二爸，从此他就担任起管家事务。我们三姐妹从小就是在佣人和家庭教师的包围下长大。

我受到相当严格的家庭教育。父亲专门请了一位老进士教"四书""五经"，还规定每天写一篇大字、三行小字。父亲两个月回来一趟检查作业。家中还请了数学老师、英文老师、声乐老师、国术老师等，另有一位陈老师是所有老师的总管，相当于教务长。声乐老师教我们弹钢琴，我姐学得好，我一本乐谱还没弹完就主动停学了。我也不喜欢唱歌，但我特别喜欢运动，喜欢和国术老师学打拳、练剑，登高爬树是强项、日后学驾车驭马，那都不是事儿。

5岁那年，我和二姐一道进入北师大二附小读书，我成了班里年龄最小的学生。我和二姐始终在一个班，期末考试总是她第一我第三，中间隔一个男生，现在想想可能是老师故意的。中学时，我们考入贝满女中，个别差异开始显现，我太能闹，不怎么读书，功课却仍不差。国文课上作文要求最少写500字，因我不喜欢风花雪月类的文艺描述，就不爱用那些形容词，每次都是文言的论述只500个字。数学课讲得太啰唆、重复，我不常做作业，数学作业时常被记零分，考试却都是100分。日语课上同学们跟老师捣乱，大都是由我带头去干。不服管的性格从小养成，谁爱说什么说什么。一切全都靠自己，独立性特强。

我们最初是骑车上学，因离家较远，父亲不在时就坐家里的汽车上学。高中时，父亲回京用车多了，我们就改乘家里两辆专用的洋车。车被装饰得非常漂亮，两个车夫穿着统一服装，白上衣黑裤子扎着腿，白袜子黑布鞋，头上裹着白毛巾。我和二姐穿着整洁，一前一后，跑在灯市口大街上，相当神气，几乎成了那一带的"名学生"。

我从小学五年级开始学英文，六年级增加日文学习。中学6年，是英文和日文一起学。有一年暑期，我到法国学校补习英文，教一小时英文、半小时法文，所以连法语也一起学了。在辅仁大学修的第二外语是德语，新中国成立后又自学了一点俄语，虽然后三种都学得不多，现在也差不多忘了，但这让我不怕和外国人交流，到哪儿都不怵。

中国心理学的曲折命运

我觉得自己从小就是"异类"，可怎么就没人知道我要什么，没人因我这块材料来施教啊？我相信这样的人一定很多，好，我就自己摸索吧！因此，从初中时我就认定要学心理学了。那个年代，心理学在中国实为"冷得不能再冷"的小学科。

我原来考到上海震旦大学，一年后因上海遭到轰炸回京，插班考入辅仁大学心理系。系主任戈尔茨教授是德国莱比锡大学的心理学博士，他也是个神父。心理学成为一门独立科学是1879年从莱比锡大学的生理学兼心理学家冯特开始的。他建立了世界上第一个心理学实验室，用实验方法研究各种感知觉的产生与活动规律，他认为这些是构成心理的基本元素，这类研究日后被称为"元素主义心理学"。

当时的辅仁大学聚集了国内心理学界不少名师，如王征葵、林传鼎等人。他们共同建立了当时世界上一流的实验室，心理学系十分重视统计、测量、实验等核心基本能力的训练。同时很重视学生语言技能的培训，把英文、德文列为必修课程，要求学生阅读心理学原著。

1948年，21岁的我大学毕业了。同我一个班毕业的一共有3个学生。戈尔茨教授让我留校任教。1952年院系调整，由于北京师范大学没有心理学系，辅仁大学心理学系被并入了北师大教育系。而从那时起，心理学就被误认为是"唯心主义"，成为被批判的对象。

苏联专家来北师大讲心理学，听课者中很多是来自全国各地的心理学教授。第一期，我连听课的资格都没有。第二期换了一个年轻的"专家"，是列宁师范学院的在读博士生，这回我有资格听课了。他讲的叫苏联心理学，搞笑的是，他把书里的心理学家名字都改成了苏联名字，男的都改叫"某某斯基"，女的都改叫"某某娃"。

有一次他讲得不对，我当场把他问住了，其实多数人都知道他说的不对，我说的对，但谁也不言声。下课后，书记把我叫过去，不让我今后上课再提问。这个博士生没教一年也走了。

1958年，全国开始对心理学大批判，说心理学是完全资产阶级的思想。当时，我和学生正在京郊房山搞教育实验区，忽然就调我们回来，一进校门就看到批判心理学的大字报，而我莫名其妙地正等着挨批。

学生也被动员起来批老师，我是被批判的重点。我本性格开朗，加上因祖父和父亲的关系自知出身不好，一般对各种批判言辞是不予理睬的，我能照常吃、睡，身体好，没有病倒。但在强加给我的所有罪状中，让我最不服也最气愤的一条就是批我的课讲得最好，因此我讲心理学放的毒最多，使学生中毒最深，我罪过最大。难道老师不该把课讲好吗？事后我被下放劳动改造，烧过砖、耕过地、做过电机厂女工，地窖里搬运过冬储白菜。

各种考验过后，心理学教学被承认并得到恢复。1960年，北师大设立心理学专业，招收学生。谁料刚准备迎接更大的发展，1966年"文革"开始了，心理学被打成了伪科学，人员、设备损失惨重。

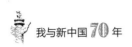

改革开放让心理学逐渐恢复

直到 1978 年改革开放，心理学在中国才逐渐恢复。一晃，我已经 51 岁了。

恢复和发展心理学最好的日子到了！全国高考是从 1977 年开始，而心理学是从 78 级开始招生的，原因是没老师教。全国心理学师资力量极度匮乏，特别是难度大、科学性强的实验心理学更是无人开设。老前辈陈立教授首先组织了全国性的实验心理学师资培训班，由我与几位心理学教授主讲。我又在武汉办了全国性的心理统计与测量班，培养了一批心理统计和测量学老师，这些受训的老师在全国各地成为心理学骨干。如今，中国高校心理学系已由 20 世纪 80 年代刚恢复时的 5 个系发展到现在的 300 多个系。

当时，面对学校师资极度缺乏的现状，我一个人讲授了普通心理学、实验心理学、统计与测量、教育心理学等多门基础课程，从一年级教到三年级。

心理学研究人的一般心理活动规律，但了解了共同规律，还要知道人有个体差异。我的主要研究领域是实验心理学、人类认知及心理和教育测量。而心理测量曾经是中国心理学被批判的重点。

我希望把心理测量这一分支恢复起来。1979 年年底，在庆祝心理学恢复的全国第三届心理学术年会的会场上，我贴出了倡议书，呼吁承认心理测量的重要地位。

不是要"因材施教"吗？每个人都是不一样的。关键在于怎么区分这个差异。测量就是测测人有什么区别，关注个别差异。人的智能测量比较量化，区分性强，把等级划分出来，当时讲数量化就是科学化了。其实人的差异并不只是这一个维度。说孩子聪明，智商都120的两个人一样吗？聪明的领域也不一样。测量的目的，不是测一测你聪明我笨就完了，而是找出优缺点，扬长补短，给予培训教育。所以量表的解释是最重要的。关键看你怎么解释数据和结果。按照教育学的原理，说这个孩子特聪明，老师总照顾，其实可能他原来并非好学生，最后发展得可能很好。所以成人对孩子的态度是很重要的。

呼吁之后，我开始在北师大主讲"心理统计学"，编写了中国最早的《心理与教育统计学》教材，并主持与协助一个外籍教师讲"心理测量"课程。研究应用心理统计和心理测验的理论，主持了《韦氏儿童智力量表》《瑞文标准推理测验》的修订和《中国儿童发展量表》《高中学生升学与就业指导测验》的编制等工作，这些量表为中国儿童早期教育、职业培训和中等学校的学生发展提供了客观评价的基础工具。

1984年成立了中国心理测量专业委员会。又在中国教育学会下成立了"教育统计与教育测量学分会"。心理和教育的测量学理论与应用终于在中国教育界扎下了根。

出一道像样的题，绝不是一拍脑门就成的事。比如《韦氏儿童智力量表》第四版（中文版）修订时先选取1833名儿童初测，再根据数据逐题分析，单修改题目就用去了两年时间。之后，再次全国实测，修改题目……最终测试人数达2237人，整个工作耗时6年。这个量表终于成为各种特殊学校及医疗机构、心理咨询和治疗机构等的必备工具。

现在的市场什么都做，只要是出两个题就叫问卷了。其实不懂的人根本不知道，好多题都有暗示性，根本测不出真实水平。现在智能理论有了发展，智能的概念已不是仅包括言语和数理方面的智力高低了。比如多元智能认为人的智能有 8 种，不能只从一个方面的智力测量看结果。另外，外国拿来的测验，根本不应该也不适于直接应用。很多是中国没开放时没买外国版权自己弄来的，那个常模早已过时了。现在社会发展这么快，孩子生长的环境变了，接触的信息大量增长，拿许多年前的常模来比较，是不具科学性的。

运用心理测量理论推动高考改革

我非常希望能将心理测量理论运用到实践中，我当时教统计课时，必须要有数据。1978 年恢复高考，传递出国家重视人才、尊重知识的信号，这是多大的喜事啊！我就希望能拿到高考的数据进行分析，看看这份试卷是否能够做到公平公正地选拔人才。

我先派一个学生到教育部去要高考数据，向他们解释我们的初衷，但教育部并没有把数据给我。

其实，教育部也在琢磨改革的方法。1981 年，他们邀请了美国教育考试服务中心（ETS）作教育测量报告。我从学校科研处要到 6 张票，作报告的那天下午正好我有课，我就挑了几个能干的学生去听，让他们把问题记下来。学生回来对我说，参加报告会的都是全国考办主任，没有提问题的。休息的时候，学生把问题写在纸条上递了上去，但并未得到当场解答。

我以为这事儿就这么过去了。谁知道过了一个礼拜，系里找我说，ETS 的人对我们提的问题很感兴趣，希望能上门交流。

就这样，教育部高教司司长带着美国人来了，他们坐在大长桌的一边，我带着七八个学生坐在长桌另一边。经过充分准备，我的一个学生先用英语做开场白，然后每人都用英语提一个问题。学生和美国人可自如交流，我也不言声，只是当有较难的问题时，我恐怕学生听不懂，就帮助解释几句。专门陪同来的翻译因不懂专业词汇，也就坐在那儿不说话了。

交流会后，美国人赞不绝口，教育部高教司司长对我们刮目相看，说你们这里的学生真厉害，毕业时给我几个吧。我们在全国转了几个学校，你们是非英语系的，能说成这样，真是给国家争光。

从那以后，我们得到了教育部的认可，也拿到了历年来全部的高考数据。但分析过后，全国海量数据的统计结果让人揪心。

单看区分度，每年都有一些题目必须淘汰。更严重的是，大部分试题信度（可靠性）很低，效度（有效性）竟然出现了负值。

影响高考质量的原因主要有二：一是出题随意性太强，延续了千年的问答题型仍在大面积沿用，有些文科试卷只有四大道论述题平分天下；二是评卷完全靠人工，主观差异惊人。拿语文来说，同一张答卷，5个地区打分能差出32分来，甚至数学也能相差15分。

随后，高教司分出来一部分人成立了考试中心，与我们合作，以标准化、科学化为目标的高考改革开始了。

我们参加了国家"八五""九五""十五"有关教育考试的多个重大课题。1985年，联合完成的"普通高校招生考试标准化广东试验区试验"获得教育部全国首届教育科学优秀成果一等奖。

短短数年间，选择题、是非题等客观题大量出现在卷面上，机器阅卷逐渐铺开，有效地提高了考试质量。我们连续几年培训了大批考

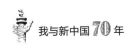

试管理干部，将高考的科学化和标准化落实到各级执行层面，提高了高考的公平性。

心理测量学理论相继应用于高等教育自学考试以及国家人事部、劳动和社会保障部主持的各种职业任职资格考试、国家卫生考试、中国汉语水平考试、企事业单位的选人用人测试中。20 世纪 80 年代末，我还参与并指导了国家公务员录用考试的设计与命题。

中国心理学走进国际舞台

中国心理学从 20 世纪 50 年代开始就与国际失去了对话，改革开放后，一批国内的心理学学者竭尽全力促使中国心理学尽早进入国际领域。

前面说到，我最不怵的就是和外国人打交道。1981 年，我初次到美国访学，访问了匹兹堡大学、宾夕法尼亚大学、密歇根大学等，与一些著名心理学家建立了学术合作关系。此后访问了全球 20 多个国家，加强与国际心理学同行和机构交往。我还曾培养了两个来自赞比亚和巴基斯坦的外国留学生。

一年后回国，我在北师大开了一门新课叫认知心理学，将这个已在国外发挥作用近 20 年、影响心理科学发展进入新阶段的先进学科引入中国，特别是依据认知的信息加工理论开始了汉字认知的研究。考虑到中国特色，从那时起我带领学生连续开展和推动了"汉字识别""中文阅读理解""认知方式""PDP 模型（并行分布模型）"等方面的实验研究，目前，中国学者的汉字研究成果已被国际公认，在世界上处于领先地位。

1983 年，诺贝尔经济学奖获得者、人工智能创始人之一、美国著名心理学家司马贺（Herbert A. Simon，又名赫伯特·西蒙）来华讲学，他在北大举办了 3 个月的"中国认知科学讲习班"，由荆其诚教授和我做口译。这个班的学员来自中科院、中国各大院校的心理学、计算机科学、人工智能、神经科学等学科骨干人才。这次培训不仅培养了中国认知心理学和人工智能的第一批人才，还开辟了中国认知科学与人工智能等新领域。一年多以后，我们将他的口述材料加以整理，出版了《人类的认知：思维的信息加工理论》一书，这也是当时国内第一本介绍国际认知科学最新前沿的科学著作，更拉近了中国与国际前沿领域的距离。

中国心理学会加入国际心理科学联合会（简称"国际心联"）是在 1984 年。我当时作为中国代表之一随荆其诚一起赴墨西哥，参加国际心联四年一次的大会。会上荆教授当选为国际心联的执委，自此，我国学者在该组织中待了二十余年，至今就没出来过。我在1996 年当选为执委，4 年后当选副主席。从荆其诚先生、到我、再到张侃，中国学者已经当了 3 届国际心联副主席，目前还有张建新在做执委。中国参加国际性学术活动的人数从无到有，不断增加。

记得 1992 年我率团参加在澳大利亚举行的国际心理学大会时，中国代表团仅十几人，到 2016 在日本举行的第三十一届国际心理学大会时，中国出席人数超 800 人，多数成员为中国各高校的教师与研究生。这些都表明了中国心理学的飞速发展，心理学整体实力与学术地位的显著提升。

（吴睿娜　撰写）

13

"外交小院"里的爱情故事

叶念伦　口述

 编者按：

　　托尔斯泰曾说：幸福的家庭都是相似的。然而，著名作家、翻译家叶君健和北京文史馆馆员苑茵却组成了一个非常特别的"幸福家庭"。

　　在北京北海的东北边，有一条南北走向的较宽阔的胡同，就在紫禁城的后面。它在清初名为内官监胡同。介绍该胡同的文章都要提及在里面曾经住过的两位留过洋的人，一位是明朝七下西洋的三宝太监郑和；另一位就是多次走遍五大洲的叶君健。1911 年后该胡同根据谐音定名为"恭俭胡同"。

　　叶君健和苑茵就曾住在恭俭胡同的北头。20 世纪七八十年代，小院就常有外宾出入，还有不少是慕名拜访，久而久之，这里被外人誉为"外交小院"。

　　与胡同的喧嚣相反，院内则是一处闹中取静的世外桃源。院东边是葡萄架，西边是比人还要高的月季花丛。可以想象，当春天到来时，这里将是怎样的一番生机盎然。

笔者如约见到了叶君健的三儿子叶念伦。如今，小院已是叶君健和苑茵的第二代、第三代后人住在里面。进入腊月，窗户上已经贴上了火红的窗花。正屋的陈设还是叶君健和苑茵生前的样子。书柜里摆放着丹麦文、中文和英文版的《安徒生童话》的全集和他们夫妇二人写的书。应我提出的问题，叶念伦就他父母的故事向我娓娓道来。

国难中相识

人的命运真的很神奇。我的父母，一个出生在东北，一个出生在湖北，原本没有人生交集的两个人，是那个战乱动荡的年代，将他俩的命运系到了一起。

他们相识在雾都重庆。母亲是一名东北流亡学生。九·一八事变后，她告别了我的姥姥和大姨，辗转流亡到重庆。渐渐和家中失去了联系。母亲在东北流亡学生救济总署的资助下考入了战时迁至此地的复旦大学，并成为共产党地下党的一员。

父亲生于湖北省红安县，那是有名的将军县，产生了董必武和李先念两位革命先辈和二百多位红军的将领。父亲被家乡人称为"将军县里唯一的文将军"。

我爷爷家特别穷，其身体也不好，种不了地，家里一亩地也没有，完全赤贫。尽管家里很穷，但父亲通过自己的努力，勤工俭学，虽然 14 岁才高小毕业，通过同等学力的考试跳级，19 岁就考入了武汉大学。他毕业没两年，日军攻占武汉。

父亲热情支持抗战，思想"左"倾，积极支持共产党。他在第三厅（武汉国民党政府军事委员会政治部第三厅）工作，第三厅表面上是国共合作的文艺团体，厅长是郭沫若，实际上是受周恩来领导。当时，父亲发挥其外语特长，接待了很多支持中国革命的外国友人，如白求恩、斯诺、艾格尼丝·史沫特莱、安娜·路易斯·斯特朗等，把他们送到共产党的各根据地去采访。武汉被日寇占领后，父亲流亡到香港。他虽不是共产党员，但却是共产党绝对信任的人。宋庆龄在香港转交给他毛泽东在延安写的《论持久战》和《新阶段》等抗日著作，由他首次翻译成英文对国外出版宣传。

25 岁那年，他来到重庆。在香港已小有名气的他，被重庆大学、中央大学、复旦大学聘为教授。

我的母亲年轻时非常漂亮。在认识我父亲之前，有很多达官贵族家的子弟追求她。但她选择对象的标准是思想一致，决不要富家权贵的公子哥儿。

母亲毕业的头一年，正巧父亲到复旦大学外文系教课。以前，母亲就知道他是一个进步作家，并读过他的作品。同时从进步同学那里得知，他用"马耳"的笔名为莫斯科的《苏联文学》写文章，介绍中国的抗战文学和进步作家。母亲听了他两堂课，便和他认识了，觉得他们的思想和趣味很接近。

母亲的导师马宗融教授就像家长一样照顾她。学生食堂吃的伙食，几乎都是发了霉的糙米和白水煮青菜。马教授经常把母亲叫到家里吃饭。同时，他也关心母亲的"终身大事"。我的父亲和马教授又是朋友，因此，他俩经常在马家见面，彼此都产生了好感。

最后打动我母亲芳心的是父亲买的一碗担担面。一天，我父亲说要请我母亲吃午饭，把她带到了一个小面馆里要了两碗担担面和两小碟花生米,这是当时重庆最便宜的吃食,旁边的食客全是抬滑竿的苦力。母亲怕辣没动筷子,父亲几口就把自己的担担面吃了个精光,说:"现在国难当头,一切都困难,我们不要浪费。你不吃,我就帮你吃了吧。"然后就把母亲那碗面和花生米拿过去一扫而光。

在其他女孩眼中,这种请女友吃饭的方式可能会当场失败,但我母亲恰恰是看到了父亲的朴实和他流露出的真挚爱国情怀,这样的青年才代表着中国知识分子和抗日救国的希望,他思想中那些闪闪发光的东西比权贵公子们的家世财产更显难得、珍贵。

其实,我母亲原来的择偶标准里有一条——不找湖北人,俗话说:"天上九头鸟,地下湖北佬",东北人直爽,怕斗不过他们;而我的父亲也不想找东北人,她们虽然家乡沦陷,应该给予同情,但她们直率外向,而我父亲却是个内向的人,怕性格合不来。

听似初衷不合的两个人,居然走到了一起,他们决定结婚。

1942年10月25日的雾都重庆,他们举行了极为简朴而热闹的婚礼。老舍当主婚人,马宗融作为家长代表,出席婚礼的有文化界知名人士臧克家、孙罗荪、冯亦代等二百多人。老舍还即兴演讲、臧克家赋诗助兴。

6年的分离

两年后,我的父母迎来了感情路上最漫长的一次考验。

1944年年初,英美开辟第二战场,为反击德意法西斯,英国政府开始战时总动员。英国战时宣传部希望找一位中国知识分子,英语好、既非共产党也非国民党，我的父亲因此受邀，到英国各地演讲，宣传中国人民与日本侵略者展开殊死斗争的业绩，以激励英国军民抗击法西斯的斗志。由于是"二战"期间，不但交通不便，通讯也很困难。他们夫妻就像断了线的风筝，一个在东方，一个在西方。

一年的时间，父亲走遍英国，演讲了600多场。1945年，他正准备在爱丁堡继续演讲，但却被取消了，因为反法西斯战争结束了，爱丁堡的人都上街游行庆祝胜利。虽然他的任务完成了，但中英两国当时不通民航，只有运兵船，一时无法回国。

当父亲飞往英国的时候，大哥还不到两岁，母亲又怀了二哥。没想到，父亲这一去就是6年。

后来，我的母亲通过朋友在重庆的一家银行找到了一份工作，日子算是安定了下来。一天，她下班回到四层的宿舍，二哥正站在窗前写字台上，听见房门被推开，吓了一跳，手扶的窗子被推开了，从四楼掉了下去。在送往医院的路上，两岁的二哥已经走了。他连父亲的面都没见过，就匆匆离开了人间。

二哥的去世让母亲悲痛欲绝，整夜失眠，拿着衣物和玩具不停地哭。

后来母亲调到天津工作，父亲依然杳无音信。一天，母亲收到一封上海寄来的信，是一位刚从英国回国的作家写的，信里说叶君健已在国外有家，叫我母亲不要痴心再等。

母亲是个非常坚强的女性，看到这封信，尽管给了她精神上很大的打击，她一个人在极度痛苦之下，并没有放弃，但终因积劳成疾患上了重病。

父亲在英国的那几年中，出版了8本关于中国和中国农村故事的英文长篇小说,被英国书会推荐为 1947 年的"最佳作品"。1949 年 8 月,毕加索、居里夫人和阿拉贡亲笔联名邀请父亲,作为远东唯一的作家,参加在波兰由社会主义国家发起的世界保卫和平大会。会上,父亲遇到了从延安新华社去的记者吴文涛(后为外文局局长)和宋平同志(后为中央政治局常委)。从他们那里得知新中国即将成立的消息。他决定立刻放弃英国剑桥大学要给他的优厚职位,回到了新中国。

外交小院

没有飞机,父亲坐轮船走了 3 个多月,于 1949 年年底和母亲在天津重逢。

父亲除了一个铁箱内装着的几件衣服外,还有两个木板钉的方箱子,里面全是他这几年在国外的书稿和书籍,没有给家人带一件东西,也没有给孩子带一块点心或糖果。不过在这方面,我母亲从不计较。

而母亲也终于病倒了,医院检查是肺病三期。父亲内心受到了很大冲击,他对母亲说:"我们分开太久了,战争时期又不能通信,何况还有人带来谣言。其实造谣的人倒是丢掉原配,在英国与英国人结婚,回国后又离婚,先后娶了第三位和第四位夫人。我没有和别人结婚。记得我们结婚时,你说你的茵字就是一根冬天的小草。现在,我要把你这根小草用露水浇活,你不会死的。"

一年后,母亲生下了我。由于母亲肺病传染不能喂奶,父亲每 4

小时给我喂一次牛奶。母亲也办理了病退，在家休养。在父亲无微不至的照料下，母亲的病情转危为安。

1957年，父母省吃俭用，以三百匹五幅布的价格换得了这个小三合院。

院子以前的房主，据说是清朝宫内掌管煤炭的官员后裔，民国后逐渐破败，便将院子分割出售。我们的小院原是他们家拴马的马房，特点是泥地、土院，夏天漏雨，冬天灌风。不过父母也终于实现了有一个清净小院的梦想。

自从搬进这个小院，母亲一有空闲便把剩余的精力投到这座古老院落的整修上去，敲敲打打，修修补补，塞这个漏洞，填那个院坑，使得这个小院成为现在北京一个典型的四合院。原是三合，南边一窄条小房是后来修建的。父亲"爬格子"的大部分稿费都花在了小院的修缮上。

我们搬入新居后，来往的亲朋好友多起来，父亲说："他们都是穷人，年老的我们要给他们送终，年轻的我们要培养他们受教育自立。"于是父母把他俩家乡的穷亲戚都先后接来了北京和我们住在一个院子里：姥姥、大姨、外甥女、侄女、姑姑、伯母，我们长期在一起生活，节衣缩食，顿顿白菜窝头，患难与共。我母亲还在养病的病床上每日教她们学认字，然后送她们上学学技术。整个大家庭都很愉快和谐，使得父亲可以专心地工作和写作。他们毫无怨言，彼此都很理解、体谅和默契。

父亲经常在家里说："要不是你妈妈，就不会有我们这个家。"

20世纪50年代初，父亲被分配到对外文委工作，与各国友好人士接触、相互沟通，负责接待。父亲的外事活动也日益多了起来。我家被风景区围绕，小院已成为典型的中国"四合院"。外国作家来中国访问的越来越多，上级经常安排我们在家招待外国作家和友人。看到我们这么一大家子人能和谐地住在一个屋檐下，他们惊讶得摇头，认为简直不可思议。

母亲是个养花专家，院子里种满了许多品种的花卉，还有枣树、桃树、柿子树和葡萄。每当繁花盛开，母亲就会坐在花下写生。她自学成才，无师自通。她还专攻国画，对画猫很有研究。

父亲也很欣赏这些画作，会在画上题字和签名，画作与题字相得益彰。这些作品也成为赠送外国客人的特殊礼品，这样就不必由单位买工艺品送他们了。外国人最重视朋友亲笔写的东西，而且画上还有夫妻二人的共同创作，从而被格外珍视，外国友人经常用画框镶起来，挂在书房。

相约"爬格子"

父亲所有的作品皆为业余创作。他不是职业作家，作为一个技术型干部，他归国后的长期本职工作是主编由他创办的英文、法文版的《中国文学》，即把中国古典文学和现代文学介绍到全世界。从选稿、翻译、定稿、排版、校对、付印、发行，全过程他都要亲自落实，一丝不苟，这个工作他干了25年。

他平日上班特别忙，所以下班后的时间对他来说格外宝贵，节假日、春节都是他最珍惜的写作时间。父亲最讨厌应酬，那个年代，客人来之前也无电话预约，经常是敲门就进来。父亲写到一半，只好出来应酬，又怕思路忘了，总是看表。这一看表客人就明白了，赶人呢，渐渐地好多朋友就不来了。因此，"叶公看表"在当时的国内文坛传闻甚广。

还有一个办法，就是来客由我母亲应酬，告知对方叶老不在。实际他就在里屋写文章呢。可我父亲写着写着就忘了，从里屋出来倒茶。客人一看，这不是在家呢吗？尽闹笑话。

父亲翻译的《安徒生童话》在国内影响了几代少年儿童。父亲第一次接触这本书是在剑桥的时候。一个丹麦的剑桥女同学借给他一本英文版的《安徒生童话选集》。我父亲越看越着迷，他后来觉得这不是单纯的童话，有很多哲理、诗意。这一本选集他看了觉得不过瘾，又借了德文版、法文版，他发觉同一个故事，内容翻译出入很大，这里面体现了不同译者的不同的理解和水平。他觉得有必要去研究原文，看看安徒生到底是怎么写的。他就利用寒暑假访问丹麦，学习丹麦文，考察安徒生的故居，考证民间故事的起源，做了大量研究工作。他着迷了，认为这不是一般的童话，而是伟大的世界文学名著，必须把它介绍给中国的儿童和成人。

父亲是根据丹麦文并参考英法德三种文字翻译了《安徒生童话》的 16 卷全集的第一人，从 1953 年完稿，1954 年出版第一版开始，他初译、重译、改写、再版，前后历经 40 多年。安徒生创作了 168 篇童话也历时 40 多年。而且父亲的译文被丹麦的汉学家研究后认定为在全世界五百多种文字的译文中的唯一有创造性的翻译，如他把安徒生童话的一个名篇《小人鱼》的篇名翻译成了意义更加高尚且有诗意的《海的女儿》，同时他把丹麦这个小国的唯一世界最闻名的名片安徒生介绍给了人口最多的大国，所以丹麦女王于 1988 年授予他与安徒生生前一样的勋爵。因同一本书，中西方相隔二百多年的两位作家被授予同一勋衔，这是世界文学史上的唯一纪录。而这些也是我母亲反复提意见修改和抄写出来的。

父亲的 8 本英文小说是靠一台老式打字机敲出来的，但他的中文作品都是一个字一个字在稿纸上写出来的，后来我和母亲整理的他的全集有 1100 万字，而其中的 800 万至 900 万字都应该说有我母亲的一半"功劳"。

我从初中开始住校，每次回家都看见父亲在不停地写，母亲在不停地抄。这就是他们生活的常态。

父亲写东西非常严谨，喜欢用英式幽默的笔法，无论是他的翻译还是小说散文，经常是改得密密麻麻，除了我母亲，没人能看懂。

父亲所有的中文作品都是我的母亲重新抄出来。誊清后，父亲还要改。如果说改得不多，出版社能看明白，那也就算了，如果有新的灵感、新的内容，那就得大改了，我母亲还要再抄一遍。

我母亲也不是一般的"秘书"，抄抄写写就完了。她的文笔也非常好，非常细腻、有文采。母亲作为第一个读者和第一个提意见者，也有自己的想法，不断提出修改意见。有时两人还为一个情节讨论半天，这也促使父亲做了一些大改。这是他们持续性的合作。

1992 年，一直身体很好的父亲突然得了前列腺癌，而且是晚期，大夫宣布活不过 3 个月。但凭着父亲的坚强和乐观，加上大夫的全力救治、母亲的日夜护理和精心调养，半年后，奇迹出现了，癌症不仅控制住了，而且开始痊愈。

这一年的 10 月 25 日，父母在病床上庆祝了"金婚"。著名诗人臧克家曾作诗庆贺："银婚变金婚，两心并一心；恩爱相终始，百岁犹

青春。"

此后，父母开始相约"爬格子"，两位白发老人你追我赶辛勤笔耕，要在有生之年留下"写人生"的作品。父亲在与病魔作斗争的将近 10 年的时间里，写了一大批珍贵的回忆录，创作了一批小说、散文，出版了《相逢在维也纳》和《白霞》等长篇和各种作品集，又写出了共计 200 多万字。

1995 年在庆祝抗日战争胜利 50 周年前夕，父亲的长篇新作《白霞》和母亲的自传体纪实文学《冬草》双双面世，被文学界称为"长篇双璧，文坛盛事"。两部作品就像是姊妹篇，特别是《冬草》，印数过万。

中国作家协会主席团在京开会，我的父母作为主席团成员双双出席，格外引人注意和重视。

十分难得的是，两人出版了散文合集《金婚》。1996 年 5 月，母亲随北京文史馆的同志出差，父亲为母亲校稿，还叮嘱出版社，要将母亲的稿子放在上部，篇幅和字数都要以她为主，这不是出于"女士优先"的西方礼节，而是"于细微处见精神"，看出他对母亲深沉而真挚的爱。

（吴睿娜　撰写）

14

中国历史上的辉煌篇章

何星亮

 作者简介:

何星亮,男,1956年生,广东梅州兴宁人,国务院参事。现为中国社会科学院学部委员、中国社会科学院民族学与人类学研究所学术委员会主任、博士生导师、第十三届全国人大代表和全国人大社会建设委员会委员。曾任全国政协第十届、十一届、十二届全国政协委员及全国政协民族和宗教委员会委员。2006年起任国家非物质文化遗产保护工作专家委员会委员。1993年被评为国务院政府特殊津贴专家。

始于1978年的改革开放,是中国历史上最为重要的改革活动。其规模之大、地域之广、人口之多,是史无前例的。改革涉及内容之多、效果之大、影响之广,也是世所罕见的。40年的改革使世界上人口最多的国家成为真正意义上的世界大国,使中国进入由站起来到富起来,再由富起来走向强起来的新时代。

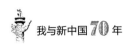

中外历史上任何变法或改革都无法与中国当代的改革开放相媲美。值此改革开放 40 年之际，笔者谈谈自己的一些感想。

观念转换·思想解放·理论创新
——改革开放成功的关键

纵观改革开放 40 年，笔者认为，成功的关键因素是观念转换、思想解放和理论创新。从社会文化结构的角度而言，任何一种社会文化现象都可以分为三个层面：物质层面（表层）、制度层面（中层）和观念层面（深层）。观念层面的文化包括思想、精神、意识、理念、理论、价值观和伦理道德等，它是社会和文化形成、发展和变迁的基础。观念层面的变化，必然会引起制度层面和物质层面的变化。德国著名学者马克斯·韦伯在《新教伦理与资本主义精神》一书中认为，西方资本主义的发展，与 16 世纪基督教的宗教改革密切相关，它打破了天主教神学的精神束缚，更新了宗教观念，为资本主义发展扫除了障碍。

从中外历史来看，任何成功的改革或变革总是首先在观念层面进行更新和转换，只有通过宣传新思想、新理念、新理论，更新人们的观念，解放人们的思想，并在社会各阶层取得广泛共识，才有可能使改革顺利并取得成功。如果舆论宣传不够，没有在思想观念方面做好充分的准备，没有获得大多数人的共识，改革将会阻力重重并难以取得成功。商鞅变法取得成功的原因之一是通过辩论，在思想意识上获得大多数人的支持。公元前 359 年，在秦孝公的主持下秦国进行变法大讨论，商鞅舌战群臣、说服群臣并达成共识，为实行变法作了较为充分的舆论和思想准备。王安石变法之所以失败，其重要原因之一是在没有取得广泛共识的基础上，匆忙进行制度层面的重大改革。戊戌变法也一样，仅依靠光绪皇帝一人之力，不重视社会各阶层思想观念的转变，没有获得大多数人的拥护和支持，匆忙推出新政，结果也失败了。

1978 年，我国开始了从"站起来"到"富起来"的新征程，也是始于观念的转换更新和思想大解放。《光明日报》1978 年 5 月 11 日发表了特约评论员文章《实践是检验真理的唯一标准》，在我国思想理论界掀起了关于真理标准问题的大讨论，引起社会各界的高度重视和支持，冲破了"两个凡是"的精神束缚，推动了全国性的思想解放运动，推动了中国具有深远意义的伟大思想转折。1978 年 12 月 13 日，邓小平在中共中央工作会议闭幕会上发表了《解放思想，实事求是，团结一致向前看》的讲话，强调："如果现在再不实行改革，我们的现代化事业和社会主义事业就会被葬送。"

观念转换和思想解放推动理论创新，推动了从"以阶级斗争为纲"向"以经济建设为中心"的转变。1978 年 12 月 18 日，党的十一届三中全会隆重召开。全会确立了解放思想、实事求是的思想路线，果断停止使用"以阶级斗争为纲"的口号，作出把党和国家工作重心转移到经济建设上来、实行改革开放的历史性决策。全党的工作重点由阶级斗争转移到社会主义现代化建设上来，转移到经济建设上来，开始了中国"富起来"的新时代。

当前，我国正处在由"富起来"走向"强起来"的新时代，也是基于观念转换、思想先行和理论创新并举。改革开放之初，为了解决温饱问题，以物质生产为核心是完全正确的。不过，片面强调物质生产，导致产量第一、GDP第一、项目第一、招商第一，采用拼体力、拼环境、拼资源的方式来实现增长，这就形成了低消费、高消耗、恶环境、产能过剩等非科学的不可持续的发展。经济发展了，人民生活改善了，但贫富差距扩大；贪官成群，腐败成风；社会安全、财产安全没有保障；房价越来越高，食品、药品安全问题十分严重；等等。

党的十八大以来，在以习近平同志为核心的党中央领导下，提出实现中华民族伟大复兴的中国梦，提出一系列深化和完善改革的新思想、新理论、新理念。在发展方式上由主要重视经济建设转为经济建设、政治建设、文化建设、社会建设和生态文明建设"五位一体"全面发展；在发展理念上由主要重视GDP转为"创新、协调、绿色、开放、共享"的"五大发展理念"；在治国理政基本目标上由全面建设小康社会转为"全面建成小康社会、全面深化改革、全面依法治国、全面从严治党"的"四个全面"；在对外关系上，积极参与国际事务，提出"一带一路"倡议，提倡互利共赢、开放包容，构建"人类命运共同体"。所有这些都为我国由"富起来"进入"强起来"的新时代提供了思想和理论基础。在习近平新时代中国特色社会主义思想的指引下，我国一定能够实现从"富起来"走向"强起来"。

观念转换、思想解放和理论创新，是改革开放成功的关键，也是最重要的经验之一。习近平总书记把思想观念比喻为"总开关"。他指出：对党员、干部来说，思想上的滑坡是最严重的病变，"总开关"没拧紧，不能正确处理公私关系，缺乏正确的是非观、义利观、权力观、事业观，各种出轨越界、跑冒滴漏就在所难免了。思想上松一寸，行动上就会散一尺。

重民生·顺民意·正民心——改革开放成功的根本

以民为本，重民生，顺民意，正民心，是中国古代治国思想的重要内容。《尚书·五子之歌》："民惟邦本，本固邦宁。"认为人民才是国家的根本，根基牢固，国家才能安定。《孔子家语·五仪解》："夫君者舟也，庶人者水也，水所以载舟，亦所以覆舟。"把百姓和君王的关系比作水与舟的关系。《孟子·尽心章句下》："民为贵，社稷次之，君为轻。"指出了人民、国家和君主三者的先后、轻重次序关系。《荀子·大略》："天之生民，非为君也；天之立君，以为民也。"认为上天生育民众，不是为了君主。而上天设立君主，正是为了民众。《管子·霸言》："霸王之所始也，以人为本。本理则国固，本乱则国危。"强调霸王之业的开始，是以人民为根本。根本治理得好则国家巩固，根本被搞乱了则国家危亡。

党的十一届三中全会以来，党和政府弘扬历史上的优秀治国思想，以民为本，重民生，顺民意，正民心，坚持改革为了人民、依靠人民、改革的成果由人民共享的原则。邓小平更是从关心群众的整体利益出发，提出以经济建设为中心，改善和提高人民的生活水平。提出允许一部分人先富起来，以先富带后富，实现共同富裕。他把提高人民生活水平看成是我们党和国家的"最大的事情"，看成是党和人民的"最大的政治"。40年来，党和政府深怀爱民之心，时刻牢记全心全意为人民服务的根本宗旨；恪守为民之责，不断推进社会生产力的解放和发展；善谋富民之策，不断满足人民群众日益增长的物质和精神文化生活需要。改革开放推动我国人民生活从贫穷落后转向小康。"中国的贫困人口从 1978 年的 2.5 亿人下降到 2017 年的 3046 万人，贫困发生率从 30.7% 下降到 3.1%。特别是党的十八大以来，我国创造了减贫史上的最好成绩，5 年累计减贫 6853 万人，消除绝对贫困人口 2/3 以上。"据中国经济体制改革研究会名誉会长高尚全的研究："改革 40 年，我国城乡居民收入水平呈现出大幅度增长态势。从 1978 年到 2016 年，城镇居民人均可支配收入由 343 元提高到 33616 元，农村居民家庭人均纯收入由 134 元提高到 12363 元。居民消费结构从温饱型向小康型转变，城乡居民家庭的恩格尔系数分别从 1978 年的 57.5% 和 67.7% 下降到 2016 年的 29.3% 和 32.2%，人民生活从满足于吃饱穿暖转变到更加注重个性和享受的多层次消费。居民预期寿命从 1981 年的 67.8 岁提高到 2014 年的 75 岁。"

笔者认为，顺从民意，根据人民大众的意愿进行改革，也是改革成功的因素之一。邓小平曾多次强调：我们每做一件事，都要看人民"拥护不拥护，赞成不赞成，高兴不高兴，答应不答应"。党的十八大以来，习近平总书记强调以"人民对美好生活的向往"作为"我们的奋斗目标"，以人民的幸福、安全、健康等为根本，把"不断满足人民日益增长的美好生活需要"作为各项建设的动力和源泉。他在 2016 年 4 月 18 日上午主持召开中央全面深化改革领导小组第二十三次会议时指出："把以人民为中心的发展思想体现在经济社会发展各个环节，做到老百姓关心什么、期盼什么，改革就要抓住什么、推进什么，通过改革给人民群众带来更多获得感。"党的十九大报告也指出："坚持以人民为中心。……必须坚持人民主体地位，坚持立党为公、执政为民，践行全心全意为人民服务的根本宗旨，把党的群众路线贯彻到治国理政全部活动之中，把人民对美好生活的向往作为奋斗目标，依靠人民创造历史伟业。"

"正民心"也是古代政治思想的重要因素之一。中华传统文化以培养善良、老实、本分、厚道的人为基本目的。注重教化，重心性修养，通过压抑私欲来规范行为；通过教化、修养来提升人的自律意识；重树立典型作为学习的榜样，以典型人物的意识和行为约束自己。通过教化使每一个人都有"良心"，都有廉耻感，使每一个百姓都成为讲仁义、重诚信、崇道德、尚智慧、敬廉洁、守法规的中国人。辜鸿铭曾说，在中国，"一般的纠纷，依据礼义廉耻就可以解决，所以警察用不着那么多。在这一点上，是值得欧洲人好好学习的"。

改革开放初期，物质文化的发展、精神文化的建设不同步，再加上外来各种不良思想的冲击，人们的思想意识、价值观念、伦理道德和行为规范等由一元化转向多元化，传统的价值观和伦理道德失去功能，造成价值错乱，道德失范。部分人利欲熏心，金钱至上，唯利是图。

党的十八大以来，以习近平同志为核心的党中央一方面掀起声势浩大的反腐浪潮，横扫了贪腐猖獗的不良风气，民心得以振奋，党风得以清正。另一方面中央高度重视培育和践行社会主义核心价值观。习近平总书记多次作出重要论述、提出明确要求。2013 年 12 月 23 日，中共中央办公厅下发《关于培育和践行社会主义核心价值观的意见》，为加强社会主义核心价值观教育实践指明了方向。

2017 年 10 月 18 日，习近平总书记在党的十九大报告中指出："社会主义核心价值观是当代中国精神的集中体现，凝结着全体人民共同的价值追求。要以培养担当民族复兴大任的时代新人为着眼点，强化教育引导、实践养成、制度保障，发挥社会主义核心价值观对国民教

育、精神文明创建、精神文化产品创作生产传播的引领作用，把社会主义核心价值观融入社会发展各方面，转化为人们的情感认同和行为习惯。"

重民生、顺民意、正民心，既是古代中国的治国之本，也是改革开放成功的根本因素，同时也是新时代建设社会主义强国的根本因素。

循序渐进·由点到面·上下联动
——改革开放成功的保障

从中外历史上的改革方式来看，可分为渐进式改革和激进式改革两类。大多数情况下，渐进式改革成功率较高，如中国历史上的商鞅变法之所以能够成功，其原因之一是实行渐进式改革方式。变法分三步：首先在物质生产层面进行改革，公元前359年在秦国国内颁布《垦草令》，作为全面变法的序幕，其主要内容有：刺激农业生产、抑制商业发展、重塑社会价值观等。其次是在制度层面进行改革，在《垦草令》实施3年后，即公元前356年，秦孝公任命商鞅为左庶长（非王族大臣领政），在法律制度、世卿世禄制和家庭制度等方面进行制度层面的改革。最后，在公元前350年，再次进行制度层面的改革，一是废除贵族的井田制，实行土地私有制，极大地调动了农民生产的积极性；二是普遍推行县制；三是统一度量衡制；四是编订户口，五家为伍，十家为什。渐进式的改革方式保证了商鞅变法的顺利进行，秦国的经济和军事实力得到迅速发展，逐渐成为战国七雄中实力最强的国家，为后来秦王朝统一天下奠定了坚实的基础。

激进式改革成功率较低，尤其是大国，成功率更低。如历史上的王安石变法和戊戌变法，都属于激进式改革，短期内推行一系列改革措施，其结果都没有成功。俄罗斯 1992 年的"休克疗法"改革也一样，推出了一套激进的经济改革方案，在俄罗斯联邦全面铺开。"休克疗法"的失败使俄罗斯 GDP 几乎减少了一半，GDP 总量只有美国的 1/10。由于改革的失败，俄罗斯副总理盖达尔不得不于 1994 年 1月 16 日被迫辞职。叶利钦也被迫在 1994 年 2 月的国情咨文中宣布放弃"休克疗法"的改革，并在 1996 年大选时承认"过去在改革中试图抄袭西方经济的做法是错误的"。

40 年前，我国采取的改革方式是循序渐进、由点到面和上下联动相结合渐进式改革方式，先易后难，先行先试，逐步推进。也就是人们常说的"摸着石头过河"的方式（有人称之为"摸论"）。"摸着石头过河"，对于大胆解放思想、积极稳妥地推进改革起到了巨大的指导作用，成为中国家喻户晓的经典话语。我国地域辽阔，民族众多，区域差异大，如果采用激进式改革，有可能造成社会动乱和国家分裂。人们对客观事物的认识，有一个由浅入深、由表象到本质、由直观到抽象的循"序"过程。采用渐进式改革，可以保障改革顺利推进并获得成功。我国的改革首先在农村和农业生产方面进行，以解决吃饭问题。然后逐步由农村到城市、由农业到工业、由计划经济到市场经济、由沿海到内地进行渐进式改革。首先是"以经济建设为中心"，逐步过渡到经济建设、政治建设、文化建设、社会建设和生态文明建设"五位一体"全面发展。

"由点到面"是中国共产党历史上的优良传统，在实行某种决策之前，往往先搞试点，先做试验，验证方案是否可行、是否科学，取得经验后再扩大到面，扩大到全省或全国。改革开放也一样，无论是农村改革还是城市改革、无论是农业改革还是工业改革都是如此。

"家庭联产承包责任制"也是由点到面逐步推广的。1978 年 11 月 24 日晚上，安徽凤阳县凤梨公社小岗村的十八位农民在土地承包责任书上按下了红手印，该责任书最主要的内容有三条：一是分田到户；二是不再伸手向国家要钱要粮；三是如果干部坐牢，社员保证把他们的小孩养活到 18 岁。包产到户极大地调动了农民的积极性，粮食生产发展迅速。1979 年 10 月，小岗村当年粮食总产量 66 吨，相当于全队 1966 年到 1970 年 5 年粮食产量的总和。1980 年 5 月 31 日，邓小平在一次重要谈话中公开肯定了小岗村"大包干"的做法。1982 年 1 月 1 日，中国共产党历史上第一个关于农村工作的"中央一号文件"正式出台，明确指出包产到户、包干到户都是社会主义集体经济的生产责任制，并在全国推广。1991 年 11 月 25 日至 29 日举行的党的十三届八中全会通过了《中共中央关于进一步加强农业和农村工作的决定》（以下简称《决定》）。《决定》提出把以家庭联产承包为主的责任制、统分结合的双层经营体制作为我国乡村集体经济组织的一项基本制度长期稳定下来，并不断充实完善。家庭联产承包责任制使广大农村地区迅速摘掉贫困落后的帽子，逐步走上富裕的道路，中国因此创造了令世人瞩目的用世界上 7% 的土地养活世界上 22% 的人口的奇迹。

"上下联动"也是改革开放成功的经验之一。无论任何改革，如果只有领导层面的主观意志，而没有群众层面的主动配合，不可能达到目的。同样，如果只有群众层面的主观意志，得不到领导层面的支持也不会成功。"家庭联产承包责任制"是在由下至上、上下联动的基础上获得成功的，这在当时是具有巨大的政治风险的行为。当时如果没有获得万里等地方领导和邓小平等中央领导的大力支持，这一改革也不可能成功。

经济特区也一样，先搞试点，上下联动，先由基层提出建议，然后获得中央的大力支持。中国经济特区诞生于20世纪70年代末至80年代初，成长于90年代。1979年4月邓小平首次提出要开办"出口特区"。1979年7月，中共中央、国务院同意在广东省的深圳、珠海、汕头三市和福建省的厦门市试办出口特区。1980年3月，广东有关部门建议把"出口特区"改名为"经济特区"，获得中央的批准，并首先在深圳实施。经济特区的设置标志着中国改革开放进一步发展。迄今为止，除了深圳、珠海、汕头、厦门、海南、霍尔果斯、喀什7大综合性经济特区外，上海浦东新区、天津滨海新区，以及先后建立的54个国家级高新区、15个保税区、62个出口加工区、9个保税物流园区、13个保税港区和9个综合保税区都具有经济特区的所有主要内涵。

改革开放以来，党和政府较好地处理改革、发展、稳定的关系。2013年栗战书在《遵循"四个坚持"的改革经验》一文中对"摸着石头过河"、渐进式改革和由点到面等改革方式作了全面的解释。他说："摸着石头过河，是对脚踏实地、尊重实践、从实践中摸经验摸规律，努力做到实事求是的一种形象说法，也是推进改革健康有序发展的一种重要改革方法。这个方法，不仅在改革之初行之有效，而且在整个改革进程中都是行之有效的。我们实行改革开放，发展社会主义市场经济，是前无古人的事情，只能通过实践、认识、再实践、再

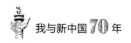

认识的反复过程，逐步取得规律性认识。实践中，对必须取得突破但一时还不那么有把握的改革，采取试点探索、投石问路的方法，先行试点，鼓励创造，鼓励探索，取得经验后再推开。我国的改革开放就是这样走过来的，就是从农村到城市、从沿海到内地、从局部到整体不断深化的过程。这种渐进式改革，避免了因情况不明、举措不当而引起的社会动荡。我们党是在一个 13 亿多人口的社会主义发展中大国领导改革开放，决不能在根本性问题上出现颠覆性失误，一旦出现就无可挽回、无法弥补。"

总的来说，中国改革开放的 40 年，是亘古未有的 40 年，是彪炳史册的 40 年，是翻天覆地的 40 年。从"以阶级斗争为纲"到"以经济建设为中心"，再到"五位一体"全面发展；从计划经济到市场经济，从闭关锁国转向全方位开放，从造福本国人民到造福世界各国人民；从物资奇缺、定量凭票供应到商品滞销和产能过剩，人民生活从贫穷落后转向小康幸福。改革开放 40 年是中国历史上最为辉煌的一页。

15

高考：决定自己命运的关键时刻

陈平原

 作者简介：

陈平原，男，1954 年生，广东潮州人，无党派人士，中央文史研究馆馆员。现任北京大学博雅讲席教授。曾任北京大学中文系主任，教育部"长江学者"特聘教授，香港中文大学中国语言文学讲座教授。先后出版《中国小说叙事模式的转变》《千古文人侠客梦》《中国现代学术之建立》《中国散文小说史》《触摸历史与进入五四》《大学何为》《作为学科的文学史》《左图右史与西学东渐》等著作三十种。

当初在乡下，最大的痛苦不是钱多钱少，而是根本看不到出路。1969 年初中毕业，因为父母被批斗，我无法继续念高中，就插队务农去了。我当年上山下乡有两个途径，一是到海南岛的生产建设兵团，一是回到我的祖籍广东省潮安县磷溪公社旸山大队去插队。回到祖籍，父老乡亲们相对来说会比较照顾。我 1969 年 10 月下乡，1970 年 2 月就当上了民办教师。民办教师也是农民，但主要任务是教书。

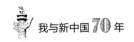

就像阿城小说《孩子王》写的那样，我带着学生，一边教书，一边读书，当然也一边劳动。平时要种自家的自留地，农忙也必须去公家田里参加劳动。

在同代人里面，我是比较幸运的。因为，我在乡下8年，有好多时间是在当小学老师和初中老师。而且，我还在邓小平第一次复出的那段时间去补念了两年高中。当时根本没办法预料将来还有可能上大学，只不过见缝插针，只要有机会，我就想读书。当年很多人认为我很傻，因为民办教师是一个很好的工作，我去读高中回来，就没有这个位置了。再过了一年，才有了新的机会，我又当老师去了。在同代人中，我的学历是最完整的：从小学、初中、高中、本科、硕士、博士一直读下来，只是中间被切成一段一段的。

北方因为气候原因，一年有四个月不能下地劳动，所以，东北很多知青参加宣传队，会写诗、绘画、唱歌、跳舞、说相声等，而广东一年12个月都能下地劳动。我们有大量的农田改造工程，说是农业学大寨，高的地方往低的地方搬，没沟的地方硬要挖一条河……当初认为农业机械化是我们发展的道路，可我下乡的地方人多地少，加上一半是山地，根本不适合做这种改造。改造的结果，就是把下面的生土翻上来，熟土反而压在下面，收成不升反降。

因为我有民办教师这个工作，劳动强度没有当地的农民大。前期只是记工分，后期每个月除掉工分，还有五块钱的津贴，相对于其他人来说，应该是很不错的了。只不过当初在乡下，最大的痛苦不是钱多钱少，而是根本看不到出路。我相信很多下乡知青都有这个感觉。

今天的孩子们可能觉得，下乡几年，没问题，挺好玩的。但我们当初不是这么想，是准备一辈子扎根农村的。我先下去，然后我奶奶把两个弟弟也带去了。我爸爸后来回忆，说我当年有一句话让他伤透了心。我说，没想到我们三兄弟会屈死在这个小山村里。说实话，如果不是政策改变，单靠个人的力量是走不出来的。我在小学教书，教得很好，两次被推荐去上大学，最后都走不了。

我在小地方，没有能力获得各种小道消息，只能通过看《人民日报》来了解时局变化。那些有大量城市知青集合的地方，信息比较丰富，知青们也见多识广。比如说北京知青在东北或陕西，他们有自己的流通渠道，会传播各种政治消息。在那个闭塞的年代，"小道消息"很重要，但必须进入那个网络才能获得。插队知青相对来说比较闭塞，像我在乡下，孤零零的，知道的东西很少。担心体重差一斤不能被录取。我父母是中学和中专的语文老师，家里本来就有藏书。"文化大革命"刚开始，这些书就被查封了，我下乡以后，我母亲先解放出来了，就要求把那批书还给我们。所以，我是靠那一批"文化大革命"前父母积攒下来的书籍来阅读并成长的。

那些书籍决定了我日后读书的方向。比如，后来我在中山大学、北京大学念书时的名教授，像黄海章、王季思、吴组缃、林庚的书，我家里有。而我的博士生导师王瑶先生"文革"前出版的书，我家里几乎也全都有。那些书当时读不懂，但随便翻翻，多少总有收获。所以，等于是先天地规定了我只能走这条路。比如说，我家里没多少社会科学方面的书，自然科学的那就更没有了。我在乡下能读到的书，大都是文史方面的，像古典小说、古典诗词，或者翻译的诗集，以及文学史、中学语文教材等。我读高中的时候，各科成绩都很好，平均分数是99点几，除了体育课，其他都是满分。但是我深知，我回乡下劳动几年，再来参加高考，数学和物理是不可能考好的。所以我只能选文科，这跟家里这方面藏书多，以及个人的阅读兴趣有关系。对我们那代人来说，抓住读书的机会，这是最关键的。至于毕业以后，哪个学科的知识更管用，不知道，也没想过。可以这么说，只有20世纪七八十年代，才有那么多人坚信"知识就是力量"。以后的孩子们，嘴上也许也这么说，但不见得会相信。可我们那代人真的相信，所以，只要有读书的机会，哪个地方都去。

我在山村学校当语文老师，所以，语文课是不复习的，闭着眼睛走进考场都可以。我需要认真复习的科目是数学。因为数学隔了几年不读，会忘掉的。加上我本来就是在农村中学学的数学，水平有限。当年不考外语，对我们这些离开校园多年的人来说，数学是决定能否被录取的关键。所以，我从得到消息可以参加高考，到正式走进考场，时间基本上都用在复习数学上。

其实77级、78级能够考上大学的那些人，大部分都是在"文化大革命"中没有完全放弃读书的；如果不是这样，那么短的时间是准备不过来的。这么多年，我们没有完全放弃阅读，但因环境限制，绝大部分读的是文学或文史方面的书。所以，有机会参加高考，我们首先集中精力，把跟日常生活关系不大的数学补上来。我知道好多同代人都是这样做的。

恢复高考第一年，各省自己命题。广东的作文题目是《大治之年气象新》。我的作文先是在省里电台广播，后来登在《人民日报》上。这有很大的偶然性。我是语文老师，参加高考，作文必定中规中矩，稍微有一点点小才气，这样就行了。太过文采飞扬的，或者太有个性的，反而不符合高考作文的要求。考场中基本上没有好文章，自古以来就是如此。

只能说我很幸运，有了这个机会，能让我走进中山大学。这里有个很好玩的故事。高考之后需要体检，那个时候我很瘦，至今记得很清楚，体检记录是99斤。听说大学录取新生有规定，男生必须达到50公斤。我特别沮丧，因体检规定早上不能吃东西，我要是偷偷吃一个红薯，肯定就过了。为了这一斤，那段时间我非常焦虑，很怕因此而不被录取。后来听上过大学的人讲，不同专业要求不一样，念文学的，瘦一点胖一点关系不大，这才比较放心。

大家都是硬着头皮往考场里面走，谁都没把握，但又谁都有可能性报名参加高考的时候，就填报了志愿。我妻子在北京，她报的第一志愿北大，第二志愿北师大，第三志愿南开大学。这在我看来是很不合适的，三个志愿同一个级别，如果第一志愿录取不了，就三个都录取不了了。因为她此前在东北插队，好不容易回到了北京，她说，比天津更远的地方我就不去了。

我不一样，在山村插队，哪个地方有读书的机会，我都去。所以，我第一志愿是中山大学，第二志愿是华南师范学院，第三志愿是肇庆师专。专科、本科、重点大学都报了。报了中山大学，还被同事嘲笑。她觉得我不自量力，怎么能考得上中大呢！因为，中大在华南是最好的学校，而且，十年没招生，这么多人集中在一起，山外有山，天外有天呀。对于1977年年底参加高考的人来说，没有录取的标杆，大家都是硬着头皮往考场里面走的，谁都没把握，但又谁都有可能性。

我们三兄弟同时参加高考，我是老大，老二已从乡下回到城里，在工厂工作，比较稳定，所以他复习就三心二意，最后就我和老三考上了。当初并不觉得上大学有那么重要。有人因为年纪较大，结婚生孩子，拖累比较重，就没有参加高考；有人是不相信高考真的会按照分数录取，因为此前工农兵学员招生时也有考试，但那只是做做样子；有人是因为自己没下定决心，当然也有人因领导的阻挠而没能报名参加高考。但是，凡参加高考的，绝大多数人将来都会感觉到，那是决定自己命运的关键时刻。

当时我做好了思想准备，连师专都准备去读了，万一考不上，那就明年再考。肇庆师专最先发录取通知书，然后是华南师范学院，中山大学要晚好几天，那几天我特别紧张。

我在乡下教书，参加县文化馆组织的各种活动，写的诗歌、小说、剧本等得到很多人的表扬。而且，此前两次被推荐上大学，都没上成。我知道被录取的人成绩不如我，但是他们能上我不能，那是制度有问题。一旦恢复高考，以我的聪明才智，肯定是能走出来的。即便今年不能出来，明年也能的，所以我关心的是整个国家大政方针的变化。

我们这一届很特殊，77级大学生是1978年2月份才入学的，6月份是思想解放运动，12月份党的十一届三中全会召开，整个中国正是在这里转了一个大弯。77级、78级的幸运就在于，用当时的话来说，我们跟这个国家一起走进新时代。所以，与以后各年级的大学生相比，我们有更多天之骄子的感觉。现在的孩子们，一边读书，一边苦恼毕业后找工作、买房子等问题。而这些，我们当初从没想过。之所以比他们单纯，是因为我们都知道毕业以后会有很好的发展前景。那时的大学毕业生是国家包分配的，所以，想也没有用。正因为不必考虑太多世俗事务，我们比较多地体会大学生活里青春的飞扬。

为了体现思想解放，有些今天看来很好笑的举措。比如，不只我所在的中山大学，全国大学生都让练习跳交谊舞。不管喜欢不喜欢，都必须学。因为，这代表新时代的新风气，或者说一种新的生活方式。还有，各个大学都有自己的文学社团，中大学生办《红豆》杂志，全国十三所大学的学生社团合办《这一代》等。这些活动我都参加过，但从来不是主角。

今天怀念 20 世纪 80 年代，会把它描述成一个非常美好的黄金时代。总的印象没错，但我提醒，如果说 80 年代，请记得两首歌，一是《在希望的田野上》，一是崔健的《一无所有》。80 年代初期和 80 年代中期，是不太一样的，而且，"阴晴未定"是常态。只不过，我们的大部分同学念完本科就工作了。毕业马上工作，路走得很顺，不见得非要念硕士、博士不可。

我选择一直念下去，是因为我喜欢读书，对就业没有特别向往。我是在中山大学念硕士的，因为有机会，那我就读。至于读博士，确实有点偶然。我到北京找工作，我日后的导师王瑶先生接受了钱理群等人的推荐，希望北大中文系录用我。报到学校去，北大有自己的骄傲，觉得从中大招聘毕业生不太合适，便告诉王先生，你要是觉得他好，就招他来念博士吧。念完博士留校，那就顺理成章了。因此，很荣幸，我成了北大最早的两位文学博士之一。有机会到北大念书，也使我日后的学术道路比较顺利。但我不是北大最早的博士，数学系、哲学系都比中文系早招博士生。我进北大，那时全校博士生中的男生大概五六十人，住在 29 楼。

我第一学期的室友是学国际政治的，第二学期的室友是化学系的，第三学期以后的室友才是历史系的阎步克和高毅。不同院系的学生在一起，当然会有很好的交往与对话。可惜我后来结婚了，不太住

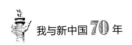

学生宿舍。

那时读博，没什么专业课程，除了第一、第二外语是必修的。我的任务是每星期的一个下午到我的导师王瑶先生家里跟他聊天，他抽烟，喝茶；我喝茶，不抽烟。3年以后，我就被熏陶出来了。当初中国的博士学位制度刚建立，还在草创时期，并没有课程和学分的要求。好处是你自己读书，有问题向老师请教，老师就像师傅带徒弟一样跟你沟通、对话、传道授业解惑。我在纪念中国建立博士制度20周年的时候，应邀写过一篇文章，谈我当初怎么读博，学生们看了很羡慕。

现在各种各样的学分制度以及课程设计，保证了基本的教学质量。但所谓严格要求，往往是没有办法的办法。要是学生足够聪明且用功，应该让他自由发展。我们今天大学里开设那么多课程，有选课、分数、作业等要求，对于提高学生的整体水准有意义，但对于比较特立独行的人来说，那是一种不必要的限制，说严重点是扼杀。所以我才说，最近30年的中国高等教育，迅速提升了学生的普遍水准，但减少了特异之才。换句话说，模式化的教育，保证了基本质量，可牺牲了山高水低、自由发展。"文革"结束后培养的前几届硕士生、博士生，每个人都不一样；而最近20年的硕士生、博士生，同一个专业出来的，都差不多。

前些年北大做过一个改革试验，挑选若干所优秀中学，给名额，让校长推荐学生直接上北大。几年下来，我问招生办主任，为什么没看到特异之才。那些推荐上来的好学生，若参加高考，照样也能上北大。回答是：没有一个校长敢把偏科乃至某门功课不及格的学生推荐给北大。那么多人盯着，谁也不敢打破常规。我们都更相信考试制度，而不是伯乐的眼光与襟怀。而且，能上各地重点中学的，从小学到初中再到高中，一路冲杀上来，每门成绩都好，考试总在前面的，其实都被严格规训过了，很难有什么特异之才。

（原载 2017 年 12 月 29 日《北京青年报》）

16

《实践》数易其稿终出炉

谢武申

 作者简介：

　　谢武申，男，1945 年生，天津人，国防大学研究员。先后就读于解放军军政大学、中共中央党校。历任军委办公厅理论组组长、中央党校部队分部培训主任，文化部《中外文化交流》杂志副主编等职。《贺龙文选》《张震军事文选》主编之一。著有《共和国体育元勋》《贺龙与程砚秋》《李达参谋长》《贺龙与国防工业》《"反教条主义运动"与刘伯承蒙冤》《"萧克、李达反党集团"冤案始末》《"八一"军旗军徽诞生记》《刘邓大军谋战往事》等。

　　1978 年 5 月 11 日，《光明日报》发表特约评论员文章《实践是检验真理的唯一标准》，由此引发了一场关于真理标准问题的大讨论，推动了全国性的马克思主义思想解放运动，加速了改革开放的宏伟大业。

初稿投进《光明日报》

1977 年 7 月，南京理论界组织了全国性的理论研讨会，深入揭批"四人帮"，光明日报社接到了研讨会的邀请函。《光明日报》理论部哲学组组长王强华是南京人，他受领导指派前往南京参加此次研讨会，一是采写新闻，二是为报社"哲学专刊"组稿。

在理论研讨会上，南京大学哲学系胡福明的发言引起了王强华的注意。胡福明说："'文化大革命'中批判'唯生产力论'是完全错误的。'唯生产力论'根本上就是历史唯物论的观点嘛！没有生产力，物质靠什么去创造？'唯生产力论'强调生产力的最大发展，那是社会发展的最根本动力啊！它的发展，也并不否认生产关系与上层建筑、意识形态在社会发展中的作用，这也是马克思创立历史唯物论的出发点……"

这些话，引起了王强华的共鸣。研讨会间隙，王强华找到了胡福明，向他表示了约稿的意图，请他根据《光明日报》的宣传主题，在基本理论上，包括在存在与思维、物质与意识、实践与理论、经济与政治、生产与革命等关系问题上，写一篇从理论上拨乱反正，批判林彪、"四人帮"的文章。胡福明欣然应约。

1977 年 9 月，胡福明向《光明日报》的"哲学专刊"寄出了两篇稿件，其中一篇为《实践是检验真理的标准》（以下简称《实践》）。1977 年 12 月，回到报社的王强华认真阅读了胡福明寄来的两篇稿件，对《实践》一稿，他认为尽管引证马列原话及阐释过多，但它毕竟提出了一个当时重大而又敏感的问题——实践与理论的关系和真理标准的问题。稿中批判了林彪、"四人帮"鼓吹的"毛主席的话，句句是真理""一句顶一万句"，符合报社理论部和"哲学专刊"组稿的基本要求，只要把那些冗长枯燥的大段引证删去，增加联系实际的内容，不失为一篇好文章。在与"哲学专刊"组的同事们商量后，决定编发《实践》一稿。随后，王强华亲自动手，删去一些重复的文字，按报社正常发稿程序，于1978年1月14日，在《实践》最初的修改稿上，签字发排了。

对《实践》一稿做多次修改

王强华发排《实践》稿以后，送一份请马沛文审阅；1978年1月19日把小样寄给在南京的胡福明两份，并附上一封信，请他做进一步修改，争取早日刊用。马沛文是光明日报社领导小组成员，分管理论部，是理论部的党支部书记。他很重视这篇文章，和王强华等反复研究，进行了修改。这样，《实践》一稿经过5次修改，马沛文和王强华认为可以在"哲学专刊"（第77期）发表，并排好了大样。按照光明日报社的规定，上专版的文章，都要报经报社总编辑审定。在新上任的总编辑杨西光手中，这篇文章的命运发生重大转折。

"文化大革命"前，杨西光曾担任中共上海市委候补书记和复旦大学党委书记。中共中央党校复校后，他是第一期高级干部轮训班的学员，参加了中央党校常务副校长胡耀邦组织的研究第九次、十次、十一次路线斗争问题的讨论。并认真研读过中央党校内部刊物——《理论动态》。1978年3月，杨西光被任命为《光明日报》总编辑，4

月正式到职。4 月 10 日，王强华把编好的拟在 4 月 11 日刊出的"哲学专刊"（第 77 期）的样（即《实践》）呈送到杨西光的案头，请他审定。杨西光看了《实践》的大样后，特别兴奋，把王强华叫到办公室，说这篇文章提出的问题很重要，并提出了两点要求：一是像这样重大主题的文章应放在第一版刊登，在专刊上发表影响小，太可惜了。文章从"哲学专刊"上撤下来，要放在头版上重要位置发；二是这篇文章还要做大的改动。要针对理论与实践关系问题上的一些混乱思想，做比较充分的论证，进一步触及影响冲破禁区的一些现实问题，提到思想路线上来评析和阐述。王强华马上落实了第一条，从"哲学专刊"第 77 期上把《实践》撤下。但对第二条，王强华却感到为难。因为作者胡福明远在千里之外的南京，修改时不征求作者的同意，不妥。恰在此时胡福明从南京到北京来参加国家教委召开的哲学教材座谈会。

听到这一消息，杨西光非常高兴，嘱咐王强华赶快把胡福明接到报社来。还说，我听说中共中央党校理论研究室主任吴江和孙长江也准备撰写一篇主题与胡福明的文章差不多的文章。你把孙长江请来，和我们一起讨论文章的修改。

4 月 13 日晚上，聚在一起的杨西光、马沛文、王强华、胡福明和孙长江对胡福明的文章进行了讨论。

杨西光说，文章一定要解放思想，批评"两个凡是"，冲破禁区。这时，邓小平对"两个凡是"的批评还没有向下传达，在座的几位同志，除杨西光之外，都不知道。所以，在胡福明的原稿和马沛文、王强华的历次修改稿中都没有涉及"两个凡是"问题。作为哲学组组长，又是《实践》责任编辑的王强华，对杨西光的这句话非常敏感，觉得很新鲜、重要，就在笔记本上记下了"两个凡是"这四个字。马沛文发言时，主张公开点名批判"两个凡是"。杨西光敢于明确提出批评"两个凡是"，是一个极为大胆的意见，是对《实践》一文"画龙点睛"，一下子就抓住了文章的要害。关于这天的会议，王强华保留了记录。

"唯一标准"提法出现的经过

4月13日会后，胡福明用两天时间，对《实践》稿又修改了一次（即第6次修改稿）。此改稿由王强华取回。之后胡福明因学校有事提前返回南京，没来得及把4月13日讨论的观点在修改稿中全部反映出来。

于是，马沛文、王强华接手修改，这是《实践》的4月20日改稿（即第7次修改稿）。之后，杨西光和马沛文、王强华又一次进行讨论，再次修改，形成了4月23、24日修改稿（即第8次修改稿）。这里需要说明的是，胡福明的原稿和《光明日报》历次改稿虽然均无"唯一标准"的提法，但原稿的基本意思，与"唯一"是一致的："只有千百万人民的革命实践，才是检验真理的标准（引毛主席的话）""一个理论是否正确反映了客观实际，是不是真理，不能在思维的范围内解决，不能靠理论争论解决，只能靠社会实践的检验来解决，等等"。"只有""只能"的含义，也就是"唯一"意思，并没有实质性的区别。王强华和马沛文以及哲学组的几位同志，都觉得需要更明确地强调实践检验真理的"唯一性"。因为，如果不强调"实践"是"唯一"的标准，就会把本来是需要由实践来检验的科学真理——"马克思主义""毛泽东思想",也说成检验的标准。

在当时的哲学界,对"实践标准"大都是认同的,但对理论(主要指马克思主义)是不是检验标准,却存在不同意见:不少人认为"是"。这是因为他们担心否认理论也是标准,会导致否定马克思主义、毛泽东思想的指导作用。这当然是一个很大的政治问题。但也有一些同志认为"不是"。理由是,检验真理的标准与作为真理的马克思主义、毛泽东思想和它的指导作用,是两个不同的概念,讲的是两个不同的问题。不能强调前一个概念否定后一个概念,同样也不能强调后一个概念而否定前一个概念。

他们还议论到,3 月 26 日《人民日报》发表的署名"张成"的一篇约千字短评,标题就是《标准只有一个》。短评说,真理的标准,只有一个,就是社会实践;真理和检验真理的标准,是两个不同的概念。马克思主义是真理,但不是检验真理的标准。真理的标准只有一个,没有第二个。如果把理论也当作检验真理的标准,那就有两个标准了,这就不符合马克思主义的认识论了。

马沛文和哲学组的几位同志讨论再三,觉得《人民日报》只发了"千字文"的短评,提出真理的"标准只有一个",就收到那么多反对的读者来信;如果在《光明日报》的头版发表一篇五六千字的大稿子,强调实践的"唯一性",还不知道会有多少读者来信反对,说不定还会有更大的风险,被扣上"反马克思主义""反毛泽东思想"的政治帽子。但是,他们又反过来想:社会上还有这么多人不懂得"实践是检验真理的唯一标准"这个马克思主义的基本原理,而理论工作者和党报的历史使命,就是要宣传马克思主义的基本原理,把被林彪、"四人帮"颠倒了的真理再颠倒过来,正本清源。他们以共产党员的党性，以理论家的良知，终于下了决心：不管会有多大的风险，也一定要强调"唯一性"！为了避免在文章的词句上"授人以柄"，不让别人抓住"辫子"，他们又对文字反复推敲了几次。

就这样，"唯一标准"的提法，便第一次出现在 4 月 20 日的修改稿中了。

在这次修改中，还根据杨西光在 4 月 13 日晚会上讲的观点，新增了"路线是非同样必须由社会实践来检验"的内容，而这也是胡福明的初稿和历次修改稿中所没有的。经过上述修改后，印成了《实践》的"4 月 20 日小样"。

之后，杨西光和马沛文、王强华、张义德等又继续对这个改稿进行推敲，不仅将文内"唯一标准"的部分基本保留了，而且把文章的标题由原来的《实践是检验真理的标准》，改为《实践是检验真理的唯一标准》，从而使文章的主题更加鲜明、突出。把标题加上"唯一"二字，是哲学组的编辑张义德的建议（北京大学哲学系 1964 届的毕业生）。这就是形成 4 月 23、24 日修改稿的经过。

《实践》中最终未出现"两个凡是"的原因

杨西光在主持 4 月 13 日的讨论时，就提出修改《实践》一文，一定要解放思想，批评"两个凡是"，冲破禁区。然而，该文中最后却没有出现直接批判"两个凡是"的字句。

这是什么原因呢？在胡福明所写的初稿，直至第 6 次修改稿中，都是这样写的："马克思、恩格斯对《宣言》的态度，表明他们并不

认为自己的学说一开头就是完美的，决没有把它看作是一次完成的
'绝对真理'，而始终用辩证法观点严肃地看待自己的学说，用实践来
检验自己的理论，尊重实践，尊重事实，尊重科学，毫无偏见，是他
们唯一的态度。"

稿子上还没有出现"凡是"一词。"两个凡是"最早出现在 1977
年 2 月 7 日的"两报一刊"的社论——《学好文件抓住纲》中。邓小
平以无产阶级革命家的敏感和马克思主义者的洞察力，最早指出了
"两个凡是"不行。但当时只有党内少数高层领导干部知道，并没有
向下传达。

马沛文和王强华根据杨西光 4 月 13 日的意见，才在 4 月 20 日的
第 7 次修改稿上，第一次加上了两次"凡是"字样："马克思、恩格
斯对《宣言》的态度，给我们以很大启发。他们并不认为自己的学说
一开头就是完美的……用实践来检验自己的理论。他们并不认为凡是
自己讲过的话都是真理，也不认为凡是自己的结论都要维护。"

但是，在 4 月 23 日和 24 日，杨西光、马沛文、王强华再次讨论
时，杨西光思忖再三，考虑到提出"两个凡是"的那篇题为《学好文
件抓住纲》的社论，毕竟是经过中央领导审阅过的，《光明日报》作
为党报，直接批评不大合适；同时，也考虑到，作为党报，也应该维
护他们的威信，文章把道理说清楚了，也就达到目的了。还是要尽量
避免正面批评"凡是"的提法。

于是，就在 4 月 23、24 日的修改稿上，删掉了"凡是"字样，
改为比较含蓄的说法：马克思、恩格斯"他们并不认为自己讲过的一
切言论都是真理；也不认为自己作出的所有结论都不能改变，他们处
处以实践来检验自己的学说，坚持真理，修正错误"。

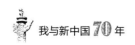

由于 4 月 20 日的修改稿已经送到理论研究室，杨西光又和吴江等商议，吴也认为杨的考虑是对的，因为按原先的约定，《实践》稿经胡耀邦同志审定后，先于 5 月 10 日在《理论动态》上刊登，胡耀邦此时虽已担任中央组织部部长，但还兼任常务副校长，点出"两个凡是"，直接批评相关领导也不合适。

所以，此后无论在理论研究室的修改稿上，还是最后在《理论动态》刊登和在《光明日报》公开发表的《实践》中，就都没有"凡是"字样了。

关于这一经过，在 1979 年 1 月 9 日的理论务虚会上，在《杨西光、胡绩伟、曾涛、华楠、于光远、王惠德六同志的联合发言》中，也作过明确的说明：那时杨西光同志刚调到《光明日报》任总编辑，认为这篇文章不错。编辑部在原稿上加上了"马恩列斯毛从来不认为凡是他们的决策都要维护，凡是他们的指示都要遵循"这两句。后来，《光明日报》编辑部和中央党校《理论动态》组的同志一起修改这篇文章时，保留了作者的原意，但是考虑到 2 月 7 日的社论是经过中央领导同志审阅过的，还是删去了《光明日报》编辑部加上去的这两句话，避免正面批评"两个凡是"的提法。

中央党校理论研究室再修改

吴江在收到《实践》的 4 月 20 日修改稿和 4 月 23、24 日修改稿后，交由理论研究室的孙长江执笔修改。孙长江于 4 月 27 日完成了修改稿。吴江也作了添加和删改，虽然不多，但却不乏"点睛"之处，从而使文章更为准确，更为精练。吴江曾说：我估计，这篇文章在《理论动态》发表后，肯定又要遭到非议。为了堵一些人的嘴，我提出，将华国锋文章中的一句话加到文章中，大家都同意了。这就是《实践》第三部分第二段开头的那句："正如华主席所指出的：'毛主席从来对思想理论问题采取极其严肃和慎重的态度，他总是要让他的著作经过一段时间的实践的考验以后再来编定他的选集。'"

对理论研究室的同志参与修改《实践》时所付出的辛勤劳动和作出的贡献，在光明日报社编辑出版的《光明日报与真理标准讨论》一书中，作了高度评价："保持了基本观点，质量上有了提高"。具体贡献是：对原稿作了不少删削；包括内容的增删、段落的调整，加了毛主席修改个别提法的例子，使文章论据增加了分量；加了四个小标题，使主题更加鲜明，最后一段写得更加有力；加强了针对性等。由此可见，《光明日报》的同志极为认真地找出了修改者的每一处改动，不但虚心地接受了这些改动，还予以了热情称赞和感谢。

《实践》一文数易其稿终出炉，由此掀开了席卷全国的关于真理标准问题的大讨论。回顾这段历史不难发现，人类社会的每一次重大跃进，人类文明的每一次重大前行，都离不开理论的引领和驱动。理论创新所具有的那种勘破思想迷津、清除观念障碍的磅礴力量再一次展现了它惊人的魅力。正是凭借这场足以彪炳史册的思想大讨论，我们党重新确立了实事求是这一马克思主义精髓在思想路线中的核心地位，为党的十一届三中全会作出"以经济建设为中心"的重大战略决策奠定了坚实思想基础，从而极大地推动了经济社会发展走上正轨坦途。

17

安徽农村改革侧记

赵德润

 作者简介：

　　赵德润，男，1946年生，吉林长春人，中共党员，中央文史研究馆馆员。高级记者，中国韬奋奖获得者。曾任新华社河南分社社长、光明日报社副总编辑、中华书画家杂志社社长。

　　1997年春，郭崇毅到合肥干休所看望老红军邹德胜（前司令员）。郭崇毅曾变卖家产组织武装交给邹德胜支持革命。

　　28年前的春夏之交，中国改革开放的总设计师邓小平在一篇重要谈话中，为当时颇有争议的安徽农村改革做了结论："农村政策放宽以后，一些适宜搞包产到户的地方搞了包产到户，效果很好，变化很快。安徽肥西县绝大多数生产队搞了包产到户，增产幅度很大。'凤阳花鼓'中唱的那个凤阳县，绝大多数生产队搞了大包干，也是一年翻身，改变面貌。"

　　安徽省政府负责人在一次座谈会上动情地说："谈起安徽农村改

革，不能不想起一位可敬的老人，他不顾个人安危，凭着敏锐的政治洞察力和大量调研得来的第一手材料，冒着巨大的政治风险，连续三次上书中央，直言进谏，其胆识令人敬佩。他为农村改革所作的贡献，人民是不会忘记的！"

这位老人，就是最早向中央反映安徽农村包产到户、为中央决策提供重要参考的省政府参事郭崇毅。五个月三次上书中央，他要让最高决策者了解农村真实情况，了解农民对自主经营土地的期盼。1978年，合肥地区遭遇了百年罕见的大旱。肥西县山南区委书记汤茂林按照省委"借地种保命麦"的指示，联系山南实际进一步放大胆子，将"借"字改为"分"字，把土地分包到农户，抢种保命麦。"借"与"分"一字之差，似乎比多少动员报告都灵验，全区男女老少夜以继日地挑水点种，硬是在一个月内抢种小麦10万多亩，油菜48000亩，占全区耕地面积的80%以上。

第二年夏季，山南区获得历史上从未有过的大丰收。麦收时节，安徽省政府参事郭崇毅满怀喜悦回到山南家乡。他走村串户，查看实情，看到家家户户门前都是麦堆。几个正在插秧的青年说："要是政府信得过，把田分给我们，保证年年丰收，给国家多交粮食！"

在昏暗的油灯下，郭崇毅萌生了一种使命感：山南区党委冒着风险闯出的路子，虽不为红头文件所允许，却分明抓住了真理。如果广大农村把生产关系调整到适合生产力发展水平，那该产生多么巨大的物质力量！他决心把山南的火种保护下来！

1979年6月19日，郭崇毅写成调查报告《关于参观肥西县午季（夏季）大丰收情况的报告》，8000多字几乎是一气呵成。他满怀热情地记述了生产责任到户、夏粮成倍增长的生动景象；重点剖析了

"包产只能包到组，不能到户，到组还是社会主义，到户就是资本主义"和"只要土地是集体的，按国家计划生产、分配，包产到户还是社会主义集体经济，不是资本主义"两种意见的是与非；建议领导部门和理论部门及时研究解答实践中提出的理论问题，总结包产到户的成功经验。报告得到安徽省政府秘书长郑淮舟的支持，但他们都感到事关重大，绝非一省一地所能解决……于是郭崇毅拿定主意，要到北京直接向党中央反映，让最高决策者了解农村真实情况，了解农民对自主经营土地的企盼。

1979 年 7 月 1 日，郭崇毅选了个"吉日"进京上书。然而接待他的干部和亲友都给他泼冷水：红头文件明明写着"不许包产到户，不许分田单干"，这不是往枪口上撞吗！几经周折之后，老战友蒋树民指点他到中央制定农业政策的参谋部门——中国社科院农业经济研究所（以下简称"中国社科院农经所"）去试试。

在中国社科院农经所，郭崇毅递上报告后说："你们研究农业，要能到我们肥西去调研，写一篇文章说明农业责任到户并不改变社会主义性质，那真是字字黄金！"王耕今所长接过报告，嘱咐他三天后听回音。

三天后，郭崇毅大喜过望地得知，报告已经报送中央；中央领导同志给省委打电话支持安徽农民的首创精神。

这一年 8 月，郭崇毅又应中国社科院农经所之约，写出《责任到户的性质及其有关问题》，对包产到户从理论上加以阐述，分析了"不必要的十大忧虑"，安徽省委印成单行本发到全省；11 月，又根据在六安地区调查写出《关于六安地区七县农业生产责任制的报告》，由中国社科院农经所印发，报送中央参阅。

1980年5月31日，邓小平讲话了。他在《关于农村政策问题》的重要谈话中，充分肯定了安徽肥西县包产到户和凤阳县的大包干。8月16日，郭崇毅给邓小平等中央领导同志写信，"恳切请求中央将农业文件中'也不要包产到户'一段，改为生产队采取哪种形式生产责任制，由社员自行讨论决定"，"在中央一再号召要按经济规律办事的同时，如果仍然由上面硬压着不准责任到户，反而会造成一些不必要的混乱与损失。"

1980年9月，中共中央发布75号文件，农业生产责任制正式写进中央红头文件。农村改革的星星之火，迅猛燃遍全国农村……为讲真话他曾两度付出沉重代价，但他无怨无悔，始终如一守着一条底线：坚持讲真话，决不说一句假话和违心的话敢言的郭崇毅，曾为不讲假话和讲真话两度付出沉重代价。

1955年，治淮委员会一位领导干部以"莫须有"罪名入狱，郭崇毅连带坐牢。专案组要他揭发所谓"反党反革命"罪行，他坚持不说一句假话，不说一句违心的话。一年后，省委组织部部长宣布为他平反，向他赔礼道歉。

不到半年，更大的灾难又悄然袭来。1956年冬，35岁的郭崇毅受省政协委派到肥西农村视察。县粮食局副局长陪他来到全省合作化运动"标兵单位"肥光高级农业合作社。听到社主任汇报当年粮食产量453万斤，比上年增产50%时，郭崇毅高兴地说："这样的丰收令人鼓舞，请把社里账册拿给我看看，以便给省上写报告。"当晚回到县里，在昏暗的油灯下，郭崇毅一笔一笔仔细核对账册上的数字，发现实际产量只有285万斤，比上年减产10%。他顿时感到自己受骗了。第二天一早，他约上粮食局副局长又来到肥光社，要找社主任问

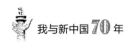

个究竟。

社主任回答："我们汇报的增产数是春天在农业生产会上向全省提出的'挑战数字'，实际上秋季减产了。"郭崇毅问："既然减产，为什么不如实上报？"回答说："县里不准呀！肥光社是全省高级社的红旗，只能报增产。"郭崇毅当即请社长把合并高级社前4位初级社会计都找来，当面把减产上报增产的情况一一核对，最后请社主任写成书面材料，盖上肥光社公章和主任私章。

郭崇毅不敢怠慢，一回到省城就抓紧写报告。第二天的汇报会上，郭崇毅有理有据地讲了对肥光社等几个高级社浮夸问题的调查。"马蜂窝"炸窝了！有人在会上公开站起来批判他"蓄意反对农业合作化"，要他承认"造谣"。有关领导不由分说，会后安排了多场批判会。他视察过的几个高级社主任来了，他原以为能当面澄清真相，解除误会，不料几位社主任异口同声否认亲手写的减产报告，说"大社大增产，余粮吃不完"，弄得郭崇毅啼笑皆非、有口难辩。于是，从"右派"到"极右"再到"现行反革命"逐步升级，最后郭崇毅竟以"现行反革命罪"被判刑，送白湖农场劳改。

1962年"七千人大会"后的那个早春，新任省委第一书记李葆华指示省委统战部从白湖农场接回郭崇毅，宣布他向省委反映情况是正确的，表示赔礼道歉。

参政议政，建言献策，拾遗补阙，是他对政府参事工作的理解；尊重事实，追求真理，淡泊名利，是他终生不懈的追求。郭崇毅是一个非同寻常的人。1937年他才16岁，上海"八一三"抗战一打响，他就毅然离开家乡奔赴战场；后来又变卖家产组织游击队交给共产党，父亲登报声明和他永远脱离父子关系……解放后蝉联安徽省政协委员 41 年、在省政府参事任上 27 年之久。

从加入民盟、进入政协，到担任政府参事，郭崇毅重新诠释历史上的"拾遗补阙"，经常就国家大事向党和政府提出意见和建议。

乍暖还寒时节，郭崇毅不敢忘记政府参事的职责，于是有了关于包产到户的三次"上书"。今天人们重读 30 年前的三份"上书"，依然能够感受到字里行间的政治勇气和理论力量。实事求是和辩证思考，是他所有上书和报告的主要特色。他善于参政议政，建言献策；擅长用事实说话，既全面看待问题又能敏锐地抓住本质，准确而鲜明地反映倾向性问题。

1982 年，已经担任省政府参事室副主任的郭崇毅回肥西过春节，以《肥西县农村春节见闻》为题，给省委写报告，着重反映党风与干部作风、赌博与治安、农民承包的土地山林不稳定等问题。这个报告受到省委重视，省委办公厅以正式文件发到全省各县、区、乡。郭崇毅认为，类似党风、干部作风等问题，全国各地都不同程度存在。于是 1982 年 8 月上书中共中央，陈述六条意见：一、整顿党风问题；二、实行法制问题；三、任用干部问题；四、严明赏罚问题；五、党政干部实行责任制问题；六、广开言路问题。10 月下旬，中组部来信了："你给中共中央的信已转给我部参阅，对你这种积极负责的精神，我们表示谢意。"

党的十一届三中全会之后二十多年中，郭崇毅向安徽省和中央共写了近百篇调查报告和建议，反映了干部作风、农业政策、教育、统战等多方面的意见和建议。

毛泽东在中南海的一番教诲，成为他一生的座右铭；他选择反映人民呼声、关心人民疾苦作为回报人民的主要方式。1949 年 12 月 4

日晚，北京的一个初雪之夜。在中南海小客厅里，28 岁的郭崇毅和参加民盟中央扩大会议的代表一起，在这里接受毛泽东主席的接见。毛主席两次从沙发上站起来说："在人民有困难的时候，做了好事，人民是不会忘记你们的！"

安徽省政府参事室副主任汪书贵、省文史研究馆馆员徐承伦和郭崇毅既是同事，也是朋友。他们说，郭老是一个真正和人民息息相关的人。他之所以一到农村就能了解许多真实情况，就因为他和老百姓贴心，老百姓有什么心里话都愿意向他倾诉。

郭崇毅说，人民的恩情永远回报不完，他回报人民的主要方式就是反映人民心声，关心人民疾苦。

饱受磨难的郭崇毅，有一种打不垮的内在坚定性、难不倒的乐观向上精神。花甲之后，到 2002 年 81 岁去世，他在政府参事岗位上抱病参政议政。正是在这一时期，他建言献策最多，对农村改革贡献也最大。

1993 年，郭崇毅表兄、美籍历史学家唐德刚回合肥探亲。在聚会上，一些朋友谈起郭崇毅的坎坷人生，为他感叹。他当即站起来说，中华民族的历史，自清末以来内忧外患有如浩浩长江进入三峡地段；往来其中的人，确实要经历一些惊心动魄的礁石险滩、危崖恶浪；但是无限风光的十二巫峰，绵延数百里的锦绣山河，都蕴藏在这里。我 1921 年来到人间，正走在这个美丽的历史画廊中。不是坎坷，而是幸运。虽然碌碌无为，始终生活在我所热爱的人民中间，还是无怨无悔的！

18

农村改革试验区的探索

杜 鹰

 对话人简介：

　　杜鹰，男，1952 年生，河北深州人，中共党员，国务院参事。国家发展改革委原副主任、党组成员。曾任国务院农村发展研究中心发展所副所长、农业部农村经济研究中心副主任、农业部产业政策与法规司司长、国家发展改革委农村经济司司长。第十二届全国政协委员、民族宗教委员会副主任。长期从事农村改革和发展的政策、理论研究、参与政策制定。"三农"问题专家。1989—1998 年兼任全国农村改革试验区办公室主任。

 编者按：

　　建立农村改革试验区，是 1987 年中共中央 5 号文件正式确定的政策，此举在中国农村改革的历史画卷上留下了浓重的一笔。30 多年来，我国农村改革试验区已经形成许多突破性的制度成果，为推进农村改革起到了无可替代的作用。

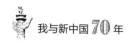

曾任国家发展和改革委员会副主任、全国农村改革试验区办公室主任的杜鹰参事，回顾了试验区创建的背景和目的，总结了多年来试验区工作的进展和成效，同时对试验区在推进农村改革方面的作用和意义等问题进行了深入探讨。

空前复杂的改革局面

《国是咨询》记者：1987年中共中央5号文件正式确定建立农村改革试验区，您曾长期从事农村改革试验区工作，参与政策制定，能否谈谈当年决策的背景？

杜鹰：农村改革可以划分成若干阶段，人们通常把1978年到1984年称为农村改革的第一阶段，此后为深化农村改革阶段。农村改革第一阶段的进展相对而言还算是比较顺利的，尽管也有重重阻力，但家庭联产承包责任制从局部突破到普遍推开仅仅用了五六年，并且取得奇迹般的成效，粮食大幅度增产，多年没有解决的温饱问题在短短几年内基本得到解决。但1985年以后，形势发生急剧变化。由于种种原因，1985年粮食比上年减产290多亿公斤，接着就是几年的徘徊，农产品供求关系又重新紧张起来，拉动价格上扬，粮食的合同定购制实际上被迫退回到"双轨制"。与此同时，乡镇企业的发展，流通领域里的改革，也触及城乡利益关系方面的深层矛盾。各级干部都明显感到，农村的第二步改革不像第一步改革那么顺手了，问题多，矛盾也非常复杂。

《国是咨询》记者：1985年以后，农村改革发生了怎么样的变化？

杜鹰：应该说，1985年以后的农村改革，从形式到内容，再到内外部的环境，都发生了很大的变化。首先，第一步改革基本上是在农村内部进行的，大体限于微观经营组织和制度变革这一领域，因此有相当的独立性；其次，第一步改革的主要内容是破除人民公社体制，实行家庭承包经营，而中国有几千年家庭经营的历史，农民有这种传统的意识，关键是政策允不允许搞，只要政策放开，农民家家户户都会。而第二步改革的情况就不同了，为了给家庭经营铺平进入市场的轨道，改革必然要深入到金融、财政、价格、计划、物资、内外贸等诸多领域，必然要触及城乡之间以及各部门之间的深层利益结构的调整，农村改革的独立性程度大大下降，深化农村改革必定是兼及城乡的改革，改革面临着空前复杂的局面。

不仅如此，第二步改革的重要内容如后来所逐步明确的是要在经营主体变革的基础上去建立现代市场主体和市场体系，而如何去建立，我们的历史没有这种记忆。因此，我们所面对的问题，大量是超经验的问题，绝不是简单地放开政策或放开价格就能解决的。从这个意义上讲，如果把以往的改革定义为破旧的话，那么新一轮改革可以定义为创新，即组织创新和制度创新，这是市场运作的基础。

从外部环境来看，当时还有一个重要的背景，就是在1984年10月，党的十二届三中全会作出了关于城市经济体制改革的决定，这标志着改革的重点已经从农村转入城市。改革是要花费成本的，因此改革重点的转移，意味着在一段时间内客观上会导致国民收入分配关系更多地向城市偏斜。这样农村发展的外部条件绷紧了，农村改革也面临着新的宏观环境，回旋的余地也比农村改革第一阶段缩小了。

《国是咨询》记者：那么建立农村改革试验区的创意是如何产生

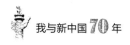

的呢？

杜鹰：经过 20 世纪 80 年代前期的改革，各地经济发展的差异开始显现，利益主体开始多元化，利益关系的调整也日趋复杂化，这意味着改革的难度越来越大，统一决策的风险也越来越大。在这种情况下，必须考虑调整指导改革的方法和推进改革的方式。当时有两种可供选择的方法，一是全面改革中的整体突破，二是整体改革中的重点突破。显然，前一种贸然推进全面改革的办法，一旦出现失误，不仅势必酿成全局的动荡，甚至会中断正常发展的过程。而在局部地区进行整体改革中的重点突破，其结果是可控的。特别是在决策所依据的信息基础不足时，更需要通过实践来统一人们的思想认识，通过操作性很强的试验抵近观察、加快认识与实践的信息反馈。建立试验区，通过局部地区的超前试验来提取信息，对于推进全局改革无疑是分散风险、分解难题的最好选择。中央正是基于对农村改革发展新阶段的分析和判断，作出了建立农村改革试验区的安排，期望通过局部的试验，理顺深化改革的思路，提供经过实践检验的经验，为全局改革探路。

尊重实践、着眼发展的改革试验

《国是咨询》记者：您能谈谈推进试验区工作所遵循的原则吗？

杜鹰：试验区的工作确实从始至终遵循着一些基本的原则，这些基本原则不仅指导着试验区的实践，而且构成了试验区的特色。第一条是把改革与发展紧密结合起来。一般而言，试验区的选题和项目就是把发展中遇到的难点问题作为改革的重点，即所谓发展出题目，改革做文章。另一层含义是，所有的试验结果，是成功还是不成功，最终还要用发展的实绩来衡量。试验区是搞改革的，当然要把着眼点放在体制转轨和机制转换上，但是最终要落实到发展上。改革本身不是目的，最终目的是解放生产力。所以搞改革试验，不比写文章，你想空口说白话也不行，经济发展了没有，那可是实打实的，这一条是搞好改革试验的基本保证。

第二条是试验区十分重视理论与实践紧密结合。改革需要理论指导，更需要加快实践的步伐。这一点在农村改革的深化阶段比初始阶段显得更加突出。对于怎样发展商品生产，怎样建立市场体系这些新课题，我们既没有传统的组织资源的储备，也没有可供借鉴的现成经验。当时理论界、政策研究界对任何一个改革的议题，都可能发散出各种不同的观点，能够统一大家认识的，没有别的东西，唯有实践。因此可以说，把理论与实践更加紧密地结合起来，是深化农村改革的内在要求。

第三条是多样化和规范化相结合。其实规范不是一律，并不影响多样化的探索。规范的意思是说，有必要有重点、分阶段地把那些经过实践检验证明是正确的政策上升为具有长期性、权威性和稳定性特征的法律、法规，把已有的改革成果制度化，这才能支撑起农村的新体制，这也是试验区工作的重要目标之一。

《国是咨询》记者：您在农村改革试验区的工作中获得了哪些宝贵的经验？

杜鹰：我们从改革试验区的实践中学到的东西真是太多了，可以说是终身受益，它教会了我们尊重实践，强化了我们的国情意识。你

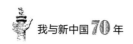

光是从书本上学到不少经济学知识和理论，或者也很了解国外经济体制运行，但如果不顾中国国情，简单照搬，十个有十个要碰壁。其实，真正聪明的还是农民。比如，现在股份合作制已得到公认，而它也是农民的创造，它的发源地之一是山东省淄博市周村区的长行村。

仔细回想，农村改革当中有多少创造，哪一个没有凝聚着农民的智慧，真正推进农村改革的当事人不是所谓理论家，而是农民，千千万万的农民。理论研究者应该而且可以做的事情，就是到民众中去，体察社会发展的内在需求，寻求适应这种需求的社会表达，试验区所做的正是这样一些工作。

不忘初心　改革探路

《国是咨询》记者：您认为试验区的工作在农村改革中发挥了什么作用？

杜鹰：总体来看，试验区的作用可以概括为"探路、验证、示范、储备"八个字。

先说探路作用。作为深化农村改革的先头部队，试验区确实起到为全局改革投石问路的作用。试验区建立以来，我国农村改革中的不少热点问题，是由试验区的实践率先提出，并且提供了宝贵的操作性经验。虽然有些方面的改革到处都在进行，也有一些改革经验并不是试验区率先提出的，但试验区在这些方面的改革仍然具有独特的优势，因为它是有组织的、系统的实践。因此，试验区的改革实践通常起步较早、经验比较系统，因而社会影响也比较大，对面上的改革起到了推动促进作用。试验区不仅在实践方面为各地的改革探了路，而且也为理论界和研究界提供了丰富的研究素材。

再说验证作用。也就是通过试验的检验，为中央和地方的决策提供依据。这方面试验区的作用也是显著的。例如，广西玉林、河南新乡和四川广汉率先开展的粮食购销体制改革试验，对形成 1990 年全国"稳购、压销、提价、包干"的粮改方案和此后的购销同价改革方案，起了重要的参考作用。

第三是示范作用。国家并没有额外给试验区特别优惠的政策，也没有专项的资金支持，正因为如此，试验区的经验才更具有普遍性，更具有示范效应。它的许多做法，都在省一级或各个系统加以推广。另外，慕名到试验区学习、参观的就更多了。通过每年的工作会、研讨会及新闻媒体的推介，试验区的影响辐射全国，很多新鲜经验不胫而走，甚至吸引了国际组织和国外学者的关注。

试验区的超前性和探索性，要求从事这项工作的干部具有较高的理论、政策水平和较强的操作能力。因此，试验区一向非常重视对干部素质和能力的培养。凭借理论界、学术界的智力支持、实践的锻炼以及在认识和实践的碰撞中积累的各种有价值的信息，这些干部迅速成长起来，并且一批批走上更加重要的领导岗位。如果说它是试验区的一个无形成果，其长远意义并不亚于那些有形的成果。此外，由于试验区注意从解决阻碍当地经济发展的主要问题切入去选择试验项目，因而有力地推动了所在地区的经济发展，几乎所有试验区的综合经济指标均高于周边地区。

《国是咨询》记者：您认为建立试验区的意义在于什么？

杜鹰：实践已经证明，办试验区是个好办法。试验区的创办绝不是权宜之计，而是党中央审时度势作出的重要战略部署。当时深化农村改革提出了组织制度创新的要求，而另一方面我们又缺乏组织建设和制度创新的经验，缺乏政策制定和选择的基础信息。创办试验区可以更加便捷和深入地总结我们自己的经验，广泛借鉴国外现代市场组织和制度的成型经验，通过转化吸收其中有用的信息，把它运用到实践中去，经过在实践中反复调试，达到预期的试验目标。这些年来试验区正是很好地发挥了这些作用。

如果从更高的层面上看，我们还有必要对试验区进行再认识。中国的改革开放之所以能够取得巨大的成功，在很大程度上归因于政府采取的渐进式的推进方式，这种推进方式同样运用于农村改革。我们党一向倡导调查研究，先试点后推广，一切经过试验，这样一种思想方法也在试验区的实践中得到了充分的体现。试验区的工作有明显的实践参与性和操作性，可以抵近观察，加速信息反馈，深化对改革规律的认识，体现了实践第一的思想方法和工作方法。同时我们可以在试验中取得正反两方面的信息，通过局部的突破带动全局的改革。除了本质而单就方法而言，与同样处在转型期的一些国家采取的"休克疗法"所引起的社会震荡相比，我们的渐进式改革的优越之处就显而易见了。

此外，试验区为有志于改革的理论家和思想者提供了实践的舞台。现在面对改革提出的特殊性难题，许多人已经意识到，再也不能仅仅依靠书本知识和星星点点的调查就发表议论了，必须积极参与到实际工作中去，唯有如此才能在中国的农村改革中有所作为。许多青年学生和理论研究工作者的经历也证明了这一点。

试验区在推进农村改革的过程中，已经发挥了不可替代的作用。

如果没有试验区的成功运作，没有这种有组织、成系统的改革试验，就无法保证决策信息的质量；一些不宜于公开讨论的敏感问题，也不可能在试验区这样的特殊环境中提得这么清晰、及时并有所突破；更不可能提供一个理论与实践相结合的有效支点，农村改革的进程也许会由于全局性统一决策的困难而放慢。总之，试验区既是中国农村改革的重要收获，也是农村改革顺利进行的重要条件之一。

《国是咨询》记者：回顾农村改革试验区从建立到推进的历程，您有何感悟？

杜鹰：回首试验区建立以来走过的路，风风雨雨，坎坎坷坷，让人感慨万千，毕竟农村改革的大潮中融入了我们的热血和汗水。其实，上上下下，从中央到基层的各级领导，农口及各有关部门的同志，一些国内知名的专家、学者，尤其是试验区所在地那些工作在第一线的干部和群众，都为农村改革试验区的建立和发展、为推进农村改革倾注了大量心血。他们多年来的辛勤工作和不懈努力，结成了今天试验区工作的累累硕果，这对他们也是最大的安慰和最好的感谢。

"筚路蓝缕，以启山林"（《左传·宣公十二年》），这是古人用以形容创业艰辛的话语。农村改革最终要开创的是前无古人的事业，这个进程中必定充满了艰辛，创业的精神是必不可少的。展望将来，我们有理由充满信心，因为毕竟我们已经有了很好的开端，打下了很好的基础，只要初衷不改，锲而不舍，试验区完全能够在改革的新时期再担重任，再创新的业绩。

（吴睿娜 整理）

19

"一号文件"背后的故事

刘志仁　口述

 口述人简介：

　　刘志仁，男，1945年生，辽宁大连人，九三学社社员，国务院参事。农业部农村经济研究中心研究员。享受政府特殊津贴。长期从事国际农业经济和"三农"问题研究工作。"中央一号文件"和统计局发布的农业数据是他的两大"宝贝"，从不离身。带着热情、激情，刘志仁奔走乡野间，几十年如一日。

编者按：

　　改革开放40年，党中央、国务院发布的关乎"三农"问题的"一号文件"共有20个。

　　中国的改革起源于农村。在一系列"中央一号文件"的指引下，我国农村改革由以家庭联产承包经营为核心的农村经营体制改革，到1985年推进的农产品流通制度改革，再到后来的农村综合改革，40

年来，党中央、国务院在调整生产关系、解放和发展农村生产力方面取得了国内外瞩目的巨大成果，全面加快了我国对外开放的步伐。

研究"三农"问题的国务院参事刘志仁，作为我国农村改革重大决策的参与者，向笔者口述了"中央一号文件"背后的故事。

"包干到户"是农民的选择

中国是一个农业大国，农村人口众多，农业是国民经济的基础，农民在当时僵化的体制下深受其害，改革的要求最强烈、改变现状的心情最急切。中国农村幅员广大，情况复杂。应该从何处着手改革，如何改革，朝什么方向改革才有利于广大农民，有利于生产的发展？这是一个难度很大的问题。

党的十一届三中全会在很大程度上顺应了农民的要求，提出了解放思想、实事求是的方针，纠正了"左"的思想路线，确立了新的思路和理念，从而使党的工作重心由"以阶级斗争为纲"转到经济建设上来。

"包产到户"与"包干到户"是亿万农民的伟大创造。从 1979 年到 1981 年短短 3 年间，全国农村已有 90％以上的生产队建立了不同形式的农业生产责任制。一些大胆推进新体制的省份，尝到了改革的甜头，粮食总产量直线上升。

然而，当时还有很多领导同志受旧体制影响很大、很深，甚至农口的个别领导也对新体制抱怀疑态度，经常为此争吵。对于推进新体制，地方干部有赞成的，有反对的，也有举棋不定的。当时，杜老

（杜润生）经常带领研究人员深入农村调查，在肯定新体制取得成就的同时，也不断发现出现的新问题和新情况。通过与地方干部多次讨论，杜老积极向中央建议，在这个关键的时期，中央必须明确对新体制的态度，要有一个文件来统一大家的思想，统一各地的步调。我认为，这就是中央关于"三农"问题"一号文件"出台的萌芽。

1981年10月4日至21日，中共中央召开了农村工作会议。会议正式肯定了土地家庭联产承包经营制度，肯定了以包产到户与包干到户为主要内容的联产承包责任制属于社会主义集体经济，从而为包产到户、包干到户上了姓"社"的户口。

根据座谈会的情况，中央决定要通过"红头文件"的形式，统领中国农业农村工作。考虑到中国农村情况，当时在写"一号文件"时，杜老除极其关注文件内容构成外，在文字结构上也下了很大功夫。文件中没有出现"严格限制、禁止"的字眼，大部分是"可以……可以……也可以……"这样的表述，由地方针对实际情况做出最佳选择。从政策的柔软性来讲，非常灵活。杜老说，中国情况太复杂，不能搞"一刀切"，要充分给予地方和农民选择权。因此，在文件中"因地制宜"的提法用得特别多。党中央、国务院以会议形成的《全国农村工作会议纪要》作为1982年"一号文件"下发，成为关乎"三农"领域的第一个中央"一号文件"。

"一号文件"下发后，在全国各地那个轰动的场面，我至今记忆犹新！农村干部和一些农民把"一号文件"印成能装在口袋里的小本本，随时翻阅。

到1986年，中央连续五年发布了关于农村政策的"一号文件"，成为中国农村改革史上的专用名词——"五个'一号文件'"。

"五个'一号文件'",激发了亿万农民的生产积极性,促进了农村经济的蓬勃发展,为农村乃至全国各行各业的改革开放奠定了重要基础。

"上到天,下到地"

农村改革初期,中央领导同志很关心农村情况和农村改革,经常认真听取下边的汇报和各种不同的声音。在杜老的带领下,我们经常到基层调研,下边的真实情况和意见能很快向上反映。为了更深入地推进农村改革,更精细精准地了解农业和农村实情,以及农民的衣食住行和生产生活情况,农研室设立了深入到村、户的"农村固定观察点",可以直插农户。农民的生产情况及每天的收支情况都要写在账本上。我们定期汇总分析,向中央提供农村的第一手资料,这种情况称为"上到天,下到地"。

20 世纪 80 年代初,每年 4 月,农研室接到准备起草下年"一号文件"的指示后,即抽调在京的农口单位干部组成二十几个调查组,到地方调研。我也多次参加此类调研。我会抽烟也能喝点酒,我常调侃,"三农"研究就是"烟酒"。你给农民一支烟,农民会看你给他的是什么烟,一看牌子,对你的态度立即就不一样了。中午的时候,我们就在农民家里吃饭,包里带着好酒,酒一喝,农民什么实话都对你讲。我们当时的调研和现在大大不同,当时白天调研完,晚上几个人在一起,讨论出白天的要点。回到北京后,把这些天的要点合在一起,就是一个活生生的报告。

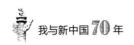

　　回京后，大家在 2 号院的大会议室讨论方案，每个组都要汇报，全机关的人都去听。有不同看法，畅所欲言，展开讨论；领导虚心听取意见，认真考虑，一时定不下来的，保留再议。由此形成一种深入实际、深入群众、实事求是、虚心探讨、民主活跃、心情愉快的研究风气。会后，杜老向中央领导同志汇报调查和讨论情况。农研室每年都组织在京的农口单位到各地调研，调查组回来后，都集中汇报讨论，成了常规。

　　我深深感到，搞"三农"研究必须要和农村干部、农民交朋友，只有这样，才能获取真实情况。现在我还与不少农民及基层干部保持热线联系，手机里还存着将近 300 个电话号码。许多新问题、新动向就来自这个"信息网"。

很多政策是"试"出来的

　　谈到"中央一号文件"，绝不能忘记"农村改革试验区"的重大贡献。农村改革试验区是杜老向中央建议而建立的。杜老曾对我说，自然科学可以通过实验室做实验，但咱们搞政策的没有实验室。在农村改革的一些重要领域，能否搞农村改革试验区？在试验区里让相关政策封闭运行，先行先试。试成功了，就可以推广，如果试失败了，再想其他的办法。当时的很多政策都是在试验区里"试"出来的。农村改革试验区是深化农村改革的产物。自 1987 年至 1997 年，经国务院批准，共建成 33 个农村改革试验区，分布在全国 21 个省区市的160 个县级单位。

中国在以前是配给经济最彻底的国家，票证有一百多种。所有东西没有不要票的。到地方出差的第一件事就是去粮站办粮票，光拿省粮票不行，还要拿全国粮票，带油的。如果没带油票，还要到地方政府开证明才能吃饭。那个时候，生产队的农产品，除了留给自己的一点外，其余的都卖给国家，由国家统一定价收购，销售价也由国家定。粮价始终与价值相背离，不能起到调节粮食供需的作用。而随着农产品生产的逐渐丰富，打破统购统销的呼声越来越高。农村开放了自由市场，并逐渐扩展到城市里，粮票也能换点鸡蛋了。

经国务院批准后，农研室在广西玉林试验区里进行了粮食购销体制改革。玉林成为当时中国唯一一个买粮吃饭不用粮票的地方。随着粮票在试验区里的取消，其他票证也相应都取消了。试验区的经验推广后，中国逐渐结束了"票证经济"的时代。而随着农产品流通体制的改革，农村已经不需要那么多劳动力了。乡镇企业如雨后春笋般涌现，同时，大量的农村剩余劳动力进入城市，农民工出现了。

农村改革试验区的成果与中央农村改革政策密切相关，有许多成功的经验及做法直接纳入"一号文件"。目前，中央批准的农村改革试验区共 58 个，遍布全国各地，继续承担着深化农村改革"试验田"的作用。

"参事出国考察报告"推动了新农村建设

我国的农村建设，是我一直关注的重点。20 世纪 80 年代中期至90 年代初，我曾三次受国家委派去日本和韩国做访问学者，考察过日韩几十个农村。我长期研究国外农业农村，对日本与韩国最为熟悉。但实地考察日韩农村后，倍感震惊，从心底里感到我国农村与日韩相比，差距太大，必须想方设法尽快改变现状。我也多次提出过日韩经验可供我国推进农村建设参考借鉴的建议。

2004 年 11 月，我参加了由时任国务院参事室副主任蒋明麟带队的赴日韩农业考察团。在考察过程中，我们详细了解了韩国 20 世纪 70 年代初大力推进的"新村运动"，并实地考察了几个村庄，留下了深刻印象。我们还先后拜访了两国政府农业主管部门、农协中央团体和农村经济研究机构，考察了十几个基层农村及基层农协，与韩日政府官员及农协团体干部进行了 9 次座谈。回国后，我们撰写了赴韩日考察报告，并于 2005 年 2 月呈报国务院。时任国务院副总理回良玉与国务委员华建敏高度评价这份报告，认为"写得很有见地，可印发有关部门研究"。并批转给中农办主要负责人研究。国办三局还将报告印发中农办、发改委、财政部、农业部、科技部、建设部等 14 个部门。

2005 年 5 月，时任中共中央政策研究室副主任郑新立亲自带队，中央财经领导小组、财政部、建设部、央行等几家单位参与，共 8 人再赴韩国考察"新村"建设。8 人小组回来后，形成了两个报告上报给中央，一个是关于韩国"新村运动"的感悟，另一个是关于社会主义新农村的建议。他们提出，目前的中国更有条件、更有能力搞好农村建设发展。

这两个报告成为中共中央"十一五"规划建议中制定"建设社会主义新农村"内容的重要参考依据。2005 年 6 月，时任国务院总理温家宝在全国农村税费改革工作会议上谈到"社会主义新农村建设"。

10 月，在备受关注的中共中央"十一五"规划建议公布的同时，"一号文件"起草小组人员也开始了紧锣密鼓的起草工作，起草小组同志还找过我进一步了解情况。经过多次的修改和讨论，《中共中央、国务院关于推进社会主义新农村建设的若干意见》成为 2006 年"中央一号文件"，于 2005 年 12 月 31 日正式下发。

自 2006 年上半年开始，农林组参事又赴贵州、江西等 6 省实地调研，向国务院呈报了《关于对当前新农村建设几个突出问题的认识与建议》，受到国务院领导的肯定。时任国务院副总理回良玉批示："几位参事的建议很好，请中农办高度重视。"在 2006 年 11 月 7 日举办的国务院领导与国务院参事座谈会上，我们还向时任国务院副总理曾培炎报告了新农村建设的情况与建议。

农村改革 30 年重返安徽调研

2008 年，国务院参事室与安徽省政府参事室组成联合调研组，赴安徽省对"大包干"先行地凤阳县小岗村与"包产到户"发源地肥西县小井庄村开展了进村入户实地调研。

参事和专家分成 9 个小组，不要地方干部陪同，不讲任何排场，调研组根据事先设计的访谈问卷，一家一户走访。农民开始有顾虑，但渐渐发现"这些北京和省城来的官不一样，像是为我们解决问题的"，于是便滔滔不绝地诉说他们的困惑与要求。"现在上面叫建设新农村，你看村子里有几个能干事的人，都是老人和孩子，能看好门就不错了。""现在贷款比登天还难，连农村信用社都进城了！""村里工

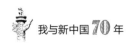

作千头万绪，干不好要挨批；干好了也没什么奔头，镇里晋升干部很少考虑村级干部。"调研组在两个村"泡"了3天，走访了139个农户，与当年按手印的"大包干"带头人等农民长时间促膝交谈，认真倾听他们的苦衷和建议，获得了大量原汁原味的第一手材料，撰写了5篇调查报告。

由调查报告汇总的《关于深化体制改革，推动农村新一轮大发展的若干建议》，分别报送时任国务院总理温家宝、副总理回良玉及国务委员马凯。温总理6月29日作了重要批示："调研深入细致，直接倾听基层干部群众意见，这种做法值得提倡。"回良玉副总理则直接批给中农办阅研。马凯国务委员批转发改委、财政部、农业部、教育部等7个政府部门阅研。

为了延续调研成果，国务院参事室与安徽省政府参事室于2008年11月在合肥联合举办了农村改革开放30周年座谈会暨全国政府参事高层论坛，就深化农村改革与推进科学发展等问题进行了充分讨论。

2008年是我参事生涯中最难忘的一年，这一年，我们通过严密细致的调查研究，为深化农村改革与解决"三农"难题提出了许多重要而又颇具价值的建议，许多建议被采纳并写入2009年的"中央一号文件"中。

为何还要继续发"一号文件"

从2004年到2009年，中央连续发了6个关于"三农"问题的

"一号文件"，此时，一些学者提出了质疑：党的十八届四中全会提出依法治国，为什么还要通过中央"一号文件"来指导农村工作？20世纪80年代初，农业法还没有提到日程上来，真正起重要作用的还是"红头文件"。1993年，第八届全国人大常委会第二次会议通过了《中华人民共和国农业法》。而国际上大都是依法治农，美国、澳大利亚、德国、法国、英国、日本、韩国都有农业法，欧盟有共同农业政策。

不过，我认为发"一号文件"这个"惯性"还要滑一阵子。2010年10月底，国务院参事室在江苏省张家港市永联村举办中国农业论坛，我发言说："当前，舆论界、经济界及农经界对是否继续发'一号文件'有很多争论，有的人甚至主张不要再发了。我认为，现在不少地方已经出现了轻视农业、轻视农村工作的倾向。如果不发'一号文件'的话，地方同志马上会认为中央的风向变了。这个损失可就大了。"

论坛还发放了调查问卷，其中第八个问题是："您认为明年是否有必要继续出台指导'三农'工作的中央'一号文件'。"根据回收的130余份调查问卷统计，有98.2%的与会"三农"专家、基层干部与农民认为，必须要出台"一号文件"。这一数据也为中央决策提供了重要参考。这次论坛也为中共中央"十二五"规划和2011年中央"三农"政策的制定提出建议。此前，国务院参事用了半年多的时间，以"农民大转移中的中国农业——问题、对策与建议"为主题展开调研。在总的主题下，又细化了粮食安全、农村金融、农民组织化与农村人力资源四个专题，先后赴7个省区市的22个市县实地调研，广泛听取意见。论坛讨论非常热烈，甚至出现抢话筒发言的情况。通过论坛，大家对"三农"问题提出了不少好的建议。如进一步提高农业收益，加强农业农村基础设施建设，增加农业技术投入，维护国家粮食安全；加大对农民合作组织的支持力度，支农项目更多地以农民合作组织作为实施主体，从而使中央的惠农政策更多地让农民受益；建立全面覆盖农村的生产服务、民生服务和社会保障网络，营造农村留住人才的良好环境；大力扶持发展农村合作金融等，最终形成了关于促进农业农村改革发展的 20 条建议，报送国务院领导同志。建议中的很多内容，都被采纳并写入了 2011 年的"中央一号文件"。中国的农业政策有很强的系统性，至今，关于"三农"问题的"中央一号文件"已经发布了 20 个。改革开放 40 年来，"一号文件"成为确保中国农村的改革在正确轨道上运行的重要指南。中国的问题，就是解决好农业农村的问题。我预计，"中央一号文件"作为引领"三农"政策的风向标及加速农业农村发展的推进器，在短期内很难找到其他政策制度手段予以替代。今后，我们将深入做好精准调研，继续为党中央、国务院制定"一号文件"献计献策。

（吴睿娜　撰写）

20

我参与撰写《历史的抉择》解说词

张胜友

 对话人简介：

　　张胜友，男，1948 年 9 月生，福建永定人，中共党员，中央文史研究馆馆员。曾任光明日报出版社总编辑，作家出版社社长兼总编辑，中国作家出版集团党委书记兼管委会主任，中国作家协会党组成员、书记处书记。全国政协第十一届委员。著名报告文学作家。撰写《十年潮》《历史的抉择》《海南：中国大特区》《让浦东告诉世界》《风从大海来》《风帆起珠江》《闽商》《百年潮·中国梦》等电影、电视政论片 40 多部。先后获国家级及各类文学奖项 20 多次。

作者简介：

　　曹雪，《国是咨询》内刊编辑部副主任。毕业于俄罗斯圣彼得堡国立大学语言文学系，曾任法制晚报新媒体部主编，要闻部副主编。

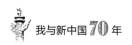
编者按：

中国改革开放的脚步已经迈开40年，邓小平同志南方谈话这一改革开放标志性事件也早已成为家喻户晓的名词。1992年岁首，改革开放总设计师邓小平同志动身南行。当时的国内，针对改革的诸多争论、质疑声不断，邓小平以他独有的睿智和眼光，在南行过程中，发表了许多振聋发聩的讲话，勇敢地为改革开放大业护航。

南方谈话对于社会主义的本质和判断标准、计划和市场的关系等重大问题做了改革开放以来最全面明确的阐述。小平同志在他的暮年，对20世纪90年代之后的中国政治经济大局进行了精确的定位。"胆子更大一点，步子更快一点"，南方谈话精神已成为引领一代改革人前进的号角。

时任《光明日报》记者的张胜友参与了邓小平视察南方的报道，此后也一直走在中国改革报道的前沿。张胜友可以说是最大力报道和呼吁改革开放的作家之一，他写下的一系列反映中国改革前沿和时代潮流的作品，无论是通讯、报告文学，还是电视政论片，都一直坚持着一个主调：改革。而他自身的经历，也几乎就是中国40年翻天覆地变化的缩影。

入行即做改革开放报道

《国是咨询》记者：您是大学一毕业就进入了媒体行业吗？

张胜友：是的。那是1982年春天，我从上海复旦大学中文系毕业，被分配到光明日报社文艺部当了一名记者。走进光明日报社大楼，当时的感觉就是忐忑不安。《光明日报》是中国最大的一家知识分子报纸，专家、学者聚集，人才济济，进来以后只有老老实实学习，一切从零开始。

《国是咨询》记者：当时就在做跟改革开放相关的报道吗？

张胜友：进入报社当年，由于我接连采写了两篇长篇通讯：《文艺体制改革的先行者——记沈阳张桂兰家庭剧团》和《一包就灵——改革带来了希望》，在社会上引起较强烈反响，得到时任文化部部长朱穆之的赞赏，连同新华社记者采写上海杂技团的一篇报道，共三篇文章作为文艺表演团体改革参阅材料下发至全国。

《国是咨询》记者：采写这些报道有没有遇见什么困难呢？

张胜友：在当时，因为很多演艺团体经营发生困难，国家开始启动文艺体制改革。在沈阳出现了全国第一个家庭剧团，夫妻俩都是当地剧团里的台柱子，夫妻双双组织剧团下乡演出，给剧团交管理费，自主经营，自负盈亏，很受乡下农民们欢迎。这确实是新鲜事物，是引导社会文艺团体如何搞好体制改革的好新闻。文艺部主任张常海就指派我前去采访，却又担心一个刚毕业的大学生能否完成这样的重头采访任务，就决定同时让一个老同志带我去。但是老同志不太乐意去。我当时正想自己单独闯一闯呢，也有自己的一个小九九："老同志带我去，我再怎么写，最后还是老同志的功劳。"我就跟老同志说："你就别去了，我自己锻炼一下。"

于是，我就一个人跑去了。临行前，张常海跟我说："你去采访半个月，回来以后再好好写。"初生牛犊不怕虎，我感到机会来了。时值隆冬，冰天雪地，沈阳的气温达零下 20 多摄氏度。到沈阳后，作为土生土长的南方人，我第一次感受到东北那浸透骨髓的寒冷，受不了，赶紧买了一个皮帽子把耳朵遮起来。随后马不停蹄地采访、日夜加班写作，一个礼拜就把稿子写好回北京了。张常海很惊讶，接过稿子一看，近万字的长篇通讯《文艺体制改革的先行者——记沈阳张桂兰家庭剧团》相当成熟，非常高兴，立即把稿子送给社领导。时任《光明日报》总编辑的杜导正看了稿件后当即批示：标题要大，发通栏题。说实在的，连我自己也没有想到，初出茅庐，第一篇稿子得到总编辑的好评，《光明日报》在第二版发表了，时间是 1982 年的最后一天，12 月 31 日。

紧接着，1983 年年初，北京京剧团赵燕侠的承包改革取得重大成果，我又奉命采写了长篇通讯《一包就灵——改革带来了希望》，将安徽凤阳农村土地改革的成功经验同文艺体制改革探索结合起来一起写，《光明日报》在 1 月 13 日的第一版发表，并配发了本报评论员文章。

我的两篇长篇通讯在《光明日报》发表后，在全国文化界引发了一场小小的地震——文化体制改革的春天来了。时任文化部部长朱穆之亲自打电话给杜导正："你把作者带来。"就这样，我第一次走进了共和国文化部部长的办公室。朱穆之部长很高兴，和蔼地说："你是刚毕业的大学生呀！要继续努力，为人民写出更多的好作品。"看到部长办公室那么大，办公桌也非常巨大，我觉得新鲜、好奇，整个人沉浸在巨大的温暖和喜悦之中，心底涌出一种难以名状的骄傲和自豪。

书写"时代大报告"

《国是咨询》记者：您是什么时候开始参与时政新闻报道的呢？

张胜友：这几篇文章发表以后，报社总编辑杜导正很重视年轻记者的培养与使用，当即把我从文艺部调到机动记者部写大块头文章，用现在的话说叫时政部。我有了更多的机会和更大的空间广泛接触社会，走南闯北，捕捉社会转型期的每一根敏感神经，为时代呐喊，为改革助阵，参与重大热点问题的新闻报道；六届人大、七届人大召开，我都是驻会记者，昼夜在会议现场奔波采访……从上层建筑到底层百姓，从国家大政方针到民间人情冷暖，采写了很多新闻通讯报道，也创作了很多报告文学作品。

《国是咨询》记者：报告文学作品也是发在《光明日报》上吗？

张胜友：是的。1988年以后，我从一名普通记者走上了部门领导岗位，先后担任了记者部主任助理、作品版主编。"作品版"是《光明日报》1991年新创办的一个栏目版面，以发表反映当下现实问题的报告文学为主，旨在以大视野观察社会记录民生，以深度报道引导公共舆论。变，是世界上唯一不变的事情。如何适应国家、社会、生活、思维、价值和文化的大变革，在那个新闻问题依然囿于自身体制和机制、小说创作沉迷于文体实验而无暇顾及现实矛盾的特殊时期，以深刻反映现实为己任的报告文学作家，不再迷恋于生活表层的灿烂光鲜，不再踯躅于因为文学论争而无所适从的十字路口，他们勇敢地扛起报告文学的大旗，将历史的使命揽在肩头，用手中的笔大胆地触及时代的重大景观、社会的重大矛盾和人民关注的焦点热点，从而将

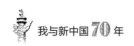

具体于一人一事的微观叙事拓展为对于一类一群的宏观把握，由点到面，由平面而立体，从而开创了全景式全方位多角度大格局的创作模式，以文学的形式为人民做出第一手的"时代大报告"。

改革开放的记录者

《国是咨询》记者：您是什么时候开始参与电视政论片的创作的呢？

张胜友：大概在 1991 年年底，中宣部副部长翟泰丰直接把电话打到了我的办公室。给我出了一个题目——创作四集电视政论片《十年潮》，以电视影像为媒介，从历史和现实的双重视角，立体、全面、宏观地回顾改革开放十多年来中国的新变化、新面貌、新成就。这个创作任务，可以说是我等待许久的。作为一个记者、一个作家，我虽然不能站到改革开放第一线去冲锋陷阵，但我可以用手中的笔为改革呐喊助阵，扫除障碍。我相信，任何一个有良知的知识分子，都会找到适合自己的方式来推动中华民族的进步和发展的。

1992 年春，在翟部长的组织下，我完成了电视政论片《十年潮》文学脚本的创作。《十年潮》分为"历史的选择""农村新崛起""艰难的起飞"和"走向新世纪"四大版块，分别阐述邓小平理论的形成、农村率先破冰、开启城市改革和实施对外开放。此时，欣逢邓小平视察南方并发表了一系列深刻思考中国改革开放前途命运的谈话。于是，由中宣部牵头协调，光明日报社、新华社和中央电视台通力合作，很快拍摄成四集电视政论片《十年潮》。5 月 25 日至 28 日，《十年潮》由中央电视台在黄金时间——每天紧接在《新闻联播》节目之后播出,《光明日报》则每天以一个整版的篇幅刊登《十年潮》解说词。《十年潮》播出后,反响非常强烈,中央电视台又精心制作了一盒录像带,送到邓小平办公室,邓小平办公室秘书打电话给中宣部,传达小平的讲话精神:这么多年了,在宣传我国改革开放、反映改革开放方面,我还没有看到这么好的电视片。这个指示传达到光明日报社,报社非常高兴,时任副总编辑的徐光春亲自提议,颁给我一个总编辑特别奖。

《国是咨询》记者:这也是您参与小平视察南方报道的一个契机吧?

张胜友:可以这么说。其实,那时我正在生病,发高烧,深圳打来电话,邀请我马上去深圳做小平同志视察南方的片子,报社领导回话说:作者生病了。以后上级有关部门又打来电话,说深圳的医疗条件不会比北京差,马上把作者送到深圳,时间很紧。后来才知晓,这是中央安排的重大宣传项目,反映小平视察南方的片子将作为党的十四大献礼片,此前已有两部同题材的纪录片,报送中央有关领导和邓小平办公室审核,均没有得到满意的答复,而此时距离党的十四大召开仅剩下4个月时间了。任务紧迫,刻不容缓。我发着39度的高烧,由光明日报社总编辑张常海和他的秘书白建国陪同立即飞往深圳,我们就住在小平同志视察南方时住过的迎宾馆。因为发高烧,血压又低到50—80毫米汞柱,医生说你这是疲劳过度,也没别的更好的办法,就嘱咐我注意多休息,每天喝一点红葡萄酒和红糖水可帮助提升血压。我只能躺在床上,深圳市委宣传部的同志把小平视察南方的所有原始资料,还有关于深圳特区的所有报道、报告文学、影视资料全部送到宾馆，在我的床头架起一个垫子和播放器设备。我躺在床上看了五天，看完以后，跟深圳市委领导和市委宣传部的领导交流我的创作思路。我说，一共有三条线，第一条线是小平改革开放思想，小平两次视察南方，第一次视察南方是 1984 年，在深圳特区改革最困难的时候，小平同志出现在深圳街头，给深圳特区巨大的支持，写下题词：深圳的发展和经验证明，我们建立经济特区的政策是正确的。再就是 1992 年视察南方，小平已是 88 岁高龄的老人了，不辞辛劳为中国掀起第二轮改革开放的新高潮吹响号角，所以，要以小平同志改革开放的思想统领全片，这是第一条线。第二条线，深圳的改革开放取得非常多的成就、非常多的全国第一，但我们不是写深圳改革开放的大事记，而是要理出一条主线，主线就是：深圳在探索由计划经济体制向市场经济体制转轨过程中，为全国做出了表率，提供了成功的经验。第三条主线，深圳是中国改革开放的试验田，是共和国改革的长子，是中国改革的排头兵，它要辐射全国，推进全国的改革开放，同时它的改革开放又是在世界第三次经济浪潮、产业结构调整的大背景下闯出了自己的一条路。这三条线要互为铺陈、交相论述。他们都很赞成这个创作思路。

《国是咨询》记者：这部纪录片您写了多长时间？

张胜友：《历史的抉择》解说词脚本写了 20 天吧。这 20 天我窝在宾馆里，除了下楼吃饭，没有走出大门半步，完稿后，当天下午就飞返北京了。

中央新闻纪录电影制片厂马上集合各部门骨干力量，由一位副厂长带队、周东元为总导演，赶赴深圳昼夜加班加点拍摄这部电影政论片，深圳电视台则全力配合。我记得当时力量不够，还调用了珠江电影制片厂的部分力量。

《历史的抉择》时长 90 分钟，很快就拍摄完毕。随后，中宣部直接将其送到邓小平家里去审片。参加审片的人员有李瑞环、丁关根、李铁映、杨白冰等负责中央宣传文化工作的领导同志。一个半小时的纪录片播放完后，邓小平说：大家看怎么样，我看不错嘛，我看很好嘛。接着，大家都说了各自的意见。邓小平接着又说：我们说了也不算嘛，听听代表们的意见，看他们怎么说。于是，又把《历史的抉择》送到十四大会场，请十四大全体代表观看。

1992 年 10 月 25 日至 26 日，《光明日报》用了两块整版篇幅全文刊发了《历史的抉择》解说词。与此同时，有大量的电影拷贝发到全国各地、各大军区、各军兵种，外交部也买了很多拷贝送到驻外使领馆。我记得中央新闻纪录电影制片厂还专门给我们光明日报社送来一个拷贝。

1992 年的中国，春潮涌动，万众欢欣，无疑这是中国改革开放发出的第二波呐喊、启动第二轮集团式冲锋！

《国是咨询》记者：您是如何看待改革开放 40 年来发生在自己身上的变化的？

张胜友：可以说我是中国改革开放这场伟大社会变革的见证者、记录者、参与者和直接受惠者。回望人生走过的路，在国家历史转折关头，有幸作为恢复高考的第一批大学生跨入复旦校园，迎来拨乱反正、真理标准讨论、思想解放运动、开启改革开放，那位开"伤痕文学"先河的卢新华便是我的同班同学。我在黄浦江畔完成了一次痛苦的思想嬗变，从幼稚走向成熟，由盲从学会了思考。我此后逐步摆脱个人命运的纠缠，更多地关注民族命运、国家前途。大学毕业后进入

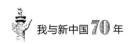

文学创作的自觉阶段，知道自己该写什么，不该写什么。

历史给予这一代人磨难，也给予这一代人厚爱。如果说人生经历是一种财富，那我们这一代人肯定是富有的。我们接受过比较完整的正规教育，经历了"文化大革命"的全过程，经历了上山下乡运动；我们又能适应当代的最新潮流。我们能够全身心地投身于国家改革开放洪流中去，同时又少有偏激情绪。如今，我们自然而然地成了各自领域的中坚力量。承上启下，继往开来，为实现中华民族伟大复兴的中国梦而不懈奋斗，是义无反顾地扛在我们肩上的历史使命。

（宫苏艺　曹　雪　整理）

21

我主持三次中日经济讨论会

周瑞金

作者简介：

　　周瑞金，男，1939 年生，浙江平阳县人，中国社科院研究生院兼职教授，博士生导师，中国矿业大学淮海文化传媒研究院名誉院长。1962 年从复旦大学新闻系毕业分配到《解放日报》，后主持《解放日报》工作，1993 年调任《人民日报》副总编辑。1991 年以"皇甫平"的笔名，主持撰写《改革开放要有新思路》等四篇评论文章，引起海内外广泛反响。出版专著《宁做痛苦的清醒者》《皇甫平改革诤言录》《中国改革不可动摇——皇甫平醒世微言》等书。

　　2018 年是《中日和平友好条约》签订 40 周年。20 世纪八九十年代，我国改革开放和现代化建设事业，得到日本政府和人民颇多支持与帮助。回顾一下由人民日报社和日本经济新闻社自 1984 年联合举办的中日经济讨论会，对增进中日两国的相互了解，推动中日两国经贸合作所起的积极作用，我认为还有一定意义。

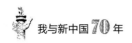

1978 年 10 月，邓小平副总理成功访问日本，8 月于北京签订了《中日和平友好条约》。从此，两国经济贸易交流与合作的活动明显加强。1984 年 6 月，代表日本经济界发言的权威报纸日本经济新闻社的社长森田康访华。他提议在北京举行中国对外经济问题讨论会，以推动两国的信息沟通和交流。此建议得到时任中共中央总书记胡耀邦同志和其他中央领导同志的赞同，并指定由人民日报社与日本经济新闻社共同筹办中日经济讨论会。

1984 年 11 月，首次中日经济讨论会在北京人民大会堂举行，讨论的主题是"中国对外开放政策和中日经济合作"。会议前夕，胡耀邦同志会见日本代表团，王震、谷牧同志出席欢迎宴会，谷牧同志出席开幕式并发表讲话，会后又会见日方与会人员，向他们详细介绍了中国对外开放的政策。从此，中日经济讨论会每两年举办一次，轮流在中国和日本召开。由两国主流媒体搭建的这个经济讨论会平台，以交流讨论中日两国重大经济发展趋势和宏观经济政策为宗旨，直接推动两国经济贸易的发展与合作，取得良好的实际效果。我于 1993 年调任《人民日报》副总编辑，从 1995 年开始连续主持了第六次、第七次（1997 年）、第八次（1999 年）三次中日经济讨论会。

朱镕基副总理面授我会议要点

1995 年 8 月 10 日，范敬宜总编辑正式通知我，报社决定让我参加定于 11 月在东京举行的第六次中日经济讨论会，并作为讨论会的中方主持人。他说，第五次中日经济讨论会的中方主持人保育钧副总编，因工作岗位变动，这次就不参加东京的会议了。

当天下午，人民日报社外事局景宪法局长就来向我汇报第六次中日经济讨论会的筹备工作情况，并送给我一大堆以前举行的讨论会有关材料。景局长提出，与会的中方三位主讲人及演讲稿要早定。根据这次讨论会的中心议题"中日的新发展战略与中日经济合作"，我们商定从经济界、金融界和企业界各选一位主讲人，初拟中国人民银行行长、国家经济贸易委员会一位副主任和上海汽车工业（集团）公司总裁。他们的演讲内容，确定围绕中国"九五"计划和2010年远景目标等重大经济问题。

我与戴相龙行长、陈清泰副主任沟通，得到他们初步答应做主讲人后，于8月30日报请国务院主管全国经济工作的朱镕基副总理，审批关于第六次中日经济讨论会的筹备报告。9月1日李伟秘书来电话向我传达了朱镕基副总理的批示意见，同意戴相龙、陈清泰同志作为中方主讲人参加东京的中日经济讨论会。上海汽车工业（集团）公司新任总裁因刚接替到龄的老总裁，对上汽公司情况不是很了解，所以朱镕基副总理建议还是由对上汽公司有重要贡献、在国内外有影响的老总裁陆吉安同志，以总裁代表名义与会作为中方主讲人。后来由于戴相龙行长临时有重要任务，决定由副行长殷介炎参加东京的中日经济讨论会。这样，第六次中日经济讨论会中方主讲人就确定为中国人民银行副行长殷介炎、国家经济贸易委员会副主任陈清泰、上海汽车工业（集团）公司总裁代表陆吉安3人。

1995年11月8日上午，朱镕基副总理专为第六次中日经济讨论会的重要意图，在国务院办公室召见了我，就日本当前的经济情况、中日关系问题以及对这次两国经济讨论会的基调把握等方面，发表了

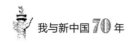

重要的意见，我作了认真的记录整理。13 日，邵华泽社长主持召开第六次中日经济讨论会中方在京人员预备会，宣布人民日报社代表团成立，邵华泽社长任团长，我任副团长兼讨论会主持人。我传达了朱镕基副总理 8 日的谈话精神，殷介炎等 3 人介绍了演讲要点，景宪法介绍这次讨论会筹备情况以及日方 3 位主讲人的演讲要点。

1995 年 11 月 26 日早上，邵华泽团长与我偕陈清泰、殷介炎、陆吉安 3 位主讲人，以及来自四川、宁夏、山东、厦门、深圳等地的代表团成员，一起乘机离开北京，于当地时间下午 2：30 抵达东京成田国际机场，入住东京第一宾馆。当晚，我与日方讨论会主持人、日本经济研究中心顾问鲛岛敬治先生会面交谈，商定讨论会开幕议程、讨论安排、会议注意事项等。鲛岛敬治先生是前五次讨论会的日方老主持人，富有经验。我们早在一个月前就在北京见过面，他曾在 1964 年任日本经济新闻社第一任驻北京记者，在中国工作过较长时间，中文说得不错，对中国情况也熟悉。我是头一回当中方主持人，便谦诚恭请鲛岛敬治先生多多关照。我们充满信心，一定要主持好这次讨论会。

我和日本代表共同主持高规格会议

1995 年 11 月 27 日上午，第六次中日经济讨论会在东京第一宾馆国际会议厅正式开幕。应邀参加讨论会的有日本经济界、企业界、新闻界人士近 300 人，中国驻日 30 多个机构也派代表参加了会议。日本礼仪小姐主持开幕式。中国驻日大使宣读李鹏总理给讨论会发来的贺电，日方宣读了村山富市首相给讨论会的贺词。然后，日本经济新闻社社长鹤田卓彦和人民日报社社长邵华泽分别致辞，共同表示作为东亚地区两个重要邻国，在新的国际发展潮流中，应当相互借鉴，取长补短，共同努力，为中日两国，也为亚太地区乃至世界的和平与发展作出新的贡献。

开幕式简短结束后，讨论会正式开始。中日双方6位主讲人以及鲛岛敬治和我2位主持人，在主席台就座。围绕会议中心议题"中日的新发展战略与中日经济合作"，着重联系中国"九五"计划和2010年远景目标等重大问题，进行演讲和讨论。双方主讲人，日本贸易振兴会理事长丰岛格以《日中经济交流的变迁和展望》为题，三和银行董事长渡边滉以《信用是市场经济的基础》为题，索尼公司副会长桥本纲夫以《外资企业的几点希望》为题；国家经济贸易委员会副主任陈清泰以《深化改革必须解决一些重点难点问题》为题，中国人民银行副行长殷介炎以《中国经济和金融的对外开放》为题，上海汽车工业（集团）公司总裁代表陆吉安以《中国轿车工业的产业政策》为题，进行交叉演讲，每人掌握在15分钟左右。因为双方都派出高级同声翻译，所以中日6位主讲人在上午都按时圆满结束演讲，会场效果不错，参会的双方代表都比较满意。

中日双方代表交流各领域经济问题

下午进入讨论阶段。由参加会议代表自由提出问题，经双方主持人挑选，提供主讲人作答。会议代表提问十分踊跃，主讲人回答也不

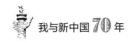

回避尖锐问题，恰如其分，实事求是，讨论气氛非常融洽。

开始日方代表问：据说中国将对经济特区政策进行调整，这是否意味着经济特区的地位发生变化？国家经贸委副主任陈清泰回答：据我所知，经济特区，包括上海浦东新区的基本政策不会变化，中共十四届五中全会重申，经济特区的基本政策不变。国务院特区办内陆地区开放司司长金德本插话说：中国办经济特区的决心不变，基本政策不变，经济特区的地位、作用不变。但是有些具体政策可能会有所调整，使之更加完善，这是为了更好地向市场经济过渡，更好地适应世界贸易组织的原则。经济特区内企业进口自用物资的减免税在若干年内逐步减少直至取消，这不会影响经济特区的发展。

又有代表提问：听说中国发了文件，要控制外商投资？陈清泰回答：没有这样的文件。中国制定了对外商投资的产业指导目录，对投资不同产业，分别实行鼓励、限制、禁止政策，同时鼓励外商参与国有企业的技术改造。正在考虑哪些行业的企业允许外商参股、控股。现在，有些人提出了相互矛盾的要求，就是一方面希望中国加快向市场经济转变，另一方面又不希望调整某些具体政策，一调整就高喊政策变了。我国改革开放的基本政策没有也不会变。

为了实现改革开放的目标，有些具体政策会有所调整，但这是向市场经济的方向调整，向更加开放转变。我国已经宣布，要对4000多个税目降低进口关税，取消170多种进口商品的配额、许可证，还要在上海进行外资企业经营外贸业务的试点。不能只看到取消外资企业进口设备减免税，而看不到中国整体上向市场经济转变和加速与国际经济接轨的进程。

接着，有日方代表对中国金融改革开放政策感兴趣，提问到：中国何时对外资银行开放人民币业务？中国人民银行副行长殷介炎回答：对这个问题正在积极研究。目前条件还不完全成熟，主要是外资银行与中资银行竞争条件不平等，比如外资银行在税收上享有优惠；有关的市场经济法规、金融法规还有待进一步完善。我们准备在部分地区允许外资银行试营人民币业务，并不断总结经验。条件成熟后，也可能加快这方面步伐。日方代表接着问：中国何时实现人民币自由兑换？殷介炎回答：目前，人民币已实现在经常性项目下有条件的可兑换，但是，还不可能完全自由兑换。中国已向国际货币基金组织承诺，在 20 世纪内实现人民币在经常性项目下的可兑换，当然，根据中国经济发展和对外开放需要，也可能提前实现。

议题很快集中到汽车工业发展问题上来，这是日本实业界很关心的一个问题。因为我国改革开放后，中日之间汽车贸易开展得红红火火，满街跑着日本标牌的汽车。由于日本汽车商目光短浅，只热衷于从贸易中捞好处，而对投资中国汽车工业犹犹豫豫，动作迟缓，错过了到中国投资的最佳时机。中国已经确定了从德国、美国、法国等国引进 8 个轿车整车项目。这引起日本汽车业界的极大关注。所以，讨论会上就有日本代表直截了当地提问：现在中国的汽车工业是否不再需要日本的投资了？上海汽车工业（集团）公司总裁代表陆吉安先生，对这个问题作了非常巧妙的回答：汽车工业的竞争是必要的。中国现在全力以赴先让 8 个项目走上轨道，之后，会不会调整，将根据市场情况来考虑。有人说我是欧美派，我们公司的副总裁是日本派，我说我们都是中国派。中国对外开放对哪个国家都是机会均等。上海发展汽车工业，最早找的是日本，日本认为条件不成熟，我们只好舍近求远。中国政府 1994 年制定的汽车产业政策，限制整车项目数

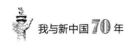

量，开放零部件产业。日本企业应该改变整车不动、零部件也不动的想法。是不是先从零部件投资做起？那也是很有前景的，我们拭目以待。

我正面回应知识产权侵权质疑

由于下午的讨论议题集中，讨论热烈，取得良好效果。在暂告段落后，日方主持人鲛岛敬治先生兴奋地对我说，这是中日六次经济讨论会中水平最高的一次。按计划第二天上午继续讨论，然后作总结。我与鲛岛敬治先生商定翌日上午讨论的重点转向中国中西部地区开发战略，以及知识产权保护问题。我考虑到讨论知识产权保护问题有可能出现一边倒，即日方单方面批评中国的盗版现象。所以当晚，我特地找了几位在东京的媒体界朋友，向他们了解近年来日本大公司侵犯知识产权的案例，以及日本保护知识产权所存在的问题。

第二天上午8点半，第六次中日经济讨论会继续进行讨论。有代表提问：中国如何加快中西部地区发展？陈清泰回答：中国在第九个五年计划中，重视沿海地区发展的方针没有变。但是，缩小沿海地区与中西部地区的差距也是重要的目标。国家将实行规范的中央财政转移支付制度，优先安排资源性开发、基础设施建设项目，理顺资源性产品价格，鼓励东部劳动密集型产业转移。中国也鼓励外商到中西部地区投资，开发资源。中西部开发的重点是水利、交通、通信、能源、矿产等基础产业。"九五"期间，东部沿海地区较快发展，中西部加快开发，对日本来说都是极好的机会。如何利用这个机遇推进中日经济合作是个重要的课题。会议代表问：中国对中小企业实行破产，日本企业担心会影响日本对中国中小企业的投资。对此，陈清泰坦率回答：合作伙伴的倒闭是可怕的，但长期亏损，扭亏无望，坐吃山空更可怕。健全企业经营的风险机制无疑对外资也是有益的。我们实行企业破产制度，是为了建立优胜劣汰的机制，保护债权人利益，提高整个经济的运行效率。从 1987 年开始实行破产法，到 1994 年破产的企业也只有 940 家，破产的数量是很有限的。为了形成优胜劣汰机制，我们在试点国有企业破产时，允许把土地转让费优先用于职工的安置，使该破产的能够破产，同时又减少破产造成的震荡。

这次讨论会最后议题是讨论保护知识产权问题，有代表尖锐提出，中国在保护知识产权上存在太多的问题，不但音像产品盗版很严重，电脑软件也到处是盗版。中国政府究竟是如何看待保护知识产权的？陈清泰副主任据实回答：中国政府十分重视保护知识产权，近年已基本完成了保护知识产权的法律、法规的建设，现正加强执法和查处的力度。我们十分明白，如果知识产权得不到保护，不仅威胁外商的投资，对于中国企业素质提高也危害极大。现在少数企业追求眼前利益，侵犯知识产权，破坏了市场秩序，损害了中国的长远利益，我们坚决反对。中国对侵犯知识产权的案件，态度是鲜明的，坚持公开揭露，严厉处罚。

我看会场逐渐出现单边责问我国侵犯知识产权问题的情况，便以主持人身份亮出了自己的观点：保护知识产权问题，是一个全球性的问题，需要各国共同努力。近年日本的一些公司也曾发生侵犯外国企业知识产权的案件。我们并不隐讳中国存在着某些盗版现象，但是中国政府保护知识产权的方针是坚定不移的，中国已制定了有关法律，

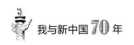
正在加大执法力度，严厉打击盗版等违法行为。前一晚我朋友提供的材料，正好派上用场。

我和日本主持人作会议总结

28日上午，讨论会的提问和回答也保持了前一天下午的势头，十分活跃，气氛热烈而坦诚。11时讨论告一段落，进入总结。按惯例东道主的主持人先作总结性发言，但鲛岛敬治先生却一定让我先讲，我看他态度真诚，恭敬不如从命。我用20分钟左右时间，讲了对这次中日经济讨论会的评价，以及对中日经济贸易合作的新机遇和新前景的看法。

我首先肯定第六次中日经济讨论会，是一次高规格、高层次、高水平的讨论会。会议自始至终洋溢着友好、坦率、务实的气氛，双方展开了热烈的讨论，主旨发言人的演讲和回答问题相当精彩。与会人士的提问广泛而具体，讨论深入而实在，既不回避问题又实事求是，着眼于中日经济合作的长远发展。双方人士都给予好评，加深了了解，对进一步加强中日两国的经济合作充满了信心。

接着我阐发说：这次讨论会中方侧重介绍了中国改革开放的新形势和经济发展的新战略，希望日方抓住历史机遇，进一步扩大对华投资，加强技术合作。日方则对中国经济发展的新战略表示了浓厚的兴趣，就中西部发展、特区政策、利用外资政策、加强金融监管、保护知识产权等问题提出了意见和建议。双方坦率交流，认真讨论，求同存异，进一步加强合作的愿望是真诚的。中日双方经济有很强的互补性，有着互相合作的客观需要。

我说中日经济合作已经取得了相当大的成果。1995 年中日贸易额突破 500 亿美元，日本在华创办合资企业 1 万多家，协议投资金额 1994 年就已达 142 亿美元。中国已是日本第二大贸易伙伴和第二大投资对象，日本则是中国的第一大贸易伙伴和第四大提供投资方。近年来，双方的合作领域在不断扩大。经济合作使双方得利，共同受益。两国在经济合作中不存在大的障碍。某些具体问题是可以协调解决的。本着互谅互让、平等互惠、着眼大局、协商解决的原则，两国经济合作中的问题总是可以得到妥善解决的。

日方主持人、日本经济研究中心顾问鲛岛敬治先生发表总结说：他从 1984 年到 1995 年已经主持了六次讨论会，这次讨论会是内容充实、水平很高的一次。他说：中国在 1992 年提出社会主义市场经济的发展战略，在 1994 年越过分水岭之后，中国经济显示出很大的变化。由慢性的供给不足到满足需求；由劳动密集型到资金、技术密集型的转变；由过热的超高速增长到稳定协调的增长；由集中发展东部沿海地区到重视中西部内陆的发展战略；由经济发展到重视金融开放、知识产权保护；等等。所有这些，为推动日中经济贸易进一步的全面合作，奠定了良好的基础。他乐见今后日中经济贸易合作发展的新前景。

1995 年 11 月 29 日下午，日本首相村山富市在东京首相府会见了以邵华泽团长为首的人民日报社代表团主要成员。村山富市首相对第六次中日经济讨论会给予积极评价。他坦诚表示，今年访问中国与江泽民主席会谈后，日中关系展现了新的发展前景，他对日中经济贸易的进一步合作充满信心。

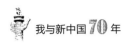

日方引用鲁迅名言以表厚望

此后,我主持了 1997 年 11 月在厦门召开的第七次中日经济讨论会。那次会议主题是"香港回归与中日经济合作",它是在中日邦交正常化 25 周年、香港主权回归中国,和东南亚发生金融风波之后这样一个大背景之下召开的。中日双方的经济发展和改革都面临新的问题,中日经济合作都有待向更高层次、更广阔领域和更高水平推进的问题。

讨论会的主讲人依然双方各 3 位,交叉演讲,每人 15 分钟。中方 3 位主讲人国家计划委员会副主任王春正以《中国经济体制改革与经济发展情况》为题,中国银行副行长高德柱以《中国金融改革的成就与前景》为题,香港贸易发展局副总裁邱达宏以《香港回归以来经济情况及发展前景》为题,各自围绕香港回归这个中心进行演讲。日方 3 位主讲人伊藤忠商事会社副社长山村隆志以《香港回归与今后中国》为题,樱花银行顾问末松谦一以《香港回归后的中国经济与日中经济合作》为题,朝日啤酒株式会社社长濑户雄三以《对华商务工作感言》为题,各自发表精彩演讲。

我代表中方主持人作总结时,突出了第七次中日经济讨论会的"三个第一"的特点。一是第一次在中国经济特区厦门召开;二是香港特区政府官员第一次作为中方代表参加讨论会;三是第一次提出了讨论会的改革问题。我说,今年 10 月在中国新闻代表团访日期间,我就和鲛岛与三森两位先生,在东京达成要顺应时代发展改变讨论会召开方式的共识。这次会议一开始,我们又就讨论会议程增加了一项关于讨论会改革问题的内容。归纳大家意见，如何把讨论会开得更具有政策性、专题性、理论性和实效性，是改革的方向。今后要邀请两国制定政策的政界人士、专题研究的理论界人士和从事实业商务金融的企业界人士，共同参加，深入讨论，更有利于从实际操作层面推进合作，解决问题。这样，可使讨论会取得更切实、有深度和更具建设性、预见性的成果。

1997 年 11 月 28 日上午，朱镕基副总理在北京中南海紫光阁会见了以鹤田卓彦为团长的日本经济新闻社代表团一行。朱镕基副总理应客人要求，介绍了中国经济形势、国有企业改革情况等，并热情坦率地回答了日本经济新闻代表团提出的问题，明确表示中国政府不会用人民币贬值的办法提高出口能力。赞同亚洲搞货币基金合作应对东南亚金融危机，但合作办法一定要大家商量。朱镕基副总理认为日本经济看好，与东南亚国家的经济情况根本不同。他对东南亚经济从长远看也抱乐观态度。这就为第七次中日经济讨论会画上了一个圆满的句号。

1999 年 11 月 15 日，第八次中日经济讨论会在东京日本经济新闻社礼堂举行。这次讨论会的主题是："改革与合作——面向 21 世纪的课题"。中日双方经济界、企业界、理论界、新闻界人士共 400 余人出席，是 1984 年以来规模最大的一次经济讨论会。

在会议开幕式上，中国驻日大使和日本经济新闻社负责人分别宣读了朱镕基总理和小渊惠三首相的贺电、贺词，共同肯定了有 15 年历史的中日经济讨论会对促进中日经济的发展作出了应有的贡献。希望中日双方携手合作，共同寻求在贸易、投资等各个领域合作的长期对策，推动中日合作顺利迈向 21 世纪。

这次中方主讲人为国务院发展研究中心主任王梦奎，他以《世纪之交的中国经济》为题，中国交通银行行长王明权以《当前中国金融体制改革与交通银行的发展》为题，国家经贸委中小企业司司长卫东以《中国中小企业的情况与政策》为题，各发表 15 分钟的演讲。日方主讲人为：日本夏普株式会社社长町田胜彦以《在中国企业的建议及我公司发展战略》为题，国际合作银行副总裁筱泽恭助以《对华资金合作的方向与课题》为题，日本陶瓷株式会社社长谷口义晴以《以专业化高度化开拓中小企业的经营及在华经验》为题，与中方主讲人交叉演讲，也各 15 分钟。

根据第七次厦门会议提出的改革要求，此次讨论会与往届不同之处，是双方各邀请了一些中小企业家与会。中方除正式代表团外，另组成一个 25 人来自全国各地的中小企业家代表团。讨论会双方主讲人的演讲与讨论，由原来的一天半时间缩短为一天。第二天召开中小企业交流座谈会，两国企业家代表及记者 60 余人出席，相互交流经验。这不仅有助于促进中日两国中小企业的沟通信息和密切合作，也更加丰富了经济讨论会。

翌日，即 1999 年 11 月 16 日上午，在东京都文京区东京中小企业家同友会，举行了中日两国中小企业界人士的座谈会。座谈会也由我与鲛岛敬治先生共同主持。东京中小企业家同友会副会长井上三郎一开头快人快语，风趣幽默，说日本中小企业家的特点，就是想干什么就马上去干，失败了再重来，无论如何要一直向上。他说，一个中小企业培养职工最重要，让他们了解人生的意义，不能光想着赚钱。我这个企业原来 65 个员工，后来 16 个独立出去，办了 16 家企业，这就是中小企业的活力。

中方的中小企业家也在会上踊跃提出各种问题，有的希望日方企业家帮助开发自己产品的销路，有的希望学习日本的经营手法，他们向日本中小企业家"前辈"求经取宝的热情，让对方留下深刻印象。这时，卫东司长提出建议说，东京中小企业家同友会有自己的机关刊物，能否把今天在座的中国中小企业的材料摘编刊登？中国中小企业家协会也有《中国中小企业》周刊，发行 1 万份，我们也可以在上面介绍日本同行的情况。井上副会长马上回应说，卫东司长提出一个很好的建议，我们同友会在全国有 4 万个会员，我们的机关刊物每月出版 3 次，这是一个宝贵的信息交流机会。

最后我说，首次开这样的座谈会，经验不足，相信今后会更好，重要的是我们增进了了解，彼此交了朋友，迈出了合作与交流的第一步。鲛岛敬治先生说，中国的鲁迅先生说过，世界上本没有路，走的人多了，也便成了路。我把这句话作为今天这个座谈会的结束语，希望中日企业家的交流越来越多，越来越好。

我畅谈中日两国之间的师生关系

1999 年 11 月 15 日晚上 7 时，日本经济新闻社为第八次中日经济讨论会的成功举办，举行了隆重的欢迎宴会。除了鹤田卓彦社长与邵华泽社长分别热烈友好地致祝酒词外，还特地安排了一个节目，邀请中日双方主持人谈感想。

我说到，在邵华泽和鹤田卓彦两位社长直接领导下，由人民日报社和日本经济新闻社共同举办的中日经济讨论会，经过 15 年的实践，已经充分证明它是加强中日两国经济交流与合作不可缺少、无可替代的一个重要渠道。我三次主持讨论会，都是抱着向日本虚心学习的态度而来的。回顾历史，上个千年，日本向中国学习的多，而 20 世纪这一百年，却是中国向日本学习的多。在 20 世纪初，中国一批追求真理的革命先行者，如孙中山、李大钊、陈独秀、周恩来，以及鲁迅、郭沫若等就是到日本来学习取经的。后来由于发生老师欺负学生的不愉快的历史，使这种学习中断了。但中国进行第二次革命，即实行改革开放后，又迎来了 20 世纪第二次向日本学习的热潮。邓小平先生复出后很快地访问了日本，他自己讲过，他是从日本学习到什么叫现代化的。我们这个经济讨论会就是在这样一个学习日本的大背景下，由两国领导人发起组织的，一直坚持了 15 年。我们已开了 15 年的经济讨论会，我想还会再开 15 年。到那个时候，中国一定会学得更好，进步得更快，中日两国经济会合作得更好，两国关系会更加紧密，两国未来会更加光明！

我的这番感想演说赢得全场热烈掌声，中国驻日使馆的同志也特地前来对我说，你主持三次讨论会有了深切体验，才能讲出这样精彩的感言。

第二天（11 月 17 日）下午，日本首相小渊惠三在首相官邸会见了人民日报社以社长邵华泽为团长的出席第八次中日经济讨论会的中方代表。他对第八次中日经济讨论会取得圆满成功表示衷心祝贺。由于事先外交部的交代，邵社长在会见时特地提到东京都知事石原慎太郎访问台湾这件事。小渊惠三首相当即表态说，石原慎太郎访台是日本地方官员进行城市间交流，他的讲话只是他个人的见解，不是政府的立场，促进相互理解是友好合作的基础，希望日中两国媒体为促进日中两国国民的相互理解不断努力。

22

民营经济的禁区是怎样突破的

陈全生等

 座谈嘉宾简介：

陈全生，男，1950年生，河北抚宁人，中共党员，国务院参事。经济学家。曾任国务院研究室工业交通贸易研究司司长，2008年3月被聘为国务院参事，2013年续聘国务院参事。曾在国家经委、国家计委、国家体改委、国务院生产委、国家经贸委等部门工作多年，长期从事经济分析、政策研究工作。姜维光彩中国实业集团董事长、总裁，中国光彩事业日本促进会会长。

编者按：

回顾改革开放40年，中国个体私营经济走过了曲折复杂的发展历程，由"谈私色变"到允许在"有限范围内存在"；由"公有制经济的补充"到"鼓励发展"；由"和公有制经济共同发展"到"大力发展"；党的十八届三中全会强调公有制经济和非公有制经济都是社会主义市场经济重要组成部分，都是我国经济社会发展的基础。

　　国务院参事陈全生和中国第一个领取营业执照的私营企业主姜维，共同回忆了当年私营企业如何突破禁区，从艰难起步到蓬勃发展的过程，同时，对现今私营经济发展面临的问题及如何破解进行了探讨。

　　陈全生：回顾改革开放40年，中国私营经济走过的历史，每一步突破都非常不易，给我们留下了丰富的经验和深刻的教训。

　　个体私营等非公有制经济是社会主义市场经济的重要组成部分，是中国特色社会主义事业的重要建设力量，吸纳了全国40%左右的就业人员，在促进增长、活跃市场、创造财富、满足群众多样化需求等方面发挥了重要作用。回顾私营经济的发展历程，确实有许多值得总结和思考的地方。

　　姜维：1983年8月30日晚上，我正在看电视，突然电视里播出了时任中共中央总书记胡耀邦在接见集体企业与个体劳动者代表大会上的讲话："现在社会上有一种陈腐观念妨碍我们前进。例如，谁光彩，谁不光彩。我认为社会上有一群从事个体劳动的同志们，他们扔掉铁饭碗，自食其力，为国分忧，他们是光彩的。什么是光彩？为人民服务最光彩，为国家分忧最光彩，自食其力最光彩；什么不光彩？好逸恶劳不光彩，投机倒把不光彩，违法乱纪最不光彩，我请同志们传个话回去，说中央的同志讲了，党中央重视干个体自食其力的人，他们都是光彩的。"

　　20世纪80年代初，我虽挣了点儿钱，但社会瞧不起个体户。听了耀邦同志的讲话后，那个感觉一辈子都不能忘，怎么能说我们是光彩的？昨天还说我们扰乱市容。

　　第二天，一帮从事个体经营的哥们儿买卖也不做了，不约而同拿着《大连日报》，头版刊登的是胡耀邦总书记的讲话《怎样划分光彩和不光彩》，当时大家让我来念这张报纸，我一边念大家一边放声大哭，当时大家似乎要把受到的所有歧视与委屈全部释放出来。我感觉一下子有了做人的尊严。

80 年代初的个体户

《国是咨询》记者：姜总，您是 20 世纪 80 年代初中国改革开放初期的第一批创业者，当时您被称为"个体户"，您也是"先富起来的"第一批"万元户"。您能否讲讲当初创业的经历？

姜维：1980 年，我 30 岁，刚从部队转业，在家整整等了 8 个月，迟迟没有给我安排工作。老这么等也不是个办法，那时社会闲散人员才会去做买卖，没有正式工作是让人看不起的。

陈全生：那时候流传的顺口溜是"一国有、二集体，打死也不干个体"。

姜维：当时只有妹妹支持我，悄悄把做临时工挣的 400 元钱给了我，我现在还记得这钱是她用一条花手绢包着送到我手里的。

我用这 400 元钱买了一台 120 "海鸥"相机、一台洗印机、一台放大机。将摊亭位置设在大连动物园门口，起名儿"照照看"。一个熟人路过，我下意识地躲在树后面，结果这位朋友还是发现了，问我："你躲什么？这没有什么丢人的。你比我强，你看我，在单位待着并不舒服，人际关系不好处；在家里吧，每天只能喝二两酒，多一两也不行，为什么？没钱！多一两就透支了。你多好，自在灵活。"

我永远忘不了自己第一次"发大财"的感觉。那是 1981 年 5 月 1 日，风和日丽，来大连动物园的游人相当多。我一直没有闲着，站了一天脚掌肿起 1 厘米。晚上回家，我把装满零钱的口袋拿出来，全家人坐下来一起数钱。天哪，竟然挣了 500 元钱！我把桌上的钱捧起来撒了一屋子，妹妹激动得流下了眼泪，全家没有想到能挣这么多的钱。

《国是咨询》记者：20 世纪 80 年代初，刚工作的大学生一个月才挣 50 多元。

姜维：那时我每天早上 6 点起床，吃完早饭，7 点骑车出门，布置好摊位就 8 点了。白天不敢喝水，怕上厕所丢了买卖，中午吃一个包子。动物园门口有 7 个照相摊儿，晚上 7 点一起收摊。之后，哥们儿 7 个结伴到大连最繁华的天津街，每人来两份"焖子"，一毛钱一碗。摊主是个老太太，一见我们就嚷："大户来了！"因为别人都吃一碗，我们一人吃两碗。吃完"焖子"，就各自回家。

到家是晚上 8 点，我待在暗房冲胶卷，到晚上 11 点胶卷晾干了开始洗相片，弄完就凌晨了我才能睡觉。凌晨 4 点，父亲起床为照片上光。5 点，母亲起床将照片一一装小纸袋，6 点我起床。日复一日地劳累，我天天盼下雨，那样我才能"允许"自己休息一天。那时的我虽然挣了钱，但市容管理部门将个体户与草木垃圾等归于一类，属于被清理的内容。1983 年年初，我的执照也被有关部门没收了，在动物园门口的"照照看"摊位不得不关张。

后来在胡耀邦同志讲话的鼓舞下，我在大连市中山路租了一个占地一平方米面积的"门脸儿"，每月租金 60 元钱，让大连的书法家于植元先生题了一块匾："姜维影书社"，1984 年 1 月 1 日，我又干了起来。

王任重请吃炸酱面

《国是咨询》记者：1984 年，一位香港商人到大连考察后，表示愿意与您搞合资经营，做生意。但是在准备签合同时，却遇到了难题。因为当时的中国还没有个体户与外资合资的先例，这个合资公司无法注册，您决定到北京去"找政策"。

姜维：我住在母亲熟悉的一个叔叔家。那时没有身份证，到各个部门办事需手持县团级的介绍信，我没有，到每一个部门都毫无例外地被拒之门外。就这样在北京徒劳奔波了 3 个月，钱也折腾光了，一天只吃一个烧饼度日。

一天，这位在人民大会堂工作的叔叔给了我一张票，说人民大会堂有一场青年联欢会，让我参加活动散散心。我就背着相机去了人民大会堂。

在会场，许多中央领导同志同首都青年跳起了集体舞。突然一位中年同志问我："你是哪个报社的，看你很面生，我怎么没见过。"我说："我不是记者，我是个体户。"这下我可闯祸了，好几位武警就要把我带走。这个中年人把武警叫开对我说："个体户好呀，耀邦同志都称赞你们是光彩的。"这时旁边有同志告诉我："这是团中央第一书记、中央办公厅主任王兆国同志。"我当时很紧张，不知道说什么好。王兆国同志问我到北京来干什么，我如实相告。他听后就把我的材料留下了。

陈全生：看来事情有转机了。

姜维：一天，我正在叔叔家里休息，来了一个人，把我带到北京台基厂 × 号院。警卫林立，绕过长廊，来到一间书房，一位白发老人端坐在那里，是时任中央书记处书记王任重。王老讲："我听人说过你，我今天有一下午时间听你讲故事。"我用 4 个小时的时间，讲了自己干个体的经历。当讲到被人撵、被人瞧不起，摊位执照被没收时，王任重激动得拍案而起说："这些同志为什么要这么对待个体户？他们为什么不能理解，我们参加革命是为了什么？不就是为了让老百姓过上好日子吗？这些年，弯弯曲曲走了这么多路，没让老百姓过上好日子，现在国家有困难，姜维，你们能够扔掉铁饭碗，自食其力给国家分忧，我们为什么还要管你们，限制你们呢？"

我当时听完都愣了。没想到他这么激动，讲完后，他就问我："如果你的事儿被批准了，你可能会成为百万元户、千万元户。你有钱想干点什么？能告诉我实话吗？"他真诚地看着我。我说："王老，我看过电影《高山下的花环》。战友临死前，从兜里掏出一张生活费的欠条，因为家里穷，向其他战友借的钱。交代一定要把这张欠条交给他的母亲和媳妇，给战友还钱。王老，我看后真的很难受，咱们国家真是太穷了。我要是有了钱，一定替战友还账。"

王任重最后问："有什么要求，我可以帮助你？"

我说："我没有什么要求，只是想与国家工商行政管理局的同志谈谈合资的事情。"王任重立刻给当时国家工商行政管理局的任仲林局长写了一封信："兹介绍大连市一个很有思想的青年姜维，到你那去谈一谈，你无论如何都要接待，哪怕是几分钟，此致敬礼，王任重。"写的时候我问王老："我能不能和您照个相？"王老就问："为什么要照相？"我说："我们这些人走哪儿都说我们是骗子，我要拿您这个信，他们不得把我抓起来了。"王任重说："好！照！"我因此有了一张他写信时的照片。写完信后，王任重说："你不是怕他们说是假的吗？曹秘书，再给我俩单独照一张。"

王老还给我写了一幅字："位卑未敢忘忧国，为姜维同志创办光彩公司而题。"写完后留我在他那儿吃饭。我心想肯定能吃顿好的，结果去餐厅一看，就是一碗炸酱面。我说："王老，您就吃这个？"王老说："怎么，不好吃？"我说："不是，您就吃这么简单啊？"他反问："你以为我吃什么？"

到国家工商总局开会

姜维：第二天，我拿着王任重的信到了国家工商总局。曾无数次被门卫挡在大门之外的我，这次被工作人员直接领进局长任仲林的办公室，同四位司局长一起开会。我问："个体户怎样才有法人资格？如何才能与外商合资办企业？"

任仲林告诉我："那只有将个体户变成私营企业。"我说："要变那就变呗。"

没想到，我话一出口，任仲林立即站起来，脸色凝重且严肃。他拍着我的肩膀说："小伙子，你知道吗，我们党在 1957 年向全世界宣布，经过社会主义改造，取得了伟大成果，就是消灭了私营经济……你一句话，要变那就变呗，我不敢变，也没有这个权力变。"

此时，一位司局长站起来说："姜维同志，还有一个问题，那就是雇工问题。"根据当时的规定，雇工不能超过 8 个人，否则视为剥削。我当时就急了，质问这位司局长，凭什么雇工超过 8 个人就是剥削，司局长说，在马克思的《资本论》中关于劳动剩余价值的论述中

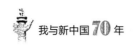

可以找到依据。我听完就急了，说："我是共产党养大的，我不会剥削人，也不会当资本家。"任仲林见我急成这个样子就说："小伙子不要着急，如果你作为私营企业同外商合资办企业，那你就是资本家，不过你是我们党培养起来的资本家。相信党中央吧。你这件事是关于私营经济能不能出现的问题，耀邦同志有过一个讲话。我们再研究一下，你先走吧。"

进中南海讨论公司成立问题

《国是咨询》记者：正当关于"个体户到底雇几个人算是剥削"的争论愈演愈烈之时，邓小平同志在中央政治局的一次会议上提出，对私营企业采取"看一看"的方针。

姜维：又过了几日，有两个人骑自行车来找我。我一看是王任重的女儿王晓黎。王晓黎说："姜维，这是德平，耀邦同志的儿子，今天他来看看你。"我惊呆了，胡耀邦总书记的儿子来看我？这时胡德平走过来拉着我的手说："我知道了你的情况，你从千里之外来到北京，找党解决问题，说明人民群众对党的信任，你有什么问题可以告诉我。这个材料我带走，给我父亲看看。不过我要告诉你，如果有一天你的事情被批准了，我不希望你感谢某一个人，你要感谢党。"

我把材料交给胡德平后，心里充满了期待。果然不到 1 个月，我就接到了国务院法规中心的通知，要我到中南海去参加讨论关于公司能不能成立的问题。

当时参加讨论的有全国人大常委会、海关总署、对外经济贸易部、国家工商总局等各个部门 20 多名代表。在讨论过程中，大家争议得十分激烈。开了多长时间我已经忘记了，国家为我办一个私营公司惊动了如此多的部门来论证研究，是前所未有的。

这次讨论的结果是，由于历史原因，有些政策性的问题解决不了。当我知道这个结果时，感到了压力和害怕。不过，时任国务院法规中心秘书长的王正明同志安慰我，不要怕，一定会解决的。不过，我心里确实没底。

国务院特批成立第一家私营企业

《国是咨询》记者：1984 年 11 月 9 日，经国务院特批，允许您成立新中国第一家私营企业。

姜维：当时，时任外经贸部副部长的魏玉明在办公室向我宣布："姜维同志，经国务院特批，你要办的私营公司通过了，可以同港商合资办企业。"接过特批文件，我的眼泪夺眶而出。魏玉明说："关于批准你公司成立的文件，你在这儿可以看，但不能带走。"文件写得很详细，看得出，当时批准的人很为难。其中第六条关于外汇平衡的问题，记录着：耀邦同志说："他是个人企业，不享受国家的外汇政策，但我们要对他放宽，给他政策，这样他的企业才能够和外商平等地合作。"我看了真的很感动。魏玉明问："你的公司准备叫什么名字？"我说："叫光彩，因为那是耀邦同志说的。"当时没有电脑，通信还不发达，为了不重名，国家工商局的工作人员就用电话全国查询了四天，最后正式批准用"光彩"命名的中国第一家私营企业成立。

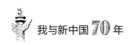

《国是咨询》记者：1985 年 4 月 13 日，国家工商总局委托大连市工商局向您颁发第一家私营企业的营业执照。销声匿迹 27 年的私营企业又重新出现在印有国徽的文件上。直至 1988 年 8 月 12 日，在宪法修改"将私营经济作为社会主义公有制经济的补充，国家允许私营经济在法律规定的范围内存在和发展。"颁布的这段时间里，"光彩"是唯一一家合法的私营企业。

姜维：多年后，我到深圳遇到了时任市委书记的李灏同志，是他解开了我心中的疑团。他告诉我："姜维同志，你知道吗？你的事耀邦同志没少费心，我们当时也有许多无法解决的问题，可耀邦同志说让他先试办一下嘛。就这样，你的公司才得到国务院的特例批准。"

陈全生：那个时代，改革开放的阻力和障碍无处不在。解放思想与改革开放是一场持久的攻坚战。在当时特定的历史原因和政策环境下，姜维的经历艰辛、曲折并富有传奇色彩。中国的私营经济走到今天十分不易，因为这一系列连贯而持续的政策，才有了民营经济的不断发展和壮大。私营经济的恢复、发展和壮大是我国改革开放 40 年取得的最突出的成就之一。私营企业的诞生，改变了中国经济的发展格局，加速、完善了市场经济的发展。民营企业家作为生产力最活跃的元素，极富创造力地谱写出商界的无数"传奇"与"神话"，造就了中国经济的半壁江山。

重树民间投资信心

《国是咨询》记者：从统计数据来看，民间投资增幅呈现"腰斩"。

陈参事，您认为民间投资下滑的根本原因是什么？私营企业发展面临哪些问题，如何破解？

陈全生：我认为根本上是没信心。我归纳了以下因素及现象：一些民企老板以为政治上"不搞私有化"，就是经济上"不搞私有企业"，搞不清两者的区别，心里害怕，担心再来一次"公私合营"，"移民了一批"；国内土地和人工成本逐年升高，环境约束越来越强，向东南亚"转移了一批"；转移企业对国内同行形成强有力竞争，"打击了一批"；我们抓了一批受贿官员，也抓进去一批行贿的民营老板，还吓跑了一批"惊弓之鸟"；股灾高位套牢，"蒸发了一批"；清理不规范互联网金融P2P、PE/VC、非法集资、民间理财等，又"消失了一批"；工业增加值下行，企业经营艰难，"倒闭破产了一批"；银行利润下跌，不得不对民营企业下手，压贷抽贷断贷和骗还，民营企业"跑路了一批"；还有一些民营老板自己有问题，偷税走私、吸毒嫖娼，"自毁了一批"；出清僵尸企业，再"灭掉了一批"。过去，民间投资对地方政府来说是争抢的"香饽饽"，现在却避之不及，最好不见面。新型"政商关系"未能及时规范，地方政府官员不敢接触民间资本，不是怕湿鞋，而是怕"说不清""落嫌疑"。PPP项目，政府官员担心项目给民营企业后老板跑了把自己装进去；民营企业老板担心政府换届后，"新官不理旧账"，原来政策不算数。是麻杆打狼——两头怕。

《国是咨询》记者：如何才能让企业家重树信心？

陈全生：国家审议通过了《中共中央、国务院关于完善产权保护制度依法保护产权的意见》（以下简称《意见》），我认为这是件具有划时代意义的大事。《意见》明确，要坚持平等保护，健全以公平为核心原则的产权保护制度，公有制经济财产权不可侵犯，非公有制经

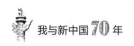

济财产权同样不可侵犯。

企业家是优化资源配置、提高供给体系适应能力的主导力量。推进供给侧结构性改革，亟须发挥企业家的创新精神，包括面广量大的民营企业家。现在最关键的是通过保护产权、知识产权，使企业家既有"恒产"又有"恒心"。要建立"亲"和"清"的新型政商关系，把企业家当作自己人，让他们充分体会到权利平等、机会平等、规则平等。在一些具体政策执行上，不要盲目翻旧账，使创业者有安全感。

新阶段对公有制产权和非公有制产权进行平等保护，涉及非公有制经济进入服务业等领域面临着的各类隐性壁垒，涉及企业家创新收益保护等新矛盾新问题，这就需要适应新形势扩展产权保护的内涵和外延，推动相关体制创新。

姜维：我作为第一代的创业者，我享受了让一部分人先富起来的政策红利，但后面还有半句更重要，那就是带动更多的人走上富裕道路。我扪心自问，做到了吗？"打铁还需自身硬"，管束好自己的行为，遵纪守法，力所能及地发展自己的企业。我常告诫自己，告诫员工，也告诫我的老板朋友们，"不能忘本"。

（吴睿娜　撰写）

23

中西合璧的教育梦

杨福家　口述

 口述人简介：

　　杨福家，男，1936年生，浙江宁波人，核物理学家，教育家。中国科学院院士，第三世界科学院院士，中央文史研究馆馆员，宁波诺丁汉大学校长，中国特大型综合性辞典《大辞海》的副主编。曾任中国科学院上海原子核研究所所长，复旦大学校长；英国诺丁汉大学校长，是出任英国著名院校校长的第一位在籍中国人。领导、组织并基本建成了"基于加速器的原子、原子核物理实验室"。主要著作有《原子核物理》；与美国Vanderbilt大学杰出教授J.H.Hamilton合著的《现代原子与原子核物理》一书，1996年由美国McGraw-Hill公司出版。此外还有《追求卓越》《从复旦到诺丁汉》和《博雅教育》等。

编者按：

　　今年82岁的杨福家先生幽默地将自己的人生分为两个阶段：中国科学院院士和中央文史馆馆员，"很荣幸一生当中拿到这两张证书"。

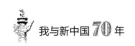

杨先生的家乡在浙江省宁波市镇海区，这个地区"盛产"院士，至今已出了26位。杨家一门就走出两个：杨福家和他的哥哥杨福榆。二人术业有专攻，杨福榆是生物化学家，杨福家是核物理学家，兄弟俩相差9岁，恰巧在1991年同时被评为院士。也是从这一年，杨福家走上了教育管理之路。从复旦大学校长到英国诺丁汉大学校长，他活跃在世界舞台，"阅"校无数，思考并提出了"博雅教育"。而他创办的宁波诺丁汉大学则是其对博雅理念及教育国际化的一场生动实践。

2012年，时任国务院总理温家宝向杨福家颁发了馆员的聘书。在此之前，他就曾以国务院参事室特约研究员的身份就教育问题多次上书中央，为高层决策提供借鉴和参考。"如果我们观察一下世界一流顶尖大学就会发现，其在科学上的贡献都与文化有关。不管是'做人'还是'修业'，都离不开文史与科学，离不开文史与科学的交融。"如何在全球化时代把我们中国的事情做好，杨福家不断地思考探索。

他是一个有深厚人文情怀的科学家，一个充满使命感且清醒的思想者，同时也是一位敢讲真话的建言者。

历史给我的机遇

新中国成立后，西方对我们进行封锁，科研人员都派往苏联学习。我的哥哥就是在莫斯科大学拿的学位。但是1962年，中苏关系破裂。邓小平同志指示，我们不去苏联就派人到西方去。当时说这个话是要有胆量的，因为中国与西方的关系并不好。

正是邓小平的这个决定改变了我的命运。说来也巧，邓小平讲这个话的时候，丹麦的奥格·玻尔教授正在中国访问，他邀请我去丹麦做访问学者。

出国首先要通过语言关。当时在全国范围内选了几十位同志集中到北京进行英语强化培训。我的英语主要用于读写，平时没机会开口讲。到北京后，北京外国语大学的许国璋教授对我们进行考核，他让每个人读一段英语，再问两个问题。考下来，没一个人合格。他说："以你们的英语水平，别想半年能通过，两年能通过就不错了。"我们一听，心想这下完了。

第二天，我正好碰到后来担任北京大学校长的陈佳洱，我俩约定，每天早上散步，不讲中文，就讲英文，就这样坚持了半年。最后，40位候选人中有4位通过了考试，我和陈佳洱都在其中。我去了丹麦，他去了英国。

顺利通过语言关，对我来说意味着从此打开了通往世界的大门，我的人生轨迹发生了重大的改变。

从复旦到诺丁汉

从1980年至1990年是我教学、科研双丰收的十年。1991年我被评为中国科学院学部委员（现改称"院士"）。当时谁也不知道能否选上，我看电视上播放一张张照片，发现我哥哥也在上面，就给他打电话，他自己还不知道这个消息。到现在为止，兄弟俩同时当选的也是唯一一例。

我在1991年担任复旦大学副校长，并从1993年任复旦大学校长。

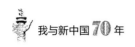

从此，"校长"这一称呼与我结了缘。

当院士和当校长是两码事。我在就职演说中提出了"追求卓越，争创一流"的想法。既然让我做校长，我就要做好，这是我一生的观念。随着教育的国际化趋势，中国的大学校长就应该多走出去。既要了解世界，也要让世界了解你。

1996 年，我第一次参加"国际大学校长协会"的会议。由于会前做了充分准备，结果作为中国唯一代表当选执行理事。1997 年美国开了一次全美大学校长会议，3000 多位校长参加，会议第一次邀请了 5 位外国的大学校长发言，我被推荐为其中一位。

在我的建议下，国际大学校长协会首次在中国召开会议，100 多位国外大学校长光临复旦大学。同时邀请的还有几十位中国大学校长。我邀请 10 位中国名校校长聚会于复旦，正式成立了中国大学校长联谊会。我被选为该联谊会首任会长。

第一次到英国则是 1998 年。教育部推荐我代表复旦大学到英国参加 21 世纪大学校长协会。两个月后，我又被教育部点名作为中国大学校长代表团团长访问英国。这两次访问，让英国的教育界也对中国教育有了认识，我也与诺丁汉大学的时任校长成了好朋友。我俩的教育观点有很多共识。

次年 7 月，英国诺丁汉大学授予我荣誉科学博士学位。这个学位和该年 3 月获得的香港大学荣誉科学博士学位都让我倍加珍惜，因为1999 年我已不再担任复旦大学校长。

2000 年 12 月 12 日，英国诺丁汉大学校董会宣布正式聘请我为该校校长。在英国历史上，诺丁汉大学这样的皇家特许学校的校长大多由皇室和有爵位的人才能担任。他们能打破传统，选一位国际校长是需要勇气的。这也是英国高校首次选举一位中国公民担任第一要职。

英国人把我树得很高，在新闻发布会上说，"因为他是一位杰出的院士，在他的领域享有国际声誉，并有在许多国家工作的经验。他曾是中国著名的复旦大学校长……"我绝对不是中国最优秀的校长，也不是最优秀的科学家，比我强的人多的是。有一点，就是英国人对我有一定的认识和理解，如此而已。这也是国家改革开放后的大好形势给我创造的机会，我国国际地位日益提高的结果。

每当我站在主席台，穿上英国诺丁汉大学校长的金色袍服，戴上了唯一一顶金边帽，面前放着王室赋予的权杖，看着五星红旗从美丽的诺丁汉大学校园升起，我的心情非常激动。一位当地老华侨流着泪对我讲，最初来英国时，他们不是被称为"华人"，而是被称为"清人"。

讲真话得到重视

英国诺丁汉大学的那段经历让我大开眼界，其中最核心的是对人的尊重。一种"把学生放在第一位"的体制。

英国的大学校长都亲自给毕业生颁发学位证书。诺丁汉大学暑假里共有16场毕业典礼，我作为校长，这个活动绝对不能请假。每个同学都要上台领他的文凭，因为这对他来说一生就这一次。想起以前在复旦时，嫌上台发麻烦，都是一位学生代表来把学位证书成捆地领回去，再一一分给大家就完事。但在英国真的是一个一个地发。如何把学生放在第一位，这是最深刻的体会。

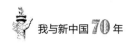
2004 年 8 月，我在美国《纽约时报》上看到了一篇触目惊心的文章：中国四川一所农村高中的学生郑清明因家里贫穷拖欠学校 600 元学费而不允许他参加高考，他在深深的绝望和悲哀中卧轨自杀。初闻这个骇人的悲剧时，我正在英国诺丁汉的美丽校园里，是在外国同行面前读到这则消息的。作为一个曾经当过中国大学校长的中国人，无地自容啊！

不久，又有一则消息令我震惊：一名叫张溪的女孩，以 615 分考入中央民族大学，本应高兴的事，母女俩却因筹不到 8000 元学费抱头痛哭。女儿得知母亲准备悄悄卖肾后哭着说："妈妈，我不上大学了……"我扪心自问，我们的教育是哪里出了问题？

几个月后，我从英国回到国内，看到的是大学校园一个比一个大，大楼一幢比一幢高，大学城一座比一座宏伟，争创世界一流大学就是靠盖标志性的大楼吗？想想因贫困上不起学的清贫学子，我如鲠在喉，于是写下了一篇题为《我对高等教育发展中若干现象的迷惑》的文章。文中我直截了当地说："当很多贫困学生接到入学通知书，却因付不起学费无法报到时，我们有什么理由要超大规模地扩建校园，建造豪华的'标志性'大楼？"

"大、豪华"与"一流"并无关系！对优秀的贫困学生关怀与否，实现教育公平倒是评估一流院校的一个因素。曾名列美国大学第一的普林斯顿大学近六分之一的学生申请到奖学金；家庭年收入在 6 万美元以下的学生申请，全部被批准。我看过很多世界顶尖名牌大学的校园，美国的哈佛、耶鲁、普林斯顿、麻省理工、加州理工学院，校园里都没有值得称道的大楼，英国的牛津、剑桥处处是古老陈旧的建筑。在世界大学排名的各项指标中，既没有校园面积或校内建筑面积这类项目，也没有院系设置的"大而全"或研究生与本科生的比例之类。我们把天文数字般的巨资浪费在圈地、建摩天大楼、造容得下26座北大的大学城，是南辕北辙、适得其反，很可能把我们追赶世界一流的宝贵时机给耽误了。

我知道这篇文章会得罪一些人，但我想讲真话。这是出于一个人的责任感。我后来又写了《大楼、大师与大爱》。大爱应该包括两个层面：就国家和社会而言，应该建立一种帮助所有考上大学的贫寒子弟上得起学的机制，而不再有郑清明式的悲剧；就高等教育的主体——大学而言，应彻头彻尾地体现"以学生为中心""人无全才，人人有才"，关键是怎么去发现这个"才"。

出乎意料的是，我的文章得到了四面八方的回应。中央对这些问题的重视也出乎我的意料，让我受到极大鼓舞。

博雅教育的实践

在去英国之前，我已经去了60多次美国。到英国后，很自然地就思考比较美英教育的异同。美国教育是从英国引过来的：英国人坐"五月花"船来到新大陆，首先做了3件事：办学校、造教堂、建邮局。哈佛大学由此而生。然而美国的高等教育青出于蓝而胜于蓝。他们用6+2+2模式取代英国的7+3模式。7就是7年通识教育，美国很多研究型大学认为7年通识教育还不够，改为6年中学、进大学2年不分专业，后2年也很淡化。所谓通识教育，实际上应该是博雅教育。"博雅"的翻译更体现出其内涵与文笔的优美。"博"为广博的知识，"雅"

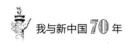

为优秀的个人素养。

在我理解了"博雅教育"的要素后，英美的差异也不像我最初想象的那么巨大。我归纳了他们的共同点：即博雅教育的五要素：一是博：文理融合，学科交叉，在广博的基础上求深度；博学多闻，博古通今。二是雅：做人第一，修业第二；君子以厚德载物，明大德、守公德，严私德。三是以学生为中心。四是鼓励质疑，以小班课为主的第一课堂得到充分体现。李政道先生讲过一句话，学问，学问，是学习问问题，不是把学习当问题。复旦的校训"博学而笃志，切问而近思"，所有的发明都是问问题问出来的。五是丰富的第二课堂。为数众多的学生社团、社会实践和学生参与的科研项目，在学习生涯中占有非常重要的地位；知行合一。前两个是目的，后三个是措施。在教育国际化的大趋势下，我见得越多，体会越深，学生的头脑不是一个要被填满的容器，而是一只要被点燃的火把，优秀的教育必须营造一个有利于创新思维发展的环境。我一直有个梦想，就是让学生们不出国门在国内享受"中西合璧"的英式教育。

2003年3月，教育部颁布了《中外合作办学条例》。宁波万里教育集团董事长徐亚芬找到我，希望和英国合作在宁波办一所诺丁汉大学。这个想法与我不谋而合，我思考后说了三句话。第一句："这个事情我无权决定，要校务委员会讨论，但是我可以说，可能性很大。"第二句："非营利，求平衡，追求卓越。"第三句："我可以保证，我们办学不会拿一分钱到英国去。"这是对祖国、对家乡的一个承诺。

仅仅经过20个月的筹办，中国第一所具有独立法人资格、拥有独立校区的中外合作大学诞生。当宁波与英方签约几个月后，英方宣布，在3年内对该校进行资金扶持。宁波诺丁汉大学应该说在中国教育史上有它的位置，它的做法完全与中国普通大学不一样，但是效果好不好呢？看学生。每年我都收到报表，最近这两年收到的报表太好了。好在哪里？进来的同学好，不仅仅是分数，而且都是从一些有名的高中考来的；出去的学生好，毕业的学生或进世界名校，或进世界最有名的企业，所以好不好看学生。实践证明，宁波诺丁汉正在逐渐得到认可，现在想考这所大学也越来越难了。样板的作用真的会胜过一打纲领。我们的学生应该成为一个桥梁，连接中国与世界的桥梁，我们要吸收英国的精华、世界的精华、中国的精华，更要弘扬中华的传统美德。我在英国诺丁汉和宁波诺丁汉分别设立了"梦想基金"，目的是帮助能进这两座大学就读的中国贫寒子弟实现大学梦，进而去追求更伟大的梦想。中国梦，首先是中国教育梦。在这个梦里，各类学校以培养合格公民为首任，为培养"三百六十行，行行出状元"而尽心尽力；在这个梦里，既有大楼，更有大师，还充满着大爱；

在这个梦里，育人为先，学生为中心，师生互动，敢于争辩，"我爱我师，我更爱真理"；在这个梦里，研究大楼夜夜灯火辉煌，年轻研究生在一流导师指导下日夜奋斗，探索未知；在这个梦里，没有浮躁与功利，学者们可能花几年甚至几十年时间为攻克世界难题而默默无闻地艰苦拼搏；在这个梦里，毕业后的学生能深刻体会到"几年的学校生活改变了我的一生"，他们脚踏实地，努力工作，回报社会。

大学是群英汇集的殿堂，来自世界各地的学子相聚在知识的宝库里，在大学精神弥漫的氛围中，自由探索，百花齐放，宽容厚爱，追求真理，付之实际，实现梦想。

（吴睿娜　撰写）

24

文以化人的力量

王 蒙等

 座谈嘉宾简介：

王蒙，男，1934年生，河北南皮人，中共党员，中央文史研究馆馆员。作家。中国作家协会名誉副主席。曾任文化部部长、中国作协书记处书记、《人民文学》主编、中国艺术研究院院长。第十二届中央候补委员，第十二、十三届中央委员，第八、九、十届全国政协常委。第十届全国政协文史和学习委员会主任。俄罗斯科学院远东研究所与澳门大学荣誉博士，日本樱美林大学博士。

杨天石，男，1936年生，江苏东台人，无党派人士，中央文史研究馆馆员，中国社会科学院近代史研究所研究员、博士生导师。

陈祖武，男，1943年生，贵州贵阳人，中共党员，中央文史研究馆馆员。中国社会科学院学部委员、历史研究所研究员，中国社会科学院研究生院历史系教授、博士生导师。曾任中国社会科学院历史研究所所长。

程大利，男，1945年生，江苏徐州人，中共党员，中央文史研究馆馆员，曾任中国美术出版社总社总编辑。享受政府特殊津贴。

安家瑶，女，1947 年生，山东烟台人，无党派人士，中央文史研究馆馆员。中国社会科学院考古研究所研究员。曾任中国社会科学院考古研究所汉唐考古研究室主任、西安考古研究室主任。长期从事汉唐考古、城址考古与保护。

田青，男，1948 年生，河北唐山人，无党派人士，中央文史研究馆馆员。中国艺术研究院音乐研究所所长。曾任中国非物质文化遗产保护中心副主任，中国艺术研究院宗教艺术中心主任。长期从事非物质文化遗产保护。

吴江，男，1949 年生，辽宁绥中人，无党派人士，中央文史研究馆馆员。中国少数民族戏剧学会法人副会长。曾任国家京剧院院长、北京市文化局副局长。一级编剧。第十二届全国政协常委。著名京剧史论专家、剧作家。

冯远，男，1952 年生，江苏无锡人，中共党员，中央文史研究馆副馆长。历任中国美术学院副院长，文化部教育科技司司长、艺术司司长，中国美术馆馆长，中国文学艺术界联合会副主席、书记处书记等职务。现任中国文学艺术界联合会副主席，中国美术家协会副主席。第十一届全国政协委员。

编者按：

习近平总书记在党的十九大报告中指出："文化是一个国家、一个民族的灵魂。文化兴国运兴，文化强民族强。没有高度的文化自信，没有文化的繁荣兴盛，就没有中华民族伟大复兴。要坚持中国特色社会主义文化发展道路，激发全民族文化创新创造活力，建设社会

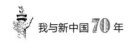

主义文化强国。"

如何深入贯彻落实党的十九大精神，坚定文化自信，弘扬传统文化中的革新精神？让我们听听专家们的意见和建议。

先进文化是多元凝聚和谐的文化

张胜友：我们为什么有文化自信？人类有四大古文明：古埃及文明、古巴比伦文明、古印度文明和华夏文明，这其中唯独只有华夏文明5000年生生不息，传世到今天。这说明我们中华优秀传统文化有很强大的生命力、包容性，能够使中华文明存续到今天。有这样的文化，我们不仅自信，而且自豪。

哪些先进文化能够让我们自信？一是红色文化。红色文化是先进文化，因为中国共产党带领全国人民打江山，千辛万苦，最后创建了中华人民共和国，这种文化是向上的、鼓舞人心的，这种文化当然会让我们感到自信。二是改革文化。今年是改革开放40年，正是改革，让我们从非常贫穷、落后的农业大国，通过40年的奋斗成为世界第二大经济体，一步步走到了世界舞台中心。

我认为，文化最后是要上升为一种精神的，我们民族的团结精神、科学精神、奋斗精神、创新精神、牺牲精神、奉献精神，这些就是我们要坚持弘扬的先进文化。

王蒙：中国是个多民族国家，现在边疆问题、民族问题引得各方关注，而且明年是新中国成立70周年和五四运动100周年，到那时，我们需要形成自己的文化人才阵地，对整个中华民族的文化精神、文化特色、文化走向有一个统一的认识和说法。如果我们能够有一个统一的认识和说法，对于维护中华民族的文化团结，加强多元文化和睦、和谐方面是很有好处的。

统一说法并不难。首先，中国各民族在敬老、重农上和其他国家不一样。因为中国各民族基本都是农业社会，都非常重视从一粒粟变成万颗籽的过程。其次，中华传统文化崇文尚礼，各民族都提倡勤俭好学，提倡接受教育。

赵德润：我们不断提倡文化自信，追忆中华 5000 年文明史，习近平总书记在党的十九大报告中也曾提及 5000 年的文明历史。这些观点已基本上得到学术界的认同，但也存在不同的看法。由于炎黄时期无实证可考，一些国内外学者认为，中国仅有 3000 年的文明史。建议国家创立炎黄学，加大研究力度，对这一特定时代进行研究，这将对中华 5000 年文明的认同具有重大意义。

杨天石：在文化领域应继续坚持和贯彻"百花齐放，百家争鸣"的方针。20 世纪 50 年代初，毛泽东同志提出了"双百"方针，这是中国共产党在文化领域的根本性方针，它符合文学、艺术及学术发展的规律，应该长期坚持与贯彻。只有这样，文化的发展与繁荣才能得到保证。文化领域、文学领域里错误的东西属于人民内部矛盾，可以通过"双百"方针，通过批评和自我批评，通过学术研究去解决。

以先进文化提升国民精神风貌

陈祖武：2014 年，习近平总书记在纪念孔子诞辰 2565 周年大会中提出我们学术界、文化界有一个时代任务，就是"以文化人"。改革开放 40 年，中华民族应该以什么样的时代风貌、文化风貌出现在世界上？这些年来，新闻界、学术界、文化界没有呼应这个时代的人物出现。结合习近平总书记提出的这个时代任务来思考，我们是有差距的。我们只抓了一些表面上看得见的文章，短期内能见成效。创作产出的电视剧、电影、舞台剧、小说的数量能够看得见，但我们人民文化素质究竟有什么变化？

所以，树立一个优秀的精神文化风貌出现在世界舞台上，恐怕是我们全党、全国人民要花很长时间和力气去做的事情。我建议，可以将落实"以文化人"的时代任务，作为文史研究馆"十三五"期间的一个重点工作。

冯远：新时代要把人的素质全面提升作为一项重要的任务。知识不等于能力，能力不等于觉悟。这些年来，24 字社会主义核心价值观非常宽泛和重要，但落实到人的素质全面提升，应该作为一项中心任务明确提出来。

要进一步加大文化精准扶贫力度。教育是文化中很重要的一部分。精准扶贫可以先从义务教育普及和优惠教育开始。中国的现代化将在很大程度上受制于"三农"问题。目前中国还有四五亿农民，农村振兴主要靠年轻人。建议可以参照扶持师范生的政策，由国家出资，让西部地区和贫困地区没有考上大学的所有适龄年轻人完成高中教育和农业专业知识技术培训。如果国家仅仅是出资辅助、补贴，甚至给低保，都不能从根本上解决农村目前的问题。

程大利：关于落实全民阅读的问题，我提过很多次。能不能把全民阅读的社会调查搞得再深入一点，能不能把全民阅读制度化，能不能在国家层面制度化，真的落实下来，创造阅读条件，建立阅读环境，形成良好的阅读氛围和阅读风气。

提升文化先进性应注重非遗保护

吴江：我一直想汇编一套共和国经典剧选。如果不是共和国成立以后对民间剧种进行挽救支持，那些剧种现在已经失传。例如《目连戏》，作为戏剧的活化石，从敦煌的文俗讲到宫廷的《劝善金科》，已经渗透到许多古老的剧目之中，是"一带一路"文化真正的历史见证者。近年来，我对宫廷戏剧进行了研究，根据故宫所存档案，将服装、化妆、音乐、表演等进行了原汁原味的恢复，取得了不错的演出效果，之后还到中国香港、台湾对其进行讲解。我们还有大量的工作可以做好。我们可以将数百年前的文化艺术呈现给大家，让人眼睛一亮，使数千年的中华文化传承不息。

田青：文化的主要作用是对人类民族灵魂的塑造。但文化不仅仅只有无为之用，它还有很多可以为之用的东西。例如我们利用非遗保护的精神及其成就，可以做很多的事情，包括两岸的文化统一问题。中国很多非物质文化遗产是两岸共有、两岸共享的。台湾有非常优秀的人，如果我们给他一个国家非物质文化遗产传承人的待遇，那会对促进两岸的和平统一起到非常大的、立竿见影的作用。

妈祖文化现在申报了人类非物质文化遗产，而真正的妈祖遗产传承最好最多的是中国台湾，500多座妈祖庙。其中很多大庙和我们关系非常好，年年来寻根寻祖，而且都主张统一，我们能不能授予它为

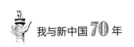

文化保护单位或中国文化传承单位？这样可以极大地促进两岸文化的统一。

台湾原住民布农族有个文化遗产"八部合音"是世界闻名的，我和他们的长老见面，他说现在大陆保护非遗太好了，我们同属于一个中国，我们愿意大陆帮我们申报非遗。如果在非物质文化遗产申报方面，遵循中华台北这样的先例，可以团结很多的原住民。

因此我有三方面建议：第一，国家级传承人制度，要给台湾同等待遇；第二，要给台湾民间团体和非遗保护单位挂牌子；第三，重视台湾原住民文化。

安家瑶：除了妈祖文化，台湾有 500 多座妈祖庙，很多妈祖也都是从大陆过海而来的。其他的文化遗产也有很好地保存，如台南的文庙，儒家文化在台湾传播广泛。

文化创新应规避低俗化倾向

吴江：功利性的创新、粗放型的生产，不仅可以摧毁事业和人才，更可能败坏民族文化的声誉，造成中国文化的颓势。近年来，我们不断提倡创新，鼓励创新，提及创新感觉特别时髦，却不懂究竟何为新。事实上，并不是所有的艺术都可以反映今天的现实生活，作为古典艺术的昆曲，如与大渡河相结合将导致艺术的味道消失殆尽。

文化得不到发展和创新，将大大挫伤文化软实力，更谈不上文化走出去。艺术不是蜂拥而上，人人写诗作词、创作电影，这些都需要专家。不同的艺术门类有不同的功能，在文化范围内也有自己的专属位置。因此，文化供给侧改革需要对艺术进行分工，以保留各自的艺术特色，而不是盲目高举创新旗帜，却无所建树。

王蒙：现在接受文化熏陶的渠道和范围非常广，但我认为，文化低俗化的趋势令人担忧。手机上出现的低级文化越来越多，各地电视节目也在低俗化，盲目追求泪点、看点、笑点，但"一刀切"地强制禁止也不是好办法。

张胜友：文化自信的同时还要批判。王蒙先生说的社会低俗文化现在泛滥成灾。我还发现近段时间以来，网上、微信里"文革"回潮很厉害，而且非常赤裸，公开打出"阶级斗争、造反有理"的旗帜来。我们在弘扬先进文化，强调文化自信的同时，也要批判那些乌七八糟的东西，而且我们要明确表态。

安家瑶：我国文物保护利用过程中存在较多乱象。党的十九大之后，特别是习近平总书记对于文化遗产的保护，实际上已经被提到一个很高的高度。但是在实际文化遗产保护过程中，部分乱象还是很多，特别是在基建、经济发展过程和文物保护、文化遗产保护之间的矛盾还是非常突出的，违法违规的现象层出不穷，且得不到相应的处理。建议有关部门高度重视，加大惩处力度。

（吴睿娜　朱远航　整理）

25

海外游子的中国心

瞿世镜　口述

 口述者简介：

瞿世镜，男，1936 年生，上海人。民革成员。曾任上海市政府参事。上海社科院终身教授。1968 年毕业于复旦大学外文系。上海社科院文学所研究员。上海社科院英国文学研究中心主任。上海市第七届政协委员，全国第八、九、十届政协委员。国务院特殊贡献专家津贴。1991 年获全国优秀外国文学图书奖和上海市文学艺术奖。1981 年开始发表作品。2008 年获上海社科院建院 50 周年学术贡献奖。

 编者按：

在全国文史研究馆系统发起的改革开放 40 年史料征集活动中，原上海市政府参事瞿世镜一家五代都曾留学海外的经历引起了我们的关注。瞿参事曾任上海社科院文学研究所英国文学中心主任，并获得英国剑桥国际传记研究中心有贡献人士奖章、美国传记研究院金质荣誉奖章。然而，作为政协委员和参事，他的工作不仅仅是研究英国文学，也更多地关注国家与民族的命运。他用亲身经历讲述了坚持改革开放 40 年的不易，一路走来并非是一帆风顺，感慨良多。

我的祖父和叔公

我的祖父瞿直甫（1889—1944）是上海市崇明县人。1902 年，他就读于李鸿章创办的两江优等师范学堂（即东南大学前身）。1908 年，他留学东京帝国大学攻读法律，后转学到名古屋爱知医学院，毕业后在东京锦丝医院作外科医生。1923 年，他回到祖国，创办了东南医学院和瞿直甫医院。

祖父擅长外科，尤精腹腔手术，亦通内科、妇科。上世纪 30 年代初，曾成功地从一名女患者腹中取出重 40 多斤的卵巢肿瘤。

1944 年，祖父中风去世，父亲瞿承方是协和医学院的博士，美国哈佛大学的博士后。他继承了祖父的事业，继任医院院长。

叔公瞿季刚毕业于北京大学。1916 年 11 月，他作为庚子赔款留学生赴美国加州大学攻读商科，后转学到哥伦比亚大学获经济学学士学位。1920 年返回祖国，到中华懋业银行任职。1928 年，经宋子文介绍，叔公担任国华银行副总经理。

辛亥革命后，中国银两与铜钱并用，英美法日墨西哥银圆作为新式货币进入中国，中国各地也自铸银圆，种类繁多，币制混乱。当时的财政部长宋子文咨询叔公等金融专家之后得出结论：中国必须统一币制。第一步"废两改元"，即废除银两，全国使用统一规格银圆。第二步"推行法币"，取代银圆。叔公建议，要做好两项准备。一是建国家造币厂，统一主辅币。二是建立国家中央银行，统一管理发行货币。叔公受聘担任财政部币制委员会委员、中央造币厂监理委员会委员。他是中国币制改革方案主要起草人和推动者之一。

1948年12月8日，叔公接受委任，代表当时的中国政府前往美国，担任国际货币基金（IMF）执行干事。

随着时局变化，叔公劝父亲把医院搬到香港或台湾，抑或卖掉医院，去美国办诊所。父亲却说，他离不开这片土地。他是做医生的，没有任何政治背景，留下来救死扶伤，还是为社会服务。就这样，我们家和叔公一家分手了。

1949年1月，叔公携一家老小来到美国华盛顿。叔公被国民政府任命为世界银行执行干事。1952年11月，他辞职退休，颐养天年。1972年11月，80岁的叔公病逝于华盛顿医疗中心，子女将他安葬于Parklawn墓园。

我的叔祖母陈淑美说，叔公晚年在美国的几次投资均未成功。唯独早年对子女的教育投资非常成功。

叔公在其高中好友、著名语言学家赵元任教授协助下，先后将儿女送往美国留学。

大叔瞿承瑞16岁即赴美印第安纳州普渡大学，又去麻省理工学院深造，后进多伦多大学，获水利工程学士学位。"二战"后，他回到美国波士顿，拿到哈佛大学文学硕士学位。毕业后，加盟王安电脑公司，成为王安得力助手，长期担任王安电脑公司副总裁。

二叔瞿承业也在美国从事IT行业。他1930年生于上海。高中时与艺华公司制片人严春堂之女严淑莲相恋，叔公在国际饭店为二叔操办了婚事，婚后即赴美留学。他在新罕布什尔州立大学攻读农业机械专业，两年后转到波士顿大学，选修经济学、会计学与法律，然后到纽约大学学习企业管理，考下了公证会计师执照。

二叔应聘到霍尼韦尔公司计算机部门，他严谨的办事风格和杰出的公关能力很快得到总裁华特·芬克赏识，被任命为霍尼韦尔公司副总裁，主管亚洲地区业务。

海外游子的中国心

1978 年 12 月，十一届三中全会后，海外华人回国的逐渐多起来。1979 年，王安与大叔瞿承瑞访问中国，巧的是，大叔居然在北京碰到了二叔。两个人都互问"你来干啥？"他们的答案不约而同：推动中国的电脑事业。

我的大叔瞿承瑞 16 岁即赴美留学，获哈佛大学文学硕士。毕业后，加盟王安电脑公司，成为王安的得力助手，长期担任王安电脑公司副总裁。二叔瞿承业在美国霍尼韦尔公司任副总裁，主管亚洲地区业务。

王安电脑公司与上海市政府合作，由大叔负责操办，在闵行区老沪闵路建厂。20 世纪 80 年代，大叔多次来沪落实工厂的建设和营运。

1986 年，邓小平同志接见了王安与大叔瞿承瑞，还一起打了桥牌。两位 IT 专家说，中国一定要赶上信息化的浪潮，"人类从农业文明走向工业文明，中国落伍了，造成鸦片战争之后被动挨打局面。如今从工业文明走向信息文明，中国绝不能再次落伍"。

二叔则受当时的四机部小型计算机协会邀请，赴京参加学术交流。这是他 18 岁赴美之后第一次返回祖国。在北京饭店，二叔向时任四机部部长的江泽民和时任电子工业部副部长的李锐介绍各种型号计算机。

不久，江泽民到美国考察，二叔派霍尼韦尔公司的飞机接他，全程陪同。先是到通用电气公司访问一周，又到霍尼韦尔公司访问一周。其间，他向江泽民详细介绍了美国电子信息工业发展的情况，也谈了家庭情况和华侨在美国的生活。

四机部对于霍尼韦尔与日本电气签订的技术转让协议非常有兴趣，也想照此签订一个技术转让协议。双方进行了长时间的磋商谈判。后因霍尼韦尔公司推荐大型机，而四机部感兴趣的是小型机，协议没有签成。

不过，二叔认为，中国高教系统培养自己的计算机骨干人才队伍比引进技术更为重要。因此，他代表霍尼韦尔公司与中国教委签订了援助中国重点大学计算机教育中心的协议，推动各大学开设计算机专业，培养骨干技术人才。

霍尼韦尔公司协助 24 所中国重点大学建立了计算机教育中心。第一批 8 所大学都用了 H-800 大型机，其中包括北京大学、清华大学、上海交大、中国科大、中国人大等。由二叔牵线搭桥，这 24 所大学的计算机教育中心项目还获得了世界银行的低息贷款支持。

1979 年至 1985 年，这个项目从谈判到售后服务都由二叔负责，他从东京到北京乘飞机来回五六十次，圆满完成任务。他认为，这是他这辈子开拓的业务中最值得纪念的。

三叔承武比我还小一岁，我们是正志小学的同学，儿时常一起玩。他是哈佛大学学士，后在美利坚大学获博士学位，曾任美国交通部长助理。1978 年夏，三叔曾与叔祖母陈淑美回沪探亲，当时虽住在国际饭店高级宾馆亦无空调，在此高温季节，叔祖母中暑了，不得不提前返回美国。

回顾叔公一家的经历，我不胜感慨。中国在这次全球信息技术浪潮，包括现在的 AI 发展中没有脱节。这其中，海外华人也曾作出了不少贡献。他们没有忘记这片国土。两位叔叔用他们各自的方式，共同追寻民族复兴的强国之梦。但他们都是美国籍，没有办法回来，只能在异乡生活。

中央发来感谢电

我的父亲曾担任第一、第二届上海市人大代表，第三、第四、第五届上海市政协委员。1987 年年初，他已 79 岁高龄，恳请统战部在当年换届时让他退隐，颐养天年。后来，统战部安排我担任第七届上海市卢湾区政协常委。没想到，到政协后居然成为我人生的一大转折点。1987 年春寒料峭，我赴京参加外国文学研讨会。刚开始打开国门，党内对改革开放是有不同声音的。一场"反精神污染"风暴即将来临。

首先批判的是法国文学专家柳鸣九。有人甚至说："研究西方就是资产阶级自由化，作为一名共产党员，不去研究马列主义，而去研究存在主义，是什么立场？"来自全国各地的学者们各个愁眉苦脸，学术会议开得冷冷清清，人人自危。我是研究英国文学和"意识流"的，对于这样的会议气氛，不禁惊出一身冷汗。一回到上海，区政协副秘书长龚德庆来看我。他问我北京有什么消息？我站起来，关上门窗说："今天这房间就我们两个人，没有第三个人。可否请你帮我向中共中央汇报重大情况？"他说，试试看。

我站起来，举起右手握拳说："我是中华人民共和国公民瞿世镜，向邓小平同志、中共中央政治局常委紧急呼吁，中国万万不能再搞政治运动，必须以经济为中心搞四个现代化，坚持改革开放，坚持四项基本原则，把中国经济搞上去！我们再搞阶级斗争，亡国、亡党、亡军！"

龚德庆说，回去想想办法。几星期后，我去区政协开常委会，区政协主席方克冲着我笑。他把我拉到一边说："告诉你个好消息，中共上海市委来电表扬了卢湾区政协，并说中共中央来电，感谢中共上海市委及时反映重大信息，问题已得到妥善解决。"原来，龚德庆回去汇报后，区政协马上写了简报，报送上海市委。时任上海市委书记芮杏文考虑到事关重大，立即派信使搭乘当天的飞机，进京直接向党中央汇报。

十一届三中全会拨乱反正，由"以阶级斗争为纲"转向"以经济建设为中心"。这条正确路线，得到全党、全军和全国人民衷心拥护。但仍有少数同志念念不忘阶级斗争，迷恋政治运动，极左路线或有可能死灰复燃。在此关键时刻，邓小平同志果断决策，把住了改革开放大方向。

这个出乎意料的结果，让我深深体会到身上的责任和使命。我必须调整知识结构，转换角色心态。于是我开始认真学习邓小平理论和党中央的路线、方针、政策；分析对比每年更新的世界银行《世界发展指标》、联合国开发计划署《人类发展报告》、联合国教科文组织《世界文化报告》，深入了解世界各国现代化过程的历史与现状。

有一本书使我受益匪浅，那就是亨廷顿的《变化社会中的政治秩序》。亨氏指出，发展中国家现代化过程与西方发达国家不同，大量社会变革和利益矛盾在较短时期高度集中，不易确立稳定的社会政治秩序。据亨氏调研，发展中国家在社会转型过程中，23 个一党制国家，不稳定者为 0；26 个多党制国家，不稳定者居半。多党竞争的西方民主模式，未必适合于发展中国家。不同政府的差别，不在于外表形式，而在于统治是否有效，社会是否稳定。

此书资料翔实，论证严密，使我茅塞顿开。我觉得中国一党执政多党参政的多党合作、政治协商、统一战线模式，是一种中国特色社会主义民主政治格局，它能够满足中国社会转型过程中的政治制度化要求，可以保障中国现代化发展过程的和谐稳定。

三封急信直达党中央

为了监测中国现代化发展过程中社会稳定程度，我设计了一个独特的理论分析框架——"十字形分析框架"。这个分析框架以社会利益协调为横坐标，以价值观念整合为纵坐标，而执政党协调社会利益、整合价值观念的能力居于十字形框架的核心地位。从横向来看，现代化过程伴随着利益关系调整。由于各人获得利益不同，任何改革措施不可能使人人都感到满意。如果各社会群体不满情绪集中到共同焦点，政治能量高度集中，就容易触发社会震荡。我使用自己的"十字形分析框架"对社会稳定程度严密监测。1988 年岁尾，我发觉横向、

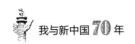

纵向、核心三个系统都亮起了红灯。

1989年1月底，我要担任英国学术院客座教授出访半年。我估计半年之内极有可能出现社会动荡，就写了一份内参，拜访民革上海主委徐以坊先生，希望民革通过适当渠道提醒中共中央注意。徐先生听后很不高兴："瞿世镜，你是不是英文太好了，每天晚上偷听美国之音？"我说，这是我用"十字形分析框架"预测分析作出的判断。他说："你这是聪明过度，杞人忧天。这个话题到此为止！"

我碰了一鼻子灰，就去拜访民革副主委陆玉贻先生。他也说："请你不要再说了，这种话是不能乱说的。你再说，英国就去不成了！"机票早已预订，我无可奈何，怀着忐忑不安的心情，启程赴英。

6月初，BBC、ABC、NHK等各大电视台，以及各大报纸的头条标题，都认为中国高层领导班子将要发生变动。并预测，中国新的高层领导很可能放弃"以经济建设为中心"而退回到"以阶级斗争为纲"的老路，甚至断言中国将面临经济崩溃，外资势必纷纷撤走……看到这个信息，我心急如焚。我当时在利兹，便马上停止了学术访问，请假回到伦敦。我到邮局询问，到北京的航空邮件是否畅通，邮局明确答复：飞机照飞，机票一张都卖不出去，唯一的旅客是邮包。我于是接连写了三封急信，请中央统战部副部长宋堃和统战部党派局局长马隆同志转呈邓小平同志和党中央。

第一封信谈政治路线：十一届三中全会以来正确路线应该保持长期不变；干部是为路线服务的，新选拔的中央最高领导人，必须是既坚持四项基本原则，又坚持改革开放，并且在经济工作中作出实绩而被世人所公认的；只有保证路线不变才能稳住大局。

第二封信指出，中国投资规模与GDP增速，劳动岗位增长，环境资源代价不匹配、不协调。建议调整发展模式，关注增长的可持续性。

第三封信指出，经济建设与文化教育一手硬、一手软。建议执政党提出与经济发展相匹配的社会主义核心价值观。

7月，我在英国接到中共中央统战部马隆同志的复函。1990年我回国，上海市委统战部毛经权部长打电话约我叙谈。他说："你是位好同志，在紧要关头向中央提出政策建议。你的三封信，宋堃同志都呈送了小平同志。小平和几位老同志都看了，中央书记处各位领导亦均传阅，他们都认同你的意见。"

一杯牛奶的"奶皮"

1989年我在英国讲学和交流期间，美国斯坦福大学邀请我过去讲学。我在英国申请了美国签证很快被批准。到了美国，移民局一看我的信息，让我等一等，他上去汇报。我以为他让我回国，结果这个人下来笑嘻嘻地说："您为什么就申请3个月？"我说就到斯坦福做两个报告，再和三个叔叔聚一下。他说："你在英国访问了6所大学，美国的大学比英国的更好，您多访问几所美国大学吧。"我说不用，3个月就回去。他却马上写了6个月，并且说这是活的，只要我愿意，不论在美国哪个城市，看到这个签证，都会给我延期。

和三个叔叔见面后，我就问签证官这么做是什么意思。大叔说，美国人很精明。此前的匈牙利事件，美国捞了很多科学家，这次中国的事件，他们又想"捞人"了。美国人很清楚，打工的他们不要，科

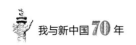

学家、学者，他们抢着要。

二叔、三叔说："我们已经商量好了，这次不是给你办绿卡，直接办公民身份。"我说要回去。

叔叔问："为什么回去？说老实话，你是不是共产党员？"我说不是。他们说："你如果信仰马克思主义，我们尊重你的信仰，同意你回去。你又没这个信仰，为什么不留在美国？"

我反问："为什么让我留在美国？"他们说："中国发展很快，但再过 30 年，中国发展到较高水平，还是远远赶不上美国。为了你的孩子，留下。政治运动，你哥哥挨上了，你爸爸挨上了，你爸爸走资派，你哥哥右派，你中学毕业就挨棍子，我们这里不是更好？房子更大，待遇更好，更平安。"

当时，我们在吃早饭。我面前有一杯牛奶，在我们聊天过程中，牛奶结了一层奶皮，我用筷子把奶皮挑了，一会儿又结了一层，又挑了。我就说："叔叔，中国十多亿人口，我们不缺人，但是我们缺人才，像这杯牛奶，结了一层奶皮，挑了，再结一层，又挑了，现在不可能再有奶皮了，这杯牛奶就是脱脂奶！"

我说："你们三个这么好，都是美国公民，你让我也来做美国公民，中国的这杯奶怎么喝？美国多得是人才，我们瞿家已经把你们送给美国了。我回去做中国人，你们在这里做美国人，我们还是瞿家，你们行行好，让我回去吧。"二叔说："老三，他说这话了，让他回吧。"三叔不同意，说："你干嘛？我们律师都请好了，律师费都付了。"

其实，三个叔叔早就帮我做了决定。但我脑子很清楚，我从小写的是中文，讲的是中文，读的是中国书，中华文化一脉相承。瞿氏家族在美国开枝散叶，三个叔叔的下一代都与白人通婚，他们的后代都是混血了。

1990 年，我如期回国了。

2013 年，我陪同二叔、三叔率领瞿家第三、第四代到常熟虞山祭拜祖先瞿式耜。（明末抗清民族英雄、诗人。死后，满清政府称赞其是忠臣。陵墓及祖宅均为文物保护单位，其事迹已写入家谱。）第四代二三十人齐刷刷跪在祖先坟前叩首，其中不乏白皮肤、高鼻梁、蓝眼睛的瞿氏后裔。我的祖父瞿直甫一脉留在中国，第四代只有我女儿嘉恩一支独苗。我认了。我坚信，只要中国坚持以经济建为中心，坚持改革开放，中国定能繁荣富强。中国的知识分子也定能为国所重，为国所用，大有用武之地。

（吴睿娜　撰写）

26

从深圳经济特区到粤港澳大湾区

王京生等

 座谈嘉宾简介:

　　王京生,男,1955年生,江苏沭阳人,中共党员,国务院参事。国家文化艺术智库特聘专家,北京大学、深圳大学等高校客座教授、博士后合作导师。2013年被联合国教科文组织授予"孔子奖章",以表彰其多年来在文化多样性和文化流动理论方面的研究,以及推动全民阅读、建设设计之都,实现城市文化跨越发展中所作出的卓越贡献。出版有《什么驱动创新》《我们需要什么样的文化繁荣》《文化是流动的》《文化主权论》《观念的力量》等10多部专著。主编有《深圳十大观念》《文化立市论》等。

　　葛剑雄,男,1945年生,浙江绍兴人,民革党员,中央文史研究馆馆员。复旦大学资深教授、中国历史地理研究所博士生导师。第十一、十二届全国政协常委。从事历史地理学、历史学领域研究。

　　曹二宝,男,1954年生,江西人,中共党员,曾任国务院参事室特约研究员,中央人民政府驻香港特别行政区联络办公室研究部部长。因公常驻香港 30 年。在任国务院参事室特约研究员期间，主持香港参与"一带一路"建设和助力"一带一路"建设两个课题组，参加粤港澳大湾区建设课题调研。

王世巍，男，1960 年生，吉林梨树人。现任深圳市人民政府发展研究中心党组成员、巡视员。

编者按：

深圳已经成为改革开放 40 年成就的一个刻度和缩影。从 1980 年全国人大常委会颁布《广东省经济特区条例》，深圳经济特区正式成立，到 2017 年国务院政府工作报告中李克强总理提出，要推动内地与港澳深化合作，研究制定粤港澳大湾区城市群发展规划。

回顾历史，砥砺前行。过去 40 年，深圳特区积累了很多宝贵经验；同时，处在历史新起点上，粤港澳大湾区的发展也备受瞩目。

深圳为什么要搞特区？

《国是咨询》记者：作为中国改革开放的总设计师邓小平亲自倡导设立的中国第一个经济特区，深圳一直被看作是中国改革开放的窗口。"三天建一层楼"的深圳速度闻名世界，奇迹背后有怎样的政策支持，决策过程又有哪些启示？

曹二宝：大家都知道，38 年前即 1980 年，中央决定在深圳建立我国首个经济特区，但有多少人知道，当时深圳是新中国成立以来最大"逃港潮"的集中地？有文件记载的"逃港潮"共四次：1957年、1962年、1972年、1976—1980年。第四次"逃港潮"在党的十一届三中全会后达到高峰，规模和持续时间都是之最。其中宝安县1962年"逃港"12144人，1978年17456人。时任县委书记认为，这个数字远非实情，有个数字可能更真实：宝安县30万人，香港宝安籍人近30万！不同于历次"逃港"主体是受政治因素牵连的人或困难群众和知青，这次有很多党团员和基层干部。如深圳全市干部"逃港"557人，"逃"出183人；市直机关40名副科级以上干部子女"逃"出56人。紧邻宝安县的惠阳县，有一个大队560多名村民，112人"逃港"成功，支部6名委员除妇女委员外，5人都"逃"去香港。当时，"逃港"者分三段跑向香港：东段大鹏湾，渡船过去；中段梧桐山、沙头角一带罗湖河畔，"拆网""钻网"过去；西段深圳湾，泅渡过去，这边是深圳南山的蛇口，对岸是香港新界的元朗。时任广州军区副司令员回忆，他接到命令带部队到深圳一看："逃港"人群像潮水一般。他判断，内地边防几乎无能为力，若武装拦阻，形成大规模群体性事件更不好处置。

香港方面也全力堵截，港英军警4000人陆海空24小时立体巡逻，飞机7架、军舰2艘。港英当局改变过去长期实行的变相接收"逃港"者的"抵垒"政策（非法入境只要跑过九龙的"界限街"，港英就发居港证），而改行"即捕即解"（抓着就遣返深圳）。1977年11月，我国改革开放总设计师邓小平同志由叶剑英同志陪同到了广东，省领导汇报了当时的"逃港"人数：194274人。时任省主要领导说："老百姓有个说法：生活太苦，河那边经济发达，两地差距太大了，所以很难留住人。加派了部队也没解决问题。"两边生活差距大到什么程度？宝安县农民劳动一日收入 0.70 元到 1.20 元，香港农民劳动一日收入 60 港币至 70 港币，差距近 100 倍。小平同志一边抽烟一边静静地听着，然后讲了三句话："'逃港'主要是生活不好，差距太大。这是我们的政策有问题，不是部队管得了的。生产生活搞好了，才可以解决'逃港'问题。"1978 年 4 月，习仲勋同志担任广东省主要领导，上任伊始，他就说"哪儿最乱就去哪儿"。时任宝安县委书记请他参加了专为"逃港"最严重的公社和支部 200 多名书记办的读书班。

习仲勋同志对学员说："你们给我说实话，'逃港'到底有没有办法治呀？"一位自称"三代贫农、土改根子、二十年党龄、年年超产完成征购任务"的大队支书，跟他顶起了嘴："我看不要治，让老百姓自由去不就行了，抓人做什么呀？我对你讲真话：咱们共产党政策要还这样下去，还不改，人都会跑光啦！"

习仲勋同志没再说话，他在离开宝安县时对县委书记说："香港九龙那边很繁荣，我们这边就冷冷清清，很荒凉。你们要下决心改变这个面貌。这些人是外流嘛，是人民内部矛盾，不是敌我矛盾。经济搞好了，'逃'过去的人又会跑回到我们这边来。"

习仲勋同志对"逃港潮"的看法和应对，与小平同志不谋而合！他提议恢复 1962 年的"三个五"政策，即：农民一个月可去香港 5 次，每次可带回 5 块钱和 5 斤重的物品。

1979 年 2 月，宝安县委常委扩大会议提出了利用香港搞活经济，专搞加工、补偿贸易等政策建议。同年 3 月，广东省委批准宝安县委提出的在 14 个公社（范围相当于后来的经济特区）实行比"三个五"更宽的政策，俗称"13 条"。同时请示中央批准，宝安县改为深圳市，由广东省和惠阳地区双重领导。"13 条"政策一出台，深圳沸

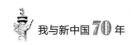
腾了！全市很快掀起面向香港，抓活经济的热潮。大量蔬菜、鱼鲜运往香港。当年"逃港"的人回来了，因为家乡务农比香港打工挣得多。情况上报到习仲勋同志那里，他高兴地说："经济上来了，老百姓的热情上来了！"

1979年4月，习仲勋同志参加中央工作会议，提出了让广东先行一步，划出一些地方搞特殊政策，办出口加工区。他还专门向邓小平同志汇报了这些想法。小平同志对这位延安时期的陕甘宁特区政府主席说："就叫特区嘛，陕甘宁就是特区！中央没有钱，可以给政策，你们自己去搞。杀出一条血路来！"

重温中央当年处理"逃港潮"与创建经济特区同步推进的决策部署，对今天我们面对发生了非法"占中"和"港独"的香港，如何理解和落实习近平总书记的重要指示和中央有关决策部署，可能会有一点启示。1980年8月，全国人大常委会通过《广东省经济特区条例》。据时任深圳市委书记后来回忆，该《条例》通过之后几天，"成千上万藏在梧桐山的大石后、树林中准备外逃的人群完全消失了！"

王世巍："三天建一层楼"的深圳速度，指的是国贸大厦建设。深圳国贸大厦是我国最早实行招标的建筑工程，施工中彻底打破"大锅饭"制度，实行计件工资。"奖金不封顶，大楼快封顶。"建筑工人们的积极性被充分调动，最高的能拿600多元。结果，主楼封顶比预期整整提前1个月。奇迹背后，可以说有政策支持，又没有政策支持。说有支持，就是中央允许深圳搞改革，支持深圳大胆地闯、大胆地试。说没有支持，就是如何进行改革、改什么等等，没有具体政策规定。

文化是驱动创新的力量

《国是咨询》记者：党的十九大报告也明确指出，我国经济已由高速增长阶段转向高质量发展阶段。2010 年，深圳提出打造"深圳质量"。这 40 年的发展，深圳从速度向质量转变的历程中，出台了哪些举措？这些措施取得了哪些成绩和教训？深圳的发展经验又给了我们哪些宝贵的精神与理论财富？

王京生：早在 2011 年，时任深圳市长许勤提出"深圳质量"的口号。他认为深圳保持高速发展时间虽长，但整个城市还显浮躁，只要速度不要质量是行不通的。深圳是如何实现从低质量到高质量的蜕变，其中思路值得全国借鉴。首先，要从标准抓起。这个标准既包括行政标准，也包括经济标准，还有各类产品的标准以及社会发展的标准。其次，质量要落地，计划是抓手。深圳制定了《关于创造深圳质量的行动计划》和《质量强市工作方案》，实施《环境质量提升行动计划》《公共交通服务质量提升计划》等系列专项行动计划，明确打造深圳质量的"任务清单"，推动质量建设加速落地。再次，为突出标准计划的严肃性和权威性，还要将其上升为法律。专门出台了《深圳市人民代表大会常务委员会关于加强深圳经济特区标准建设若干问题的决定》《深圳经济特区质量条例》等，使质量提升有法可依。为保证标准和行动计划的完全落地，还制定《深圳质量评价考核指标体系》，强化质量工作考核。深圳在抓质量方面应该说也是由理念上升为战略，由虚向实的过程。我们在国际竞争中，中国产品质量必须要上去，否则贸易世界第一、经济总量世界第二的大国无从谈起。人家

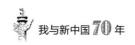

尊重你不是因为你经济总量多大，归根结底还是看你产品的质量，质量不行还是没有尊严。中国历史上开辟的丝绸之路，为什么受到世界的重视和欢迎？就是因为我们的瓷器、丝绸等产品质量过硬，是四大发明的先进，它们的精美和先进赢得了世界的尊重。说到底大部分人是因为产品，而不是因为读四书五经才叹服中国的魅力。看似是一个产品，实际上它的质量隐含着人的素质；看似是对一个产品的评价，实际上是对一个国家及其国民的评价。所以我就讲：一国产品之质量，乃一国国民之素质；一国产品之信誉，乃一国国民之尊严。

王世巍：深圳的成功之处首先体现在观念创新上，在深圳这片热土上，诞生了很多开风气之先并影响全国的观念，深圳的十大观念就是观念创新的集中体现。

王京生：谈到精神财富，确实不得不提深圳十大观念。最后选出来的十大观念都耳熟能详，有"时间就是金钱，效率就是生命"，也有"空谈误国，实干兴邦""敢为天下先""改革创新是深圳的根、深圳的魂"，还有"让城市因热爱读书而受人尊重""鼓励创新，宽容失败""实现市民文化权利""送人玫瑰，手有余香""深圳，与世界没有距离"，第十个后来叫得最响——"来了就是深圳人"。

这十大观念说明了几个问题。第一，城市发展说到底，文化是核心，是最能够推动社会进步的要素之一。改革开放以来的城市发展经过拼经济、拼管理的阶段，最终要走向世界，必须拼文化，只有文化上站位高，才能立得住。深圳是全国最早提出文化立市战略的城市，作为联合国教科文组织 2013 年授予的"全球全民阅读典范城市"，图书馆之城、全民阅读也正在成为这座城市的重要标签。

第二，观念引领是创新的发动机。2017 年，深圳 PCT 国际专利申请量占全国的 46%，仅南山区就占全国 26%。南山区就是提出"时间就是金钱，效率就是生命""空谈误国，实干兴邦"的地方。PCT爆发式增长偶然的背后是必然，观念的背后是文化。纵观人类发展史，没有文艺复兴、启蒙运动，就没有后来的工业革命、科技革命和经济发展，这对于粤港澳大湾区的建设同样适用。之前参加深圳读书月活动，我突然想到一个问题，就是阅读和创新究竟是什么关系？后来回去一查资料，发现阅读指数和创新指数高度契合。我把国际上统计的全球创新能力排名前十的国家和阅读量排名前十的国家做了对比，在排序上两者基本吻合，可能个别名次上稍微有些差距，比如创新能力公认的是以色列第一，同时它也是全世界人均阅读量最高的，每年 64 本书，像日本、德国、美国也排在前列。所以深圳创新这么好，和阅读真是分不开。不从书本里发现问题，不从书本里寻找答案、获得知识，怎么去创新？制度、科技、资本固然重要，但我认为最根本的还是文化，文化是驱动创新的重要力量。

王世巍：深圳对全国的贡献体现在观念创新方面，还体现在率先改革开放、探索发展模式和展示制度优势等方面。

深圳是改革的试验场。20 世纪八九十年代，深圳创造了数以千计的全国第一，有单项的改革突破，也有系统的改革，有成功的经验，也有失败的教训。总之，深圳的改革实践为建立和发展社会主义市场经济作出了重大的贡献。而且，深圳不断进行深化改革，在新的历史时期仍然肩负改革创新排头兵的重担。

深圳在发展模式上做了积极探索。特区成立之初，城市发展是以经济建设为中心，创造了深圳速度。后来，又提出了深圳效益。再后来，又提出了深圳质量。深圳速度也好，深圳效益也好，深圳质量也

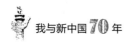

好，都是发展观念，也都是发展模式。

深圳展示了制度优势。深圳的改革开放和发展建设成就，印证了我国实行改革开放政策的正确性，展示了中国特色社会主义制度的优越性。

粤港澳三地应强调"利益共同体"

《国是咨询》记者：2018年政府工作报告中，李克强总理提出，要出台实施粤港澳大湾区发展规划，全面推进内地同香港、澳门互利合作。38年来，随着区位关系的不断变化，大湾区前行路上会有哪些挑战？如何迎接这些挑战？

葛剑雄：谈到发展，离不开人才建设问题。人才要素最大的障碍就是流动受限。有关人才流动的政策一定不能自己打架。举个例子，澳门大学看中上海图书馆馆长，希望他能到澳大做馆长。上海图书馆馆长是个局级领导，他按正规手续报给市委，市委同意后又办理退休手续辞掉相关职务。但问题依旧没有解决，因为局级干部退休以后不能再拿工资，而澳门方面表示请馆长不给工资是违法行为。本来好事一桩，最后却走投无路。

粤港澳大湾区从一开始就应该强调构建"利益共同体"，才能团结各方力量。这个事业只有真正互利才能长久发展，绝不能"一厢情愿"。宏观姑且不谈，具体到经济领域，粤港澳能否形成足够数量的"利益共同体"才是关键所在。

曹二宝：按照"一带一路"倡导的三个"共同体"即人类、利益、责任共同体原则，要解决好内地居民因公因私往来香港或定居香港的便利政策。要发挥香港具有的"任何国家或地区和内地任何城市都难以比拟和替代的优势"，无论因公因私，内地居民往来或定居香港，或兼任香港社会职务，都要有不同于出入国境或定居外国的相关政策。

葛剑雄：宏大目标由国家层面负责，实操层面真正要做的就是从小事入手打通各方利益。比如通关，不能只是粤港澳打通而其他地方都不管，操作层面要以多地受益为准则。如果不是简单地投资项目，而是以贷款的方式参与，见效就很快。地区也可以设立一个基金，奖励为解决具体问题制定方案的团体个人。制定这类方案既不涉及政治制度，也不涉及意识形态，在商言商以市场机制为主。

目前，国家在粤港澳大湾区实行的政策严重趋同，行政制度不同，市场化不同，几个方案都一样是行不通的。在湾区问题上，特别是要避免过度谈统一。国外讲大湾区都是讲求统一的，现在粤港澳并不存在这样的基础，所以不要去乱套世界上的著名湾区，我们肯定做得不一样。内地城市人口比港澳多，经济实力也更强。倘若一锅端，港澳同胞难免会心生疑虑，是不是来剥夺他们利益的？

至于三地往来不便利问题，我认为很难一蹴而就。可以先从一条路或在某一座城试点，然后扩大推广。总而言之，要使大家逐步认识到，新政策能给不同利益层带来共同利益，推而广之就比较容易了。甚至能让港澳同胞对国家的总战略总目标产生更多的认同。

纵观世界上的湾区，基本都是统一的市场经济，文化也是一体的。反观粤港澳行政制度上一国三制，文化长期的积淀下来差异也大于共性。所以世界上的湾区经验没什么好借鉴的。

我们应该走出自己的特色，借鉴"一带一路"思路，构建利益共同体。在物流、信息流、人流、报关、审计等具体事务方面，逐步建立小的共同体。为什么现在水货陆客屡禁不止，因为有黑色利益共同体支撑。我们要"化暗为明"，形成利益共同体的集群。

制度差异为创新提供条件

《国是咨询》记者：近几年，粤港澳大湾区内，香港出现过"占中""港独"等政治问题。目前，三地仍然使用三套不同的行政制度，谈到湾区发展就很难绕开政治问题。在文化上三地虽然同根同源，但在不同路径下，文化形态也存在不小差异。政治文化在粤港澳发展中是什么地位？如何利用三地特殊性更好地发展？

葛剑雄：有很多事件不是什么政治问题，而是香港一部分人的利益诉求，更不涉及反动不反动。当然，这也有敌对势力在其中作祟，利用不和做文章。即便政治上是三制，经济、社会只要融为一体，大方向还是能保持一致的。

王京生："一国两制"对于大湾区，一般人看来可能是个阻碍，但实际上也是一种优势。"一国两制"既是文化差异也是制度差异，文化的差异化、制度的差异化恰恰本身也为创新提供一定的条件。如果我们利用得好，甚至可以走向世界。这么多年，香港对改革开放作了巨大贡献，中央应该支持香港发展。

曹二宝：中央对香港、澳门在国家发展大局中的定位，从来不是一个省或一个城市，而是始终放在内地任何省或任何城市都没有也不可替代的战略地位，去看待去建设。比如香港的文化，中央已确定"中西合璧"是它的特征或特色，这就是内地任何省或城市的文化都"难以比拟和替代"的优势。"一带一路"强调的"五通"就有"民心相通"，"中西合璧"的香港文化可以发挥独特优势。香港在文化领域已经搭建了非常好的国际交流平台。在文化方面，我们应该利用香港独特的、内地难以替代的要素。如果能发挥出来，国家的"一带一路"文化先行，可能会有新的面貌。

王京生：深圳是个移民城市，它的文化来自全国各地；港澳也是移民城市，有多元化的小社会，规模巨大的年轻移民正是解放思想的群众基础。我 1988 年来到深圳时，深圳平均年龄为 23 岁，如今 30 年过去了，平均年龄仅增加了 10 岁，依旧是最年轻的城市。城市可持续发展的资本，年轻化是个关键。深圳移民的特点是主动移民，移民的原因各种各样，但归根结底一句话：那就是对过去生活的不满足。年轻人对未来充满期待，期待就是梦想，所以这么多的梦想聚合在一起，形成了梦想的海洋，这个城市创新能力的勃然爆发就成了必然。

实现高端人才流动至关重要

《国是咨询》记者：人才是发展的重要动力。2018 年政府工作报告中，李克强总理指出，我国拥有世界上规模最大的人力人才资源，这是创新发展的最大"富矿"。如何开掘、利用好这块"富矿"？在人才工作上，深圳有哪些成功经验？未来协同发展的大湾区，在这方面

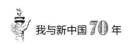

又有哪些优势？

葛剑雄：很多高级人才需要双重国籍，但目前国内政策上有障碍。很多情况下，他们如果放弃外国国籍是很不利的。比如美国很多科学类比较敏感的基金或职位，一定要美国籍才能申请。虽然在香港有了一些特殊安排，但是实际上内地做得还不够。我们必须要适应国际新形势，如果想要促进高层次人才流动，一定要有条件地承认双重国籍。

此外，香港的专业服务人才非常丰富，细致程度在全世界都是一流的，要鼓励他们服务于三地。如果要利用这些人才，平等的法律地位要及时给到，况且政策现在也到改变的时候了。

王世巍：建市以来，深圳经历了人口不断膨胀，人才不断聚集的过程。深圳高度重视人才工作，在人才工作方面有这么几个特点：

一是构建了比较完备的人才政策体系，以服务经济社会发展需要。特区建立以来，每一个时期都有及时更新的人才政策。

二是坚持以市场为导向的人才发展机制。深圳人才的主要载体是市场和企业，企业机制灵活，注重利用市场因素集聚发展人才。深圳事业单位也积极贴近市场，包括学校、医院已经去行政化，去编制化了。

三是营造爱才尊才的综合环境。人才环境就是吸引力，服务就是凝聚力。对于优化人才环境的建设，深圳也有不少探索。从 2017 年开始，深圳规定每年的 11 月 1 日作为人才日。新近出台的营商环境文件，也专章写了人才发展环境。

（王新一　慕海昕　整理）

27

从缩小差距到乡村振兴

仇保兴等

 座谈嘉宾简介：

仇保兴，男，1953年生，浙江乐清人，中共党员，国务院参事。经济学博士、工学博士，高级规划师。曾任住房和城乡建设部副部长、党组成员，国务院三峡工程建设委员会委员。第十二届全国政协委员、人口资源环境委员会副主任。

刘桓，男，1955年生，国务院参事、教授、中央财经大学税务学院副院长；中国经济及社会理事会理事；北京市政协常委、北京市政协经济委员会副主任、北京市政协财政预算民主监督小组组长；清华大学、北京大学MBA、MPA主讲客座教授；北京市国际税收研究会副会长、《中国税务报》专家指导委员会委员。长期从事财政税收、金融证券理论及实务研究，先后著有《中国税制》《纳税检查》《证券业经营管理》《财政金融学》等多部著作。

王辉耀，男，1958年生，浙江杭州人，九三学社中央委员，国务院参事。教授，博士生导师。现任全球化智库（CCG）理事长，欧美同学会副会长，中国国际人才专业委员会会长，商务部中国国际经济合作学会副会长，北京市政协委员。在全球化战略，企业国际化，人才发展，智库研究，中美关系，国际商务，华人华侨和中国海归创新创业和智库等领域有丰富的研究，出版中英文著作60余部。

编者按：

党的十九大提出，要坚持以人民为中心的发展思想，着力解决发展不平衡不充分问题，不断促进人的全面发展、全体人民共同富裕。缩小城乡、区域、贫富差距，推进社会协调发展，是实现人的全面发展、共同富裕的必由之路。在当前我国社会主要矛盾中，城乡发展的不平衡问题表现得尤为突出。2017年，党的十九大明确提出建立健全城乡融合发展的体制机制和政策体系。推动城乡融合发展，需要促进城乡要素自由流动，尤其是解决土地流转问题。如何完善土地经营权和宅基地使用权流转机制？如何促进城市资本健康自由地流入农村土地市场？《国是咨询》编辑部组织专家就此讨论并给出建议及解决办法。

土地是中国历史发展中的焦点问题

刘桓：从历史上看，土地问题始终是中国历史发展中的焦点。历次农民起义、王朝的更迭都是因为土地制度造成的，封建统治者最后把农民盘剥得活不下去了，农民起义造反。所以几千年周而复始循环是围绕土地的问题。

为什么现在我国城里的房价很高，而别的国家房价不是太高，我觉得这和中国文化有关系。全世界列出房价最高的国家和地区，亚洲占 10 个左右，其中 7 个是属于中国文化圈的国家和地区，也就是儒文化圈。两岸四地：大陆、台湾、香港、澳门，再加上受我们影响的日本、韩国、新加坡，房价都高。相比和我们同等发展水平的国家，像美国、欧洲为什么房价反而比我们低呢？主要在于文化影响。农耕文化核心是土地，中国人对土地的重视是深入骨髓的基因问题。买杯子 10 元嫌贵，买房子说多少钱就多少钱，他喜欢，他觉得这是真的，别的都是浮财，土地是核心。

土地制度的革命始终是中国革命的核心问题。我们共产党第一次独立领导革命叫土地革命战争，解放战争之所以能成功是因为搞了土改，土改都是第一位的，有了土改大家参军当解放军，你跟着我走，保证你 30 亩地一头牛，农民一听挺好，跟着走了。因为有土改，农民参军，才使得人民解放军数量上超过国民党的军队。而且大部分国民党军队哗变也是因为这个问题。这是土地革命战争和解放战争成功经验之一。

新中国成立以后先搞城镇化，这是围绕土地问题的，后来又推行了家庭联产承包责任制。现在中国进一步发展，城镇当中核心问题就是房地产问题，房子不是问题，关键是地怎么办。农村的问题在哪儿？农村问题在于目前联产承包经营责任制还能不能有生命力，用什么新的办法替代它。从这个角度上讲中国历史和我们的革命历史，其实土地问题都占有非常重要的地位。

要用历史和发展的观点看待以小岗村为代表的联产承包经营责任制的作用和意义。对于小岗村的做法，敢为天下先应该表示非常大的

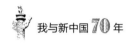

敬意，当时确实冒着被杀头的风险，确实了不起，我们大家有饭吃得益于联产承包经营责任制。在物质财富极度贫乏情况下，发挥个人的活力是完全正确的。但是任何的制度先进与落后都是有两面的。中国农村和农业生产发展到今天的规模，再用联产承包经营责任制靠一家一户经营农业恐怕有点儿过时，这是我们要总结40年经验过程当中不可回避的问题。

宅基地三权分置激发下一个改革红利

王辉耀：改革开放40年取得巨大成就，基础设施、国际贸易、整个经济发展等方面我们都是全球第二。但是现在面临新的瓶颈，比如国际贸易环境也开始紧张，中国的内需也需要拉动起来。我国13亿多人口中有近半还在农村，要是按照农村户口统计，甚至有三分之二还在农村。现在到了解决这个问题的阶段，要解决城乡二元结构和城乡差距的问题。

2018年2月4日，《中共中央国务院关于实施乡村振兴战略的意见》作为"中央一号文件"正式对外公布。根据文件部署，我国将探索宅基地所有权、资格权、使用权"三权分置"，适度放活宅基地和农民房屋使用权。进一步放开宅基地政策是促进我国经济社会改革的重大决策。这次改革势必带来深远影响，一个新的难得的改革红利机遇期将随之到来。

由于宅基地关系到住有所居，关系到广大农民的切身利益与获得感，因而此次宅基地"三权分置"获得了各界广泛关注。2018年中国迎来改革开放 40 周年，此前我们先后经历家庭联产承包责任制、城镇住房制度改革以及加入 WTO 三次大的改革红利机遇期。此次宅基地的"三权分置"改革将使中国面临又一个 10 年一次的改革红利机遇期。关于宅基地的改革不但可以实现农村闲置宅基地的集约利用，促进新型城镇化建设，推动城乡双向流动，还将有助于农村留守儿童留守老人等一系列社会问题的解决并有望成为我国未来 10 年经济发展的新动力从而释放出巨大的改革红利。

能不能把宅基地流转限制放开？就像原来城里人住的房子是单位分配的，后来可以买卖交易一样。我认为这能解决现在极大浪费和极不平衡的情况。当前我国城市常住人口与户籍人口还存在巨大的数差。据统计，2017 年北京市常住人口为 2170 万，其中外来人口 822 万。改革前沿的深圳市 1252 万人口中有近 848 万人为外来非户籍人口。而这些外来人口中大多来自农村，其中"80 后""90 后"一代有很大比例是随着父母在城市里长大，已经适应了城市生活无法再回到农村了。宅基地的改革让农村人与城里人一样获得宅基地的使用权、处置权，获得土地流转升值的财产价值不但可以提供一部分人购房的初始资金，同时也可以借此消化城市的大量房地产库存盘活房地产市场。

放开农村宅基地流转可以极大地促进内需，解决留守老人和儿童问题。近年来，我国经济面临较大下行压力。2017 年年底，我国有 8.13 亿城镇人口，城镇化率为 58.52%。这与发达经济体 80% 的城镇化率相比还有很大的提升空间。假设有 1 亿农村人口变为城镇人口，则有望再释放 1/4 人口的消费能力，刺激经济增长。同时，据统计，2017 年，我国在义务教育阶段有 2300 万左右的留守儿童。此外广大

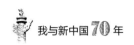
的农村还有数以亿计的留守老人。这都是中国社会面临的巨大问题。放开农村宅基地流转，推动农村人口落户城镇，享受城镇教育、医疗服务，则可以有效解决我国农村留守老人和儿童问题。

陈全生：留守儿童最大问题还不是吃和穿，爷爷奶奶都会心疼孩子的，而是情感交流能力受阻，妈妈抱抱亲亲、爸爸打两下，这些都是情感交流，这是爷爷奶奶无法替代的。情感交流受阻会导致人孤僻，对外界社会是独立的，没有安全感，形成孤僻性格和对社会隔绝的状态会使人极易成为恐怖分子的后备力量。这些人进城以后和中国城市里最底层的平民矛盾最大，竞争同样的工作，这问题怎么解决？

百姓资产多在房产　大幅下跌恐成问题

仇保兴：中国老百姓的资产，到底房产在里面占多少比例呢？我们中国跟美国比，中国老百姓的千万富翁，其实有75%的资产在房产里，如果是美国的千万富翁可能只有30%左右的资产在房产里面。中国老百姓的资产大部分都是在房产里面的，是国际上房产的资产属性最高的国家之一。所以这样一来，我们很多调控工具都应该受到一些制约，如果房价出现大幅度的下跌，那就成问题了。

陈全生：在房地产问题中，房产公司是房产公司，地产公司是地产公司，是两种不同的公司，我们给弄成了一种，带来的问题就是忽略了地产公司应该具备的管理功能。因为房子新建成是价值最高的，随着使用折旧每天价值都应该下降，等到有一天塌了就是零了。现在，土地的价值随着房子价格往上走了，房子塌了，再盖房子，土地比原来还贵，因此，对地产公司的税收应该是逐年上升，而对房产公司的税收应该是慢慢下降的，这两种是截然不同的。

仇保兴：在城镇化加上商品房的推进方面，其实我们已经取得了巨大成功，但是同时也进入了一个误区，就是片面学了香港模式，中国的城镇化相当于一个全民入股的股份制公司，那么超大规模城市有了房子，你入股了，你的估值大大上来了。炒房的人一刷十几套房子，利用高杠杆占了大股，农民来不及进去，就没股份，后来股份制公司随着城镇化进程越来越值钱了，财富分配越来越不均衡。我国城镇化学了香港模式以后就带来了初次分配和后来财富暴涨之间严重不平衡，这个不平衡其实到现在为止都很难处理，解决办法就是下一步的长远的调控手段，房子是用来住的，不是用来炒的。现在普遍炒房，如果制止不住，这是非常严重的问题。

陈全生：房子本身是一个大额产品，是时间长期的产品，本身就具有升值和贬值的可能，所以具有炒作功能，不承认这个性质就是不承认市场规律。现在可以说不炒，但是不能否认它具有这个性质。否认这个性质将来一定会出问题。

利用消费税、空置税等调控楼市

仇保兴：房地产税一旦操作不慎，75%财产就没了。这个问题不解决是最大的分配问题，最大的不公问题，而且涉及当代财富和隔代财富转移问题。

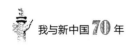

这些东西我们已经研究两年了，对这个问题都考虑过。宅基地是有次序放开，各方面最理想的是现在不出台房产税。

第一，消费税。房价上涨控制不住的时候，你买第二套房子加税15%，第三套房子加税20%，中国人到欧洲买房子就是这个办法，最多可以加到40%。香港一出台消费税，大陆人买房子的积极性就下降了，主要涉及初次炒房的人，立竿见影。

第二，空置税。北欧国家考虑到住房是最大财富，空置对社会资本是不公正的事情，所以北欧的房子没有空置。征收空置税不会伤及大众的利益，老百姓没什么意见。现在电表也好统计，都是电子化的。

第三，流转增值税。房子买来100万元，之后变成300万元卖出，但增值部分不是你个人财富，可以拿走30%或者更高，这样也可以打击一小部分人。这三个税可以陆陆续续交叉使用，或者让地方政府出台，或者相继出台，打击面不大。

第四，物业税。物业是你的财产，这收费标准该怎么定？这个税就跟房产70年到期有关系，前面三个应该先出台再来研究。

陈全生：在我看来，房地产调控不是调整政策而是要调整思路。有房住是有房住，有住房是有住房，所以应该有两大市场，一个是买卖市场，一个是租赁市场。但是之前我们只发展买卖市场，包括经济适用房、安居房、低价房等，都是让大家买的房子。而真正让大家租的房子没有，有房住不一定要有住房，所以现在要大力发展租赁市场。

房子应该限卖，你买了就卖，是种投机行为，需要打击。怎么打击呢？就是对投机最凶的行为打击最狠。所以我以前提了一个数，比如说买了房子 1 年内卖出的，差价 95% 国家收走，2 年卖出的 85% 收走，3 年卖出的 75% 收走，5 年以后就不对差价征税。首先要锁定投机者，然后狠狠打击。用这种方式，也可以释放刚需。

允许买，又不让卖，那总得给人一条出路啊，所以可以奖励出租。比如，你把房子租出去，租金所得税全免，你租给贫困的人，还可以减免其他所得税。这样就可以让一部分有房子的人，获得财产性收入，利用这一部分钱给另外一部分人解决住房问题。如果有人买了房子，不卖也不租，让其闲置，怎么办？我认为，对闲置住房可以罚款。德国战后出台法律，房屋闲置三个月，不仅要罚款，还要拘留房屋所有者；房子闲置七年，就收归地方政府所有。

但是中国现在允许房产的闲置。房子闲置是双重闲置，一是房子的闲置，二是土地的闲置。所以把住房的租赁市场真正建立起来，是非常重要的一件事情。

王辉耀：20 世纪 90 年代城里人分的房子都可以有产权，宅基地为什么不可以？从公平角度，从土地不能闲置的角度，从城镇化的角度出发，我认为，宅基地流转能支撑下一个 40 年的繁荣。当然，宅基地改革也并非一蹴而就，在改革过程中也需要做好预案，防止出现改革初期的混乱和不利影响。我认为可以考虑设置专门的土地基层出让金管理部门和监督部门，设指导价，防止宅基地被炒作。具体可以采用以下措施：

首先，保持土地集体所有制不变，赋予集体所有制土地与国有土地同等的上市流通权限。现在的宅基地是无偿使用、划拨，类似于 20 世纪 90 年代前的城镇住房由单位和国家提供的形式。土地是供给有限商品，无法持续地为农村人口分配宅基地，应当让拥有宅基地的农村人口承担土地使用权成本。将来的农村宅基地市场化，可以先过渡到由集体、个人共同承担住房成本（这种情况下，宅基地流转获得的收益两者共同持有），到最后发展为类似当前较为成熟的城镇住房制度，即规定农村宅基地土地仍为集体所有，但使用权可以按照市场供需确定价格后流转；集体所有制土地上市流转，要缴纳一定的土地出让金后，才能拥有使用权。可以参照《物权法》对城镇住房用地的规定，农村土地所有制同样具有 70 年产权，与城镇住房同等待遇。以此允许城镇资本购买宅基地；取消之前集体所有制土地只能卖给农村的规定。

其次，可以设置专门的土地基层出让金管理部门和监督部门。土地出让金作为农村集体所有，可以由农村集体经济组织／村民委员会，或乡（镇）农村集体经济组织经营、管理。但是宅基地放开后，集体土地收入会急剧增加，需要设置专门的土地基层出让金管理部门，让专业资金管理人才来管理。由于集体所有制的特殊性，政府部门不宜直接参与，而可以派出专业人才帮扶，并作为监督机构保障资金安全。

最后，建议设置指导价格、成立宅基地土地管理部门。农村宅基地与粮食安全息息相关，完全按照市场规则，一旦市场失灵，偏离正常价格，导致农村劳动力迅速流失，将直接影响短期内的粮食产量。需要设置制度，如短期内可以设置宅基地指导价格，先转移一部分已经在城市生活、定居，但没有城市固定住房或户籍的农村人口进城；长期内可以尽快提高农业规模化发展，将农业从业人员收入先提高上来，让农业与城镇其他产业同样具有高利润率和吸引力。

根据《城乡规划法》的规定，我国不少村庄的土地规划并未纳入政府指导体系，也就是很多村庄的土地规划并不受硬性约束，可有可无。建议修改城乡规划法，将全国村庄土地统一规划。建议成立专门的政府部门，管理宅基地，研究宅基地的集约使用政策。

（曹　雪　整理）

28

从"科学技术是第一生产力"到"创新是第一动力"

张洪涛等

 座谈嘉宾简介：

张洪涛，男，1949年生，江苏无锡人，中共党员，国务院参事。中国地质大学博导，南京大学、中国海洋大学、长安大学兼职教授。原国土资源部总工程师，享受国务院特殊津贴。曾主持"新一轮国土资源大调查""天然气水合物勘查评价"等国家重大专项。获国家级、省部级科技成果奖10余项，其中《青藏高原地质理论创新和找矿重大突破》获"2011国家科技进步特等奖"。

蔡克勤，男，1942年生，江苏太仓人，九三学社社员，国务院参事。中国地质大学教授，博士生导师，曾任中国地质大学副校长。第九至十一届全国政协委员。享受政府特殊津贴，长期从事矿床学、非金属矿床地质学研究。

谢伯阳，男，1954年生，湖南醴陵人，民建成员，国务院参事。曾任全国工商联副主席、中国光彩事业促进会副会长、中国光彩事业基金会理事长、民生人寿保险股份有限公司董事长。第九届、十届全国人大代表，第十一、十二届全国政协委员。长期从事民营经济研究。

陶思炎，男，1947 年生，江苏南京人，致公党党员，中央文史研究馆馆员。东南大学东方文化研究所所长。教授，博士生导师。中国民间文艺家协会副主席，国家一级社团"长江文化促进会"会长。第十一届全国人大代表。

编者按：

科技是国之利器，国家赖之以强，企业赖之以赢，人民生活赖之以好。科学技术越来越成为推动经济社会发展的主要力量，创新能力愈发成为国际经济竞争甚至综合国力竞争的关键所在。正因为如此，习近平总书记多次强调，创新是一个民族进步的灵魂，是一个国家兴旺发达的不竭动力，在激烈的国际竞争中，唯创新者进，唯创新者强，唯创新者胜，创新是引领发展的第一动力。

从 20 世纪 80 年代邓小平同志提出"科学技术是第一生产力"，到新时代习近平总书记提出"创新是引领发展的第一动力"，改革开放事业也走过了 40 个年头，中国的经济发展积累了许多有益的经验，也面临着新的考验。日前，国务院参事室联合中央文史馆举办"从'科学技术是第一生产力'到'创新是第一动力'"专题座谈会，共同探讨改革开放 40 年来中国科学技术的发展历史、现状和前景。

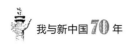

科技创新力的再强调

张洪涛：中国遇到了严峻的挑战——中美贸易战，有一阵想降温，说成中美贸易摩擦，实际上就是比贸易战还严重。我认为是一种潜在的大国之间的斗争，这比冷战还要严峻一点，这个事情不可小觑，一定要从根本上来慎重思考这件事情，不能仅仅停留在贸易这一个口。因此，我的第一个观点就是创新，创新需要有壮士断腕的勇气，所谓的创新，主要是科学技术方面的创新，人才制度上面的创新。

谢伯阳：科技的生命力在于生产，从邓小平同志提出"科学技术是第一生产力"的论断到改革开放40年的实践和发展，充分验证了这一条——科技的生命力在于生产。在我们现在看来，在社会的扩大再生产过程中，科技发挥的作用越来越大，越来越重要，因此说"科学技术是第一生产力"这样的论断是非常正确的、是科学的。在过去科技水平很低的时候，社会生产是以简单再生产为主，扩大得不多，所以那个时候就是扩大得快，随着科技创新的加快，往往都带来产业革命。相比资本、劳动、土地和其他资源在社会扩大再生产当中所起的作用，科技所发挥的作用越来越突出，所以我觉得要重提"科学技术是第一生产力"的论断，特别是在习近平总书记提出"创新是第一动力"的背景下，对科技创新的再强调是十分关键的。

蔡克勤：现在关于科技创新的重要性，大家基本上形成了统一的共识，没有太大的分歧，但是问题就在于怎么样能够走上一条符合科技发展规律的路，怎么样才能建立一个好的体制和机制来保证科技创新的进行。国务院马上要出台相关文件，能否真正发挥有效的作用还要再看一段时间，是不是真的解除了科研人员的束缚，激发了他们的活力，还需要时间的检验。但是显然我们都意识到了原来在科技上，对科研人员附加了很多不必要的条件。

国家体制和创新机制的融合困难

刘桓：我们过去就研究国家体制和创新机制的融合度，发现在国家体制和创新机制转成生产力的融合度方面，做得最好的是美国。邓小平同志说过一句话，"科学技术是第一生产力"，这句话说得非常好，但是这句话说得不完全，为什么不完全呢？因为科学技术不是天生的就表现为第一生产力。发一篇高水平的文章，往抽屉里一放，并不会变成生产力。只有当一种特别好的机制发现文章的应用价值，投入资源进行商业运营，才能将科学技术转化成生产力。所以我们中国目前看起来，科学家们能够创造出好的文章，但关于怎么把它变成商品，怎么把它变成市场行为的话，我们还差得很多。

蔡克勤：很多现在的状况都是实际情况，也反映了在体制机制上有些不尽合理的地方，还有搞领导管理科研的方式不符合不适合新时代发展的要求，是需要加以改革的。现在政府提到改善科研各方面的环境，像数学这类基础研究要给予充分的保障等，现在已经陆续出台了一些相关的政策，应该说接纳大家的意见了，当然，从国家层面来说，出台一个政策是要很慎重的，要至少管一段时间，朝令夕改是不行的。

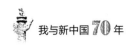

张洪涛：我觉得对国家来讲，首先是在政治体制改革上，进行深化，有坚定不移地进行深化的决心。特别是今年实施的，国家的机构改革，这就体现了我党壮士断腕的决心。如果这件事情没有得到很好地解决，我们跟美国的竞争，跟其他大国的竞争，一定是被动的。中美贸易战的本质归根到底是制度上的竞争，我们一直说我们社会主义制度是非常优越的，怎么样使全国人民把思想集中在一起，中央肯定要有一个重大的设计，或者说重大的战略考量，而不是说碰到问题，去解决问题，看具体的局部的问题，一定要有一个整体的顶层设计。

蔡克勤：我们整体是"虚胖"，结构性的调整这个步子要加快，但结构性调整加快的话，关键是加强科技创新的问题，如果科学技术水平达不到要求，不能形成有效的竞争力，来改善国内的发展状况的话，那"虚胖"问题解决不了的，也难以应对来自外部的挑战和威胁。

科研创新环境的培育显现不足

刘桓：有一个著名的问题——"钱学森之问"，为什么新中国成立这么多年我们学校培养不出杰出人才，具体说中国的科技大师都产生于民国时期，像"三钱"都是过去在民国时期读的大学，包括我们几个得诺贝尔奖的华人，屠呦呦女士不用我多说，剩下的李政道、杨振宁那都是西南联大的学生。这里显示出一个重要的问题，从智商角度讲，中国人并不笨，过去我们总是说奥数摧残人才，我们现在不提倡开展这些竞赛，但是现在奥数竞赛在全球层面还是挺厉害的，然而连续几年美国的冠军队伍一看全是中国人。实际上人才的培养成长需要一个环境。科研的氛围好不好，科研的条件能不能得到保证，以及工作的环境对创新来说都很重要。

关于我们机制是不是能够充分发挥人的主观能动性，这点是非常重要的，自然科学需要这个环境，社会科学更需要这个环境。例如我们国家智库，被外国人形容得很尖酸刻薄，说我们是"有库无智"，人很多，但是能出几个有前瞻性的预见性意见的人很少。我不是完全同意这个看法，中国目前人才很多，问题在于这些人才的想法能不能成为一种智库的声音，通过正当的途径发出来，这是很大的问题。智库有各种类型的，比较著名的智库如兰德公司，它的意见或者它所发表的各种预见性的东西，往往是被说中的。但实际上据我们所知，兰德有个特点是什么？这件事情的好坏、前景有各种各样的说法，对政府进行政策评价是各异的，但是它都容忍，都往上递。我说的意见你听不听，是你的选择，它容忍有不同的声音存在。

陶思炎：在文化教育界一些迷信之风开始起步，这正是因为我们长期不重视科学教育的结果，对科研、科学教育以及科学普及这个事情还要下大力气去做，没有好的科研创新的氛围和机制，怎么能够使得优秀人才产生呢？我们从制度上，要把创新作为一个系统工程来抓，它不只是教育问题，有社会问题，有政治思想问题，有情绪问题，也有伦理道德问题，是多种因素的综合。要通过综合治理的方式，使社会进入良性的轨道，就要倡导科学，反对迷信，这个科学是多方面的，包括自身对科学知识的掌握和钻研，还要有一种批判精神，有各种错误观念意识的批判精神，只有这样我们才能形成良好的人才成长环境，为创新打下一定基础。

谢伯阳：创新的生命力在于人才，人才的生命力在于社会环境，

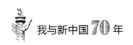

给它什么样的成长环境，能不能充分发挥一个人的主观能动性和创造性，能不能提供一个自由的、争鸣的学术科研环境是能不能培养出杰出人才的一个关键。

科研成果转化缺乏渠道

刘桓：现在中国不管三七二十一，把科研人员都"赶下海"，让你进行创收，创收有本事，那么你可以去做博导，但是博导如果给博士发不出博士经费，那就不要当博导。反思一下，这是科研成果出现的方式吗？不是。这些年我们走来的路，我不敢说改革开放以来，最起码从20世纪90年代开始，我们是不分青红皂白，就把科研推向商品大潮第一线，这个做法确实是有问题的。而且你的科研成果换成钱以后，你可以养活自己的实验室，你可以雇多少人，你当"老板"。这个做法其实是短视。在国外不是这样的，搞自然科学的人，尤其是基础科学研究的人，你提出经费要求，国家给你拨款，国家认为你的项目非常需要，是不惜重金换你的科研成果，产生不了也没关系，只要不产生浪费行为。所以要仔细研究为什么在美国、德国、英国这样的国家，他有这样的科研成果生产的机会，中国没有，显然不是中国人笨的问题，也不是我们智商低的问题，这确实是从教育到评价体制，到国家经费拨款的方式等，我们需要进行完全的转换，我认为科学有两种，一种是直接转成生产力的，这是一个办法，还有把它变成影响思想、影响人的价值观的，这是不能用经济手段去衡量它的，所以我们说要从这个角度去研究它，确确实实应该是有我们研究的余地。

人才评价体制较为单一

刘桓：大学的老师应当说是大学的灵魂，他们决定着人才今后培养的道路选择和我们中国现在的科研成果的产生和它的水平。中国现在评价人才成长的标准是很程序化的，比如说评价你这个教授够不够当一级教授，够不够当二级教授，首先你得是院士。文科没有院士，所以我们最高的是二级教授，现在我们不是，我是三级教授，因此工资、待遇、机会等就差一大块。学理科、工科评院士，评院士当中有很多的黑幕，因此大家觉得这套机制本身并没有把最拔尖的人才给选出来。

钱学森先生问为什么中国这么多高校，我们高校人数与美国相比较，已经超过它了，每年毕业的硕士、博士后是远远超过美国的，为什么没有大师？中国从这方面来看，恐怕是体制问题、机制问题。这些人出了国就成才，在国内就不成才，这就很成问题。所以在中国为什么会有原创成果少等现象，现在确实需要我们找一找它的内在原因。

创新人才的培育亟须解决

刘桓：科研成果转移生产力，这个过程本身很复杂，但是不管如何复杂，有一个道理是不变的，那就是尊重科学规律。如果你违背的话，本身就是不行，所以我们从事多年教育和科研工作的体会就一句话，那就是要尊重人才，尊重规律，尤其是尊重科研的进展规律，这条是我们打破"钱学森之问"的最好途径。

张洪涛：人才问题的解决还要有另外一手，就是在人才使用方面需要有新的思路，在第二次世界大战以后，美国就大量地吸纳了许许多多顶级的科学家为它服务，美国在短短的三四年内，科学和技术的革命性的提升和变化，跟这些人才的聚集机制是有关的，我建议中央高层对人才机制方面的研究和政策的研究可能需要花点功夫，把有益的经验吸收起来。

陶思炎：对人才培养思路做到对海外人才的引进，人才培养也是多层次、多方法的，既有学校培养，又有从社会实践中发现的苗子，还要有从海外引进。在人才培养方面，要丢弃一些传统的旧的思路，开辟新的路径。

（张　瑞　整理）

29

扶贫开发回看改革开放四十周年

汤 敏

 作者简介:

　　汤敏,男,1953年生,广东广州人,无党派人士,国务院参事。友成企业家扶贫基金会副理事长。曾任亚洲开发银行驻中国代表处首席经济学家、副代表,国务院发展研究中心中国发展研究基金会副秘书长。长期从事宏观经济研究,金融、教育、扶贫等方面的研究以及公益实践活动。

　　"小康不小康,关键看老乡,关键在贫困的老乡能不能脱贫。"农村贫困人口能不能如期脱贫,是习近平总书记提出的判断我国是否真正建成全面小康社会的重要标志。经过40年的艰苦奋斗,中国正进入消除绝对贫困的最后攻坚阶段,精准扶贫坚在哪里? 攻在何方? 如何才能打好脱贫攻坚的最后一仗? 本文进行一些探讨。

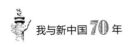

艰苦卓绝的扶贫史

新中国成立以来，中国政府一直推动发展生产、消除贫困的工作。但由于当时的经济基础极端薄弱，生产能力低下，经过曲折发展，到1978年，中国还是世界上贫困人口最多的发展中国家之一。国家统计局在《关于中国农村贫困状态的评估和监测》中，将1978年的贫困线划定在农民年人均纯收入在100元，按这个标准计算，当时全国农村贫困人口的规模为2.5亿人，占当时农村人口总数的30.7%。

现代意义上的扶贫，是在改革开放以后大规模实施的。在过去的40年里，扶贫标准根据经济社会的发展不断调整，扶贫政策也在不断变化：从"救济式扶贫"到"开发式扶贫"；从"区域性扶贫"到瞄准贫困县、"整村推进"再到"扶贫入户"，到现在的"精准扶贫"。回顾历史，中国的扶贫开发大致经过了五个阶段。

第一阶段为体制改革推动扶贫阶段（1978—1985）。自1978年开始的改革，首先是以家庭联产承包责任制取代人民公社"一大二公"的集体经营制度。这种土地制度的变革极大地激发了农民的劳动热情。通过农产品价格提升、产业结构调整以及非农领域就业的渠道，将利益传递到贫困人口。同时，中央开始推动类似扶贫开发的以工代赈计划和"三西"农业专项建设项目。到1985年年底，没有解决温饱的贫困人口从2.5亿人减少到1.25亿人。

第二阶段为有组织的大规模扶贫阶段（1986—1992）。1986年，国务院贫困地区经济开发领导小组成立，拉开了有组织、有计划、大规模的农村扶贫开发的序幕。当时农村年人均纯收入在206元以下的约有 1.25 亿人，占农村总人口的 14.8%。国家划分了 18 个集中连片困难地区，依据农民人均收入，制定了国家贫困县标准，划定了 331 个国家贫困县。到 1992 年年底，农村依靠其收入不能维持其基本的生存需要的绝对贫困人口减少到 8000 万人。

第三阶段为八七扶贫攻坚计划阶段（1993—2000）。"八七"的含义是：在 20 世纪的最后 7 年，集中力量基本解决全国农村 8000 万贫困人口的温饱问题。1993 年"国务院贫困地区经济开发领导小组"更名为"国务院扶贫开发领导小组"。列入"八七扶贫攻坚计划"的国家重点扶持的贫困县调整为 592 个。在这 7 年间，中央政府累计投入扶贫资金 1240 亿元。到 2000 年，中国农村贫困人口从 8000 万下降到 3200 万，贫困发生率下降到 3.5%。

第四阶段是以整村推进为主要特征的阶段（2001—2010）。国家制定了新世纪第一个农村扶贫开发纲要，扶贫政策在保留和适当调整重点县的同时，把目标瞄准到村级，重点实施"整村推进"。在全国确定了 14.8 万个贫困村。此阶段逐步在农村全面建立了最低生活保障制度，对没有劳动能力或丧失劳动能力的部分农村贫困人口，给予最低生活保障，初步形成了低保维持生存、扶贫促进发展的工作格局。

第五阶段是以精准扶贫为主要特征的阶段（2011—2020）。国家制定了新世纪第二个农村扶贫开发纲要。提出的扶贫标准是"两不愁，三保障"，即实现扶贫对象不愁吃、不愁穿，保障其义务教育、基本医疗和住房，并将农民人均纯收入 2300 元（2010 年不变价）作为新的国家扶贫标准，这一标准比 2009 年提高了 92%。这一阶段的特点是把区域发展和个人帮扶结合起来，划定集中连片特困地区，实施精准扶贫的方略，使得扶贫效果有效集中在贫困人口身上。党的十八大

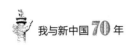
以后，"精准扶贫"成为一切扶贫工作的中心。在全国范围内建档立卡识别贫困人口。2015年中共中央、国务院制定了《关于打赢脱贫攻坚战的决定》，中央扶贫开发工作会议期间，中西部22个省（区）党政主要负责人向中央签署脱贫攻坚责任书，立下军令状。目前已取得决定性进展。

中国扶贫对世界的贡献

中国扶贫是世界扶贫的一部分。世界银行行长金墉在2017年的世界银行年会上表示：中国的扶贫解决了8亿人口的贫困问题，是人类历史上最伟大的故事之一。在过去几十年时间里，世界极端贫困人口的比重从40%降到目前的不到10%，中国作出了绝大部分贡献。中国的扶贫经验值得中等收入国家借鉴。

中国政府为缓解农村贫困问题所作出的种种决策和取得的杰出成就得到国际社会的高度赞赏。按照世界银行人均日收入1.25美元的标准，从1981年到1990年，中国减贫人口为1.52亿人，从1990年到1999年，中国减贫人口为2.37亿人，联合国开发计划署的一份报告指出："世界上没有任何国家能像中国一样在扶贫工作中取得如此巨大的成功。"中国对全球减贫的贡献率超过70%。

中国成功的扶贫经验可以为其他发展中国家所借鉴。中国的扶贫成功经验说明，扶贫开发是一项周期长、投资大、涉及面广的系统工程，经济发展的外溢效应作用有限，必须依靠政府强力推动。扶贫开发必须综合运用财政、货币、产业、教育、卫生和社会保障政策，突破产业发展瓶颈并精准破解实体经济在贫困地区经营的困难。扶贫开发还须广泛吸纳贫困群众参与，优化扶贫项目的利益分配，以工代赈、以奖代补，将贫困群众的收益与自身努力紧密结合，提升其自身发展能力。扶贫开发还要同时建立良好的社会保障体系、生态保护体系和法制体系，推进教育资源、医疗资源向贫困人群倾斜，向偏远地区倾斜。

除了减少贫困人口之外，中国的扶贫还包括改善包括安全饮水、居民健康水平等方面的人类生活质量方面的成就。《中国扶贫开发报告 2016》显示，中国贡献了 1990—2014 年全球使用改良饮用水源人口增量的 45.6%；中国在提高人口期望寿命方面的努力，使全球平均的人口期望寿命多了 1 岁。不仅如此，中国还积极支持和帮助广大发展中国家消除贫困，共向 166 个国家和国际组织提供了近 4000 亿元人民币援助，为 120 多个发展中国家落实千年发展目标提供帮助。

脱贫攻坚的硬骨头

党的十八大以来，中国的扶贫进入了一个崭新的阶段。精准扶贫就是要在全国范围内，把每一个贫困户都找出来，建档立卡，一户一策。这在中华民族的发展史上从未有过，在世界历史上也是一个伟大壮举。这次脱贫攻坚完成后，中华大地上就彻底消除了绝对贫困。极少数无劳动能力的贫困人口会由低保等保障政策兜底。当然，贫困有绝对的也有相对的，未来还有相对贫困的人群，而且相对贫困会长期存在。但是，解决相对贫困问题的方式与现在的做法可能会有不同。

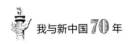
所以说，精准扶贫是一个前无古人后无来者的壮举。

但是，行百里者半九十。未来的 3 年，我国还有 3000 多万贫困人口要脱贫。这个规模虽然只有 5 年前贫困人口的三分之一，但扶贫越到后面任务就越艰巨。

脱贫攻坚要啃几块硬骨头。一是习近平总书记最近指出的叫作深度贫困地区的脱贫。深度贫困地区，如西藏、四省藏区、南疆四地州、四川凉山州、云南怒江州、甘肃临夏州。这是目前中国最困难、最需要帮助的地区。目前这里的很多地方贫困发生率还在 18% 以上。

二是大规模的扶贫移民搬迁户的脱贫。扶贫移民搬迁就是要把那些一方水土养不了一方人的地方的 1000 万左右的贫困人群搬下来。到目前为止，已经迁移了 589 万人，未来 3 年还要再搬 400 多万人。这是近 3 个三峡移民的规模。当年在建设三峡大坝时，要动员全国的力量，还在电费里面加价，一直做了十几年的工作才搬迁了 120 万移民。现在不到 3 年内，要完成 3 个三峡移民的规模，还要实现"搬得出、稳得住、有发展、能致富"，困难之大可想而知。

三是因病因残致贫的人群的脱贫。在余下的这 3000 万贫困人里有一半左右是因病因残致贫的。另外，65 岁以上的老人占了这个 3000 万贫困人口的 15% 以上。传统的产业扶贫模式对这些因病因残致贫的人群很难显示出效果。

四是内生动力不足之人的脱贫。"坐在门口晒太阳，等着政府送小康"，非常形象地描述了这部分人的状况。虽然这批人在 3000 万人贫困人口里面比例并不大，但是非常难处理。他们人不多，但对村民的负面影响很大。他们不好好干活，还得这得那的，老百姓就很不高兴。这也是块难啃的硬骨头。

打赢打好脱贫的最后攻坚战

党的十九大报告提出来要打好脱贫攻坚战。人们常说，脱贫攻坚打"赢"不难，打"好"不易。什么叫作"好"呢？第一，要有一个稳定的扶贫长效机制，短期内让贫困户脱贫相对容易，保证长期稳定的脱贫，不返贫的挑战很大。现在的政策是脱贫不脱帮扶，脱贫不脱政策，即脱贫以后，扶贫政策要扶上马送一程。应该看到，脱贫致富是一个动态的、不断发生变化的过程，有些群众会因各类发展条件的欠缺而"返贫"，"脱贫摘帽"绝不仅仅是扶贫工作的终点。要用全面的、发展的眼光来审视扶贫工作，才能实现真正的、长期的"精准"帮扶。第二，就是让贫困户有获得感。什么叫有获得感呢？一位中央领导有一个非常形象的比喻。他说，如果你给饿肚子的人一件棉袄，从数据上看，他可能脱贫了，但是他并没有获得感。所以一定要满足贫困人口的真实需要，否则即使国家花了钱，贫困户也不会领情。第三，打好扶贫攻坚战要坚持现行的扶贫标准，不能拔高也不能降低。在全社会的关注下，应该说降低扶贫标准的可能性不大，但拔高标准的现象是存在的。一些地方把标准拔高，一方面使财政很难长期地坚持下去；另一方面那些没有被定为贫困户的边缘户，其实原来生活情况跟贫困户也差不太多，但因为没有被定为贫困户，精准扶贫的所有优惠政策与资源他们都享受不到。如果把脱贫的标准拔得太高，"悬崖效应"会越来越严重，容易引起新的社会不公。

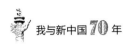

扶贫也要创新

如何解决最后这 3000 多万最困难的贫困人口问题，需要攻坚，更需要创新。在这里，笔者提三个建议。

一是"扶贫车间"。最近我们考察了山东的"扶贫车间"项目，就是把生产劳动密集型产品的车间直接建在村头。很多留守在家的妇女，村里一些有半劳动力的老人，把家里的事料理好了后，有空就到车间里干活，计件工资，多干多得。由于是在家门口灵活就业，不需要交"五险一金"，劳动力成本下降 40%。仅在山东已经有 6000 多个村建立了扶贫车间，有 20 多万人在扶贫车间中工作，其中 40% 是建档立卡贫困户。河南等地的扶贫车间也在快速发展。这种扶贫方式对 1000 万的扶贫搬迁户意义特别重大。因为很多人搬迁以后没有活干，新移民点留不住人。扶贫车间能解决他们的就业问题，收入不低于干农活，企业也降低了用工成本。我国劳动密集型产业正在大量向国外迁移。如果能把其中一部分动员起来转移到贫困地区去，既解决了脱贫问题，也解决了劳动密集型产业缺劳力的问题。

二是贫困地区的教育质量问题。习近平总书记说扶贫的任务之一就是要"阻断贫困的代际传递"。这里的核心就是提高贫困地区的教育质量。笔者所在的友成基金会一直在通过互联网把城市优质教育资源送到贫困地区去。从 2017 年 9 月份起，我们联合了全国 30 多个公益组织、教育企业和学术机构，开展了一个"乡村青年教师社会支持公益计划"，简称叫"青椒计划"。在教育部的支持下，全国 18 个省的 4000 多所乡村学校中的 3 万多名乡村青年教师，每周三晚与周六晚上在手机或电脑上参加我们的"青椒"培训。课程是由北师大组织的最优秀教育专家提供的专业课，和我们邀请的优秀乡村教师提供的师德课。目前"青椒计划"的规模还在扩大中。我们正在策划把这一模式运用到乡村医生、乡村电商的培训中去。

三是消费扶贫。目前的扶贫工作，主要还是政府在扶贫，一部分企业也参与了扶贫，还缺乏一种有效手段把广大群众动员起来参与扶贫工作，用举手之劳来帮助贫困户。现在很多贫困地区有农村电商，把当地的土特产通过电商卖到城市中来。但在激烈的市场竞争中，贫困地区的电商有劣势。贫困地区一般都在偏远山区，送货距离比较远，成本高、时间长。他们的产品的品相没有那么好，包装也没有那么漂亮。在网上竞争不过富裕地区。而城市中愿意通过举手之劳来帮助贫困地区的人们，可以在日常消费时多买一点贫困户、贫困地区的产品。现在仅城市人口就有7亿人，农村贫困人口才有3000万，20个人帮1个贫困人口，消费一点他们的产品，是能够起很大作用的。我们正在做小规模的试验。据统计，现在全国已经有超过6000万登记在册的志愿者，还有40多万个志愿者组织，如果我们有一个有效的方式能够把他们动员起来，就完全有可能创造出一个史无前例、举世无双的大规模民间参与扶贫的新模式。

30

参与制定大数据行动纲领和大数据国家战略

石　勇　口述

 口述者简介：

　　石勇，男，苗族，1956 年 8 月生，湖南湘西人。民建中央委员。研究生学历，管理科学与计算机系统博士。中国科学院虚拟经济与数据科学研究中心主任、大数据挖掘与知识管理重点实验室主任，中国科学院大学经济与管理学院副院长。发展中国家科学院院士。在大数据挖掘、虚拟经济、知识交叉管理领域有较深入研究和独创性贡献。

　　"文革"以前，我从 1963 年开始读小学，读到三年级就开始"文革"了，以后就没有读书了。现在看小孩子读书都挺辛苦的，后来我想当年我们耍得很辛苦，也耍得很舒服，玩了很久。到 1972 年才真正开始学习，是从高中开始的，第一批高中生，只学了两年。当时周总理的想法是要让我们这批人读大学，因为毛主席说话了：看样子大学还是要办，我指的是理工科，还是需要理工科的学生。20 世纪 70 年代高中毕业以后，很快就开始"批林批孔批周公"，就没有机会读书了。我 1975 年参加工作，当时邓小平复出，要抓革命促生产。

我记得非常清楚，1975 年我骑着自行车去石油部的工厂上班的时候，看到两个场面，一方面城市里面高音喇叭在广播马列主义的 33 条语录，每天反复地广播，大谈无产阶级专政的问题。另一方面，街上成群结队的人在逃荒。所以我觉得习近平主席讲得很好，国民经济已经濒临崩溃的边缘了，这就是为什么我们要改革。我个人认为小平同志这样做救了我们，包括我也是受益者，没有他，我也不可能读大学。我 1978 年参加高考，读大学。当时，我们厂里很少有人去考试，主要是工厂的待遇太好了，没有人愿意去考试，因为我刚刚满师，如果考试的话，就不能带薪，要工作 5 年才能带薪，所以没有机会带薪上学。我的父母坚决反对我读大学，我跟我父母讲，你们就每个月寄 10 块钱给我，将来我加倍还给你们。很多年以后，我在美国当教授，我的爸爸妈妈到美国去，一听说我当教授，我的工资五万八千美金，他们吓一跳，算了一笔账，说你比我们挣一辈子的钱还多！

一

我讲一下自己的三段经历，28 岁以前，在中国度过；28 岁以后，将近 20 年时间在美国度过，在美国待了 20 年。我是 1985 年中国政府公派到美国读博士的，是第一批部级公派，当时教育部公派的名额太少。在中国接受 21 年的教育，在美国读博士和工作接近 20 年。到了 2004 年回到中科院工作。这三段经历讲起来是很好的，我要跟大家讲一讲我在美国的体会，我们在美国受的教育非常好，我们之所以能够在后来的科研方面做出成绩来，跟美国的教育是有关系的。为什么呢？中国人通常考虑科研问题都是演绎法，就是子曰什么东西，下面只要执行就完了，美国建立的方法是归纳法。中国是演绎法，两者结合起来，这就是我们科技能够强盛的方法，我记得在 1996 年回国后，参加中长期科技规划的最后的审议，他们已经做得差不多了，请我们海外学者回来，刚好在人大开会的时候，跟杨振宁他们一个小组，杨振宁说过同样的话，他认为只要把东方和西方的这种思维方式结合起来，就可以发挥科研的巨大威力，这是我们科研成功的关键。

在美国的发展很快，我 1990 年毕业以后，8 年时间就拿了讲座教授，后来国家又请我们这些人回国来，做中国的"杰青"，我是2000 年的"杰青"。后来我请了我的领导成思危同志到美国访问，我带他去参观我在美国做的事，美国的教授是一定要到现场去做实际工作的，否则你拿不到课题经费，其中我做的一个工作就是美国的征信评分，你在美国贷款，要到银行去授信贷款分数，第二代的征信评分就是我们参与做出来的。当天晚上，在成思危同志活动结束以后，我请他到我家去喝茶，他就告诉我："今天看了你在美国做的东西，有个事想跟你和你的夫人讲一讲，劝你回中国，你在中国一定大有作为。"我当时没接受。到了第二年，思危同志第二次到我家里去，又跟我讲这个事。我太太说："那好吧，我们只有一个小孩，等小孩读大学的时候就是回中国的时候。"到 2003 年，我的小孩高中毕业了，我就告诉中科院，我要回来了。樊至力同志跟我关系很好，每次我回来他都接待我，他负责外事，他把我隆重介绍给陆以祥同志，回来以后，陆以祥同志就问我，叫你当一个所的所长怎么样？我说我不太愿意，我已经快 47 岁了，当所长不是我的长处，我能不能做点其他科研工作。他说你想干什么？我说我想把数据与知识结合起来，他说这是非常好的方向，我支持你，我给你成立一个新所，就这样干。所以我们就成立数据挖掘与知识管理研究中心。

由于我们在国外取得了一定成就，回到中国后，发展非常快。我到中国科学院研究生院工作，当时上面的想法是让我做院领导，结果做了 3 年领导以后，我就主动辞职了，我不愿意干这个事，我需要把时间放在科研上面去，这样挺好的。不当官，反而使自己的自由度比较大，这是我的想法。

二

回到中国做什么工作呢？首先，人民银行征信评分是我做的，当我到人民银行去的时候，他们只建库，没有任何的科研工作，这个库里面有六亿五千万自然人，现在库达到九亿五千万人，后来我们用了 3 年半的时间，把中国的征信系统做起来，中国将来遇到金融风暴一定会用到它。美国在 2008 年金融风暴后之所以能够很快恢复经济，就是靠美国的金融评分，中国也把这个做出来。每个人到银行贷款，银行就要根据你的情况，到人民银行去收取你的征信评分的分数，就是银行的征信评分，是用我们的模型算出来的。2009 年我代表民建中央给全国"两会"提了一个提案——"关于加强中国社会诚信建设的提案"，后来"两会"把它作为重点提案，中国的征信立法困难比较大的，但是这个东西很快就会产生社会效果，为什么呢？因为最近中国根据大数据行动纲领的规划，已经把 64 个部委，中央机关和 32 个省市自治区，包括新疆建设兵团，政府网的外网数据全部融合到共享平台，所以我想很快就会给社会公布的，这是大数据三大战略之一。

我自己就是做数据分析工作的，做了三十多年了，当年我在美国做数据分析工作的时候，我们老师都怀疑我们，说你们不就是用几十个数据玩过去玩过来吗？当时，美国有两个最好的软件，一个是今天闻名的微软 BASIC，第二个叫 SaaS，银行的系统都用它。这两个软件都是分析数据的，很多年过去了，3 年前我见到我的美国老师，他主动跟我认错了，说对不起，我几十年前说的话说错了。中国发生了翻天覆地的变化，现在有海量的分析数据这是很正常的。这是我回国后做的第一个工作。

第二个工作就是参与制定《中国大数据行动纲领》，2013 年我和我的同事举办了三次相关会议来讨论大数据，给中央写了两个报告，一个报告是关于大数据的，另一个报告是关于网络安全的，习近平总书记拿到网络安全的报告后批了 200 多字，很快成立了网信办。关于大数据的报告后来转给发改委，我们跟发改委一道研讨这个东西，最后形成了大数据行动纲领和大数据国家战略。这是我回来以后对国家的第二个贡献。

第三个贡献是在 2005 年，我有个同学说我们国家有很多军队的学生，他们读了硕士以后，不愿意在国外读博士，是不是能在中科院读博士？我说这个建议很好，叫他开个名单，他开了一个名单给我们。军队和中科院都高度重视，这些人学习很勤奋，为加快军队建设作出了贡献。

另外，现在大家都可以用 APP 看病，有"春雨医生""好大夫"等等。"春雨医生"是排名第一的独角兽，这个系统是我们做的，现在服务 1.2 亿人、50 万医生。如果把你的症状用 APP 传上去，我们做的系统就会给你找一个最适当的医生，准确率 95%。像 AlphaGo 这些技术都会在上面应用，完全可能的。

这是利用我学到的知识为国家作的一点贡献，我相信将来也许还有更好的机会作出更大的贡献，比如说我们现在正在筹建的社会诚信系统的评分工作，人民银行只是银行系统，美国和其他国家只有银行系统，没有社会系统，中国将来把社会系统建起来，这是非常好的事，但这也是把双刃剑。一方面政府对每个人会有深入的了解，另一方面政府怎么去采取比较宽松的形式管理，这是一个博弈的过程，这是我们要解决的。

31

开放人生见证祖国的全球化成长

王辉耀　口述

 口述者简介：

王辉耀，男，1958 年 7 月生，浙江杭州人。九三学社中央委员。研究生学历，管理学博士，教授，博士生导师。现任欧美同学会副会长，中国国际经济合作学会兼职副会长，中国国际人才专业委员会会长，中国与全球化智库主任。经济战略、人才发展和政策策略咨询专家。2015 年 2 月被聘任为国务院参事。

 编者按：

从 1949 年刚成立时的百废待兴，到如今的兴盛富庶，新中国在一代又一代杰出领导人的带领下，通过无数人民的辛勤劳动，创造了举世瞩目的奇迹，中国现在已成为世界第二大经济体、第一大工业国，对世界经济增长贡献率超过 30%。伴随着经济的迅速发展，中国更是从一个在国际社会上孤立无援的国家逐步迈向国际舞台的中央。新中国成立 70 年来，特别是改革开放以来，祖国的全球化成长既体现在贸易互通、人才交流、文明互鉴等方方面面，又映射在个人的发展历程中。

20世纪70年代，当别人忙着"革命"时，王辉耀偷偷躲在角落里学英语，之后抓住了恢复高考这个关键机遇，从一名知青成了改革开放后的第一批大学生，80年代在大家争抢"铁饭碗"时，他从外经贸委辞职出国成为第一批留学生，在90年代出国留学成为社会潮流时，他又选择回国创建"全球化智库"。那时候"全球化"这个词多少还有些敏感，如今全球化和"一带一路"倡议已经成为中国和世界共同发展的主旋律。回国后，他多年来热心公益社团和智库研究，组织和发起了多个海归组织和企业国际化论坛，2018年12月，他入选"中国改革开放海归40年40人"榜单，成为国内权威的人才国际化和企业国际化研究专家。作为一名国务院参事，他对组建国家移民管理局持续建言和呼吁，直到国家移民局在2018年年底筹备成立。

如同时代大河中的一朵浪花，王辉耀的个人经历也见证了祖国全球化的步伐。

人生路上的第一次突围

我对读书的渴望最初来自父母的教诲。我的父亲是浙江桐庐分水人。从小他便经常给我讲宋代分水曾经出了17个进士，其中有16个都出自王家。我的母亲是湖南人，出自一个书香世家，她的曾祖父欧阳厚君，曾是湖南岳麓书院最长一任山长。这些先祖事迹和父母的谆

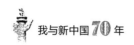

谆教诲，对读书和知识的渴望在我心中生根发芽。

高中毕业后，我服从国家的号召来到了地处四川丘陵地带的金堂县龙王公社接受再教育，从城里来到乡下，过起了在茅屋中与老鼠共眠的日子。我每天早上五六点钟就出门干活，晚上十点才能收工。乡下没有自来水和电，饮水只能喝井里不卫生的生水，照明则靠每月配给的半斤煤油，为了多看几页书，灯芯都不能挑大了。即便如此，父母的鼓励和从小培养的对知识的渴望一直支撑着我如饥似渴地学习英语和各种知识。

在蚊虫肆虐的酷暑，我点起煤油灯，穿着长衣长裤浑身大汗地看书直到深夜；在严寒逼人的隆冬，我就喝辣椒水取暖坚持读书。除了每天坚持读书以外，我还要每天走三四里地去公社取我订的《参考消息》，每天晚上还要坚持收听英语广播讲座，听完了四川台英语讲座，接着就收听贵州台、云南台。

那个年代赋予年轻人满腔热情，但冰冷的现实也让我困惑，继而变成强烈的不理解和深深的绝望：为什么古今中外都是随着社会发展，人口不断从农村迁移到城市，而我们却恰恰相反？难道我的青春只能在这伸手不见五指的地方耗下去？经过激烈的思想斗争，这种愤懑之情最终并没有将我打败，而是让我更加坚定地学习读书。做铁路工程师的母亲和曾参与援建坦赞铁路的父亲不断鼓励我：知识能改变一切。在他们的鼓舞下，我坚信"长风破浪会有时"，改变命运的时刻随时都会到来。

终于，这一天来了！

1977年10月12日，一个看似平淡无奇的日子，却也是改变我命运的一天。这一天，国家恢复高考的消息从公社专线广播的喇叭里传来，如同平地一声雷，振聋发聩；又如同黑暗中的一束光亮，闪烁生辉。我知道改变命运的时刻已经到来。

1978 年 2 月的一天，我如愿以偿地收到了翘首以盼的广州外国语大学录取通知书，当天感觉邮递员真是世界上最可爱的人。我抓起家里的自行车，在成都的大街小巷狂奔起来，不敢相信这一切真的发生了。

那年春天，迎着改革开放的春风，我踏上了成都开往广州的列车。

开放人生的奠基之石

如果说高考为我开启了一扇改变命运的大门，那么大学则是我走向开放人生的奠基之石。

1978 年，我来到广外攻读英美文学语言专业。广外地处白云山下，山清水秀，校风严正，非常适合读书学习。记得在校期间著名外语教学专家许国璋教授曾来学校做报告，夸广外是全国外语院校中环境最好的。当时，广外英文系师资力量非常强，梁宗岱、顾授昌、蔡文显、桂灿昆、桂诗春等国内外知名教授都荟萃于此，还有不少归侨老师和外教，再加上邻近港澳、交流便利等优势。名师的启蒙和广外的宽阔平台成为我走向国际舞台的最初奠基。

虽然我的专业是英美文学，但我觉得，不论学什么专业，都应该成为复合型人才。因此在广外学习的 4 年中，我在课余会尽可能地学习不同的知识，博览群书。广州是中国近代开风气之先的地区，更是改革开放的前哨站，因此广外的风气与环境相对来说比较开放和前卫。记得大学期间，全国青年和舆论界曾有过一次非常轰动的关于人生意义的讨论，当时的《中国青年》杂志发表了一篇署名"潘晓"的文章，题为《人生的路呵，怎么越走越窄》，引起全国热议，在大学生里也引起了很大反响，大家开始审视作为个体的人在人生中的意义。20 世纪 80 年代初各种国际流行的新观念更是蜂拥而至，社会新事物也层出不穷。在学校这个小社会里，我逐渐发现，随着 80 年代的对外开放，人们美的意识也在不断增强。男生不再是清一色的蓝制服，女生的穿戴更是多姿多彩起来。我至今还记得第一次参加化装舞会的情景，那恐怕也是广外有史以来举办的第一个化装舞会。音乐的旋律弥漫了整个礼堂，五彩缤纷的灯光在旋转，美的意识在苏醒，青春的热流在大厅里沸腾。

有时回到宿舍，同学们都去自习了，我就扭开收录机听听音乐，一方面换换大脑，另一方面可以借助音乐的翅膀翱翔在自己的想象世界里。静思默想已成了我多年来培养的一种良好习惯，但这种深思必以生活的起伏为基础。年轻人不仅是深沉的梦想者，也应是行动的实干家，两者可能都需要兼具，犹如矛与盾这两个方面。

广外可以说是我精神成长的故乡，大学 4 年是我一生中最难忘的黄金时光。在这里，我的思想、眼界、胸怀与心灵都经受了一场知识的洗礼，世界观、人生观与生活态度都为之一新，一直伴随着我闯荡世界。我的人生从这里扬帆起航，走向更加广阔的世界。

走在时代的前列

百川归海，是因为它能不断穿过岩石的阻截；彩蝶破茧，是因为它能不停咬破丝线的缠绕。人在旅途，前行路上同样需要不断跨越艰难险阻。"欲穷千里目，更上一层楼"，其实也可以理解为一种开放式人生的哲理：要达到人生的至高境界，就需要相继突破一个个狭隘的包围圈。回顾这些年来的经历，我最大的感悟就是：开放人生需要不断突围创新。

我认为自己经历了6次人生突围。20世纪70年代，当很多人都忙着"革命"时，我捧着破烂的英语书躲在角落里苦读，中学时被下放到方圆几里都地广人稀的偏僻农村，陪伴我的是一台可收到海外新闻的小收音机和每天的《参考消息》；80年代中期，当不少人都争先恐后去捧"铁饭碗"时，我毫不犹豫地放弃了外经贸委的工作，去读当时国内大多数人还不熟悉的MBA；90年代刚开始，当大多数留学生还在西方世界勤工俭学时，我已经做了跨国大公司的董事经理，出任了海外政府高级经济代表，深刻体验了另一种文化和制度的精髓；而当更多的人都开始出国留学时，我选择回到祖国创办公司，开辟人生的创新之路。那时，距离今日的归国创业热潮早了二十多年。

我在不断思考还能做些什么，什么是我人生中的下一次突围，怎样才能一直走在时代的前列。

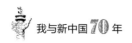

与中国的全球化发展一同成长

我觉得我们这一代人总有一种挥之不去的使命情结，恪守着"为天地立心，为生民立命"的士者理想。多年来，我一直在思考：个人在有所余力之时怎样才能兼济天下？怎样才能让社会变得更加美好？

我曾在北京大学光华管理学院任兼职教授，深感得天下英才而教之是人生一大乐事，因此萌生了组织一个更有影响力的海归社团和国际智库的愿望。于是，我决定进行人生的第六次突围，将目光放大到中国国际化高端人才，推动留学人员为中国社会的发展作贡献，建立中国的全球化智库。

2002 年，我带头创办欧美同学会商会，为中国日益增长的海归群体中的商务精英人士创建一个组织、搭建一个人际网络平台。

2005 年，在欧美同学会商会的基础上，我又和其他优秀海归如田溯宁、王波明、李山、汤敏、王维嘉、傅军、赵民等人一起发起了2005 委员会并担任创始理事长。

2007 年，我对近年来海归创业的资金难题做了研究，向总会和有关领导提交报告，得到了时任中共中央总书记胡锦涛和国务院总理温家宝的亲自过问和批示，并由国家有关部门研究出台相关政策。这时，我又给欧美同学会做报告，创办了欧美同学会建言献策委员会，以充分发挥国际化人才的国际视野、智力密集优势和遍布世界的人脉网络，为国家和政府提供战略层面的建议和意见。

2008 年，"同一个世界，同一个梦想"的奥运精神深深影响了我，这一年，我正好 50 岁，到了人生"知天命"的年龄。回首穿梭于东西方的这些年，我深切感受到智库对一个国家尤其是一个正在崛起的大国意味着什么。当社会发展到一定阶段，国家不仅需要基础设施等硬实力，同样需要智库和思想等软实力。于是，我决定把人生的精力投入到一个全新的事业——我和我太太苗绿博士联合创办了全球化智库（CCG），为中华之崛起贡献智慧的力量，我称其为自己的"中国梦"。

CCG 成立前，我们已经做了大量的准备工作，看上去一切都是"水到渠成"，然而，当梦想照进现实后才发现现实比想象中更残酷。中国民间创办的社会智库虽然从 20 世纪 80 年代后期开始出现，但和官方智库、高校智库相比，在整体影响力上仍处于明显弱势。对于我来说，除了要维持 100 多名研究和工作人员的团队运营外，我们每年还要在国内外举办各种论坛、学术研讨会，大大小小的活动算下来一年有百余场。从 2008 年创办开始一直到 2012 年，CCG 基本都处于亏损状态。我每年需要自掏腰包才能勉强支撑智库的运营。虽然很难，但我一直坚持了下来。因为在我眼中，CCG 不是一个企业，而是一种公益，我更看重 CCG 资政启民和对国家建言献策的作用。

经过近 10 年的不断探索与坚持不懈，今天的 CCG 已发展成为国内外官产学交流的高端平台；也是海外网点最多、国际传播最广的中国社会智库：每年出版社科院蓝皮书最多；做智库活动及国际交流最多；建言献策成果丰富；从多个领域影响着公共政策的国内领先的社会智库。习近平总书记、李克强总理、张高丽副总理和王沪宁、栗战书等中央领导批示了《关于成立国家移民局的建议》，国家移民局在 2018 年年底筹备成立。我和 CCG 多年的努力也得到了国内外的专业评价和认可。在全球最具影响力的美国宾夕法尼亚大学《全球智库报

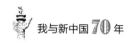

告2018》中，CCG表现亮眼，在全球约七千家智库中，再次位列前百强，在全球最佳创意和模式创新智库、全球最佳互联网应用智库等多个单项榜单中位列中国智库前列。

近年来，CCG紧扣"全球化"的主题，深入研究并关注全球化产生的新问题——近两年全球范围内的"黑天鹅"事件频发，"英国退欧"和美国总统唐纳德·特朗普推行"贸易保护主义"等给全球化未来带来巨大"冲击波"。在全球化面临重大挑战、逆全球化思潮出现的关键时刻，CCG在长期跟踪研究的基础上又推出了逆全球化思潮下的中国方案系列：《客观认识逆全球化，积极推进包容性全球化》《FTAAP：后TPP时代的最佳选择?》等系列报告。并出版了中国最新深入研究全球化与逆全球化的原因、本质、规律及趋势的书籍：《全球化VS逆全球化：政府与企业的挑战与机遇》。

由CCG主办的品牌活动"中国与全球化论坛"和"中国企业全球化论坛"已连续多年举办，吸引了来自国内外政府、企业界以及学术界近千位精英人士踊跃参加，成为中国企业国际化主题下最具有代表性和权威性的高端论坛，为中国企业全球化之路提供了切实的支持与帮助。

自CCG创办以来，我将全部的精力投入到全球化研究、国内外人才战略研究、企业国际化和国际化智库建设和组织等方面。我深知，只有从更加专业、理性、国际化的层面，打造被主流政策决策者认可的智库平台，建言献策，才能进一步推动中国全球化事业和国际人才事业，全方位实现我们的历史使命。2013年10月，在人民大会堂举办的有三千多名留学人员代表参加的欧美同学会百年庆典上，国家主席习近平对广大留学人员提出了更新的要求，他指出，"致天下之治者在人才""尚贤者，政之本也"，要千方百计创造条件，"使留学人员回到祖国有用武之地，留在国外有报国之门"，提出留学人员要成为"留学报国的人才库，建言献策的智囊团，民间外交的生力军"，希望广大留学人员在创新创造、促进对外交流等方面发挥更大的作用。在这次讲话里面，也吸收了 CCG 相关调研课题的建议。可以看出，中央新一届的领导对中国国际化人才提出了更新更高的要求。

我不再满足做一个企业家，而是把目光转向了人才理论研究和著书立说。十多年来，我在国际人才、中国海归群体与海归创业管理等领域开始了广泛的研究，出版有关研究著作近 40 部和有关专业文章一百多篇，得到政府、社会和业内的认可。自 2012 年起，我在社会科学文献出版社主编出版了"国际人才蓝皮书"系列丛书和"企业国际化蓝皮书"系列，得到了国内外数百家媒体的广泛报道和业界认可，为相关政府部门提供了重要的决策参考。

从"海归"到"海鸥"，在创造出这些新名词的同时，我在中国留学与国际人才方面所做的一切，不知不觉中开辟出了一个崭新的领域——推动中国海归事业发展。近年来，CCG 已发展成为中国国际人才领域的权威研究机构，推动了中国留学和海归群体研究，推动了中国国际化人才事业的发展。CCG 近年来的部分研究课题如"国际人才竞争战略""人才签证""中国海归创业支持启动计划""北京中关村人才新政"，以及"推动中国加入国际移民组织（IOM）"等，都成为国家相关政策出台的参考依据。

作为国内社会智库的代表，我很荣幸地在 2015 年被聘任为国务院参事。当我从李克强总理手中接过聘书的那一刻，我清醒地认识

到，这不仅仅是一份现实中的荣誉，更是一份沉甸甸的历史责任。"路漫漫其修远兮，吾将上下而求索。"中国智库的发展之路任重道远，CCG将不懈探索，砥砺前行，为建设中国的大国智库，献上自己的一份绵薄之力。

CCG是中国第一个以"全球化"命名的智库研究机构。当年在中国谈起"全球化"，还是一个相对敏感的词汇。经过智库10余年的不断研究和中国的全球化成长。今天，中国领导人高度评价中国参与全球化，习近平主席在达沃斯论坛的演讲中将中国对全球化实践和总结以及理念提升到了一个前所未有的高度，如今全球化和"一带一路"倡议已经成为中国和世界共同发展的主旋律。

2019年是新中国成立70周年，70年来中国从孤立无援的弱国逐步成长为如今的全球化大国。我们每个人的经历都如同一面小小的镜子，能从中窥见个人命运与时代开放的诸多关系。我真切地庆幸自己能与国家、民族和全球化时代的开放脉搏一起跳动，在不断突围与创新中铸就自己的开放人生。全球化的世界在缩小变平，我的心却将变得更加开阔。

（张 卉 李 婉 整理）

责任编辑：王世勇

责任校对：周　昕

封面设计：汪　莹

版式设计：庞亚如

图书在版编目（CIP）数据

我与新中国 70 年 / 吴睿娜 编著 . —北京：人民出版社，2019.9

ISBN 978 - 7 - 01 - 021286 - 9

I.①我…　II.①吴…　III.①社会主义建设成就 – 中国 –1949–2019　IV.① D619

中国版本图书馆 CIP 数据核字（2019）第 203213 号

我与新中国 70 年

WO YU XINZHONGGUO 70NIAN

吴睿娜　编著

人民出版社 出版发行

（100706　北京市东城区隆福寺街 99 号）

中煤（北京）印务有限公司印刷　新华书店经销

2019 年 9 月第 1 版　2019 年 9 月北京第 1 次印刷

开本：710 毫米 ×1000 毫米 1/16　印张：21

字数：285 千字　印数：0,001 – 8,000 册

ISBN 978 - 7 - 01 - 021286 - 9　定价：68.00 元

邮购地址 100706　北京市东城区隆福寺街 99 号

人民东方图书销售中心　电话（010）65250042　65289539